EUROPAVERLAG

AIKO KEMPEN

AUF DEM RECHTEN WEG?

RASSISTEN UND NEONAZIS IN DER DEUTSCHEN POLIZEI

EUROPAVERLAG

FSC www.fsc.org
MIX
Papier aus verantwortungsvollen Quellen
FSC® C014889

Umschlaggestaltung: Hauptmann & Kompanie Werbeagentur, Zürich
Redaktion: Franz Leipold
Layout & Satz: Robert Gigler, München
Gesetzt aus der Minion Pro
Druck und Bindung: Pustet, Regensburg
ISBN 978-3-95890-350-0

www.europa-verlag.com

INHALT

HINWEIS

Dieses Buch enthält Schilderungen von rassistischen und diskriminierenden Vorfällen, Übergriffen und Gewalttaten. Zudem sind rassistische und diskriminierende Aussagen im Wortlaut dokumentiert. Dies soll keine unbedachte Reproduktion von Rassismus und rassistischer Sprache sein, sondern ausschließlich das reale Ausmaß abbilden.

Verschiedene Untersuchungen und Äußerungen, die auf den folgenden Seiten zitiert werden, verwendeten zudem die unscharfen und teilweise diskriminierenden Kategorien »fremdenfeindlich«, »ausländerfeindlich« oder »Menschen mit Migrationshintergrund«. Sofern diese Zuordnungen oder daraus abgeleitete Begriffe in diesem Buch genannt werden, folgen sie ausschließlich den jeweiligen Quellen.

Der Autor verwendet die unter von Rassismus betroffenen Menschen gebräuchlichen Selbstbeschreibungen »People of Color« und »Schwarze Menschen«. Diese zielen nicht auf biologische Eigenschaften, sondern bilden soziale Zuschreibungen ab. Um dies kenntlich zu machen, wird in der Bezeichnung »Schwarze Menschen« die Großschreibung verwendet. Zudem werden nicht durchgehend geschlechtsneutrale Formulierungen verwendet, um dem Umstand Rechnung zu tragen, dass viele der in diesem Buch beschriebenen Probleme auch mit hegemonialen Männlichkeitsstrukturen zusammenhängen und innerhalb von Polizei und Innenpolitik keine paritätische Verteilung der Geschlechter herrscht.

PROLOG

WARUM WIR DEN RECHTSSTAAT VOR DER POLIZEI BESCHÜTZEN MÜSSEN – UND DIE POLIZEI VOR SICH SELBST

Einige Aussagen sind so banal, man wundert sich, warum man sie überhaupt aufschreiben sollte. »Nicht jeder Polizist ist ein Rassist« lautet ein solcher Satz. Gleiches gilt für die simple Feststellung, dass nicht jeder Mensch in einer Polizeiuniform automatisch rechts oder gar rechtsextrem eingestellt ist. Es sind offensichtliche Banalitäten. Und doch scheint es notwendig, ebendiese Selbstverständlichkeiten stets aufs Neue zu wiederholen, sobald es um die Frage nach rechten Umtrieben in der deutschen Polizei geht.

Dass wir über dieses Thema reden müssen, sollte eigentlich außer Frage stehen. Als Vertreterin der staatlichen Gewalt ist die Polizei die einzige Berufsgruppe, die mit Schusswaffen, Tasern oder Schlagstöcken ausgestattet durch Innenstädte und Wohnviertel streifen darf. Sie ist die einzige Instanz, die in Deutschland grundsätzlich dazu legitimiert ist, Gewalt gegen Menschen auszuüben. Und sie wendet diese ihr übertragenen Sonderrechte auch jeden Tag an. Das alles stets in dem Auftrag, ein friedliches Miteinander in unserer Gesellschaft aufrechtzuerhalten – nicht, es zu gefährden.

Zugleich gibt es in den Reihen der deutschen Polizei überzeugte Rassisten.

Dieser Satz soll hier einmal für sich allein stehen. Es gibt sie. Rassisten in Uniform. Rechtsextreme in Uniform. Und Neonazis in Uniform. Sind es viele? Sind es zu viele? Wir wissen es nicht. Dass es sie gibt, wird nicht einmal in den Innenministerien oder auf den Führungsetagen der Polizei grundsätzlich bestritten. Seit Jahrzehnten räumen Innenminister und Polizeipräsidenten sogenannte »Einzelfälle« ein: Polizeibeamte, die sich rechtsextreme Botschaften schicken, Polizeischüler, die in der Öffentlichkeit Naziparolen brüllen, oder Polizisten, die in Kontakt zu organisierten Neonazis stehen. Und seitdem Dutzende von Todesdrohungen an Menschen geschickt wurden, deren persönliche Daten überall in Deutschland von Polizeicomputern abgerufen worden waren, steht sogar im Raum, ob es ein gesamtes Neonazi-Netzwerk in der deutschen Polizei gibt. Hessens Innenminister Peter Beuth räumte im Sommer 2020 ein, er könne dies zumindest in der Hessischen Landespolizei nicht länger ausschließen. Zu ihr gehören 18 000 Polizistinnen und Polizisten.

Hinzu kommen etliche Berichte über mutmaßlich rassistisch motivierte Polizeikontrollen oder gar Übergriffe. Nahezu jeder Nicht-Weiße in Deutschland kann von Situationen berichten, in denen er sich – seiner Wahrnehmung nach unbegründet – im Fokus der Polizei sah. Das Phänomen ist keineswegs neu. Eine Google-Suche nach den deutschsprachigen Stichwörtern Polizei und Rassismus liefert in 0,67 Sekunden mehr als zehn Millionen Ergebnisse. Und zu den bekannt gewordenen Fällen kommt noch ein Dunkelfeld hinzu, über dessen Ausmaß kaum jemand etwas Verlässliches sagen kann.

Über jeden dieser Fälle müssen wir reden. Denn jeder dieser Fälle hat das Potenzial, die Demokratie und das Vertrauen in den Rechtsstaat zu gefährden. Vor allem, weil es verdammt schwer ist, überhaupt über solche Fälle und die unbekannte Dimension dahinter zu reden. Noch immer scheint es nicht möglich, jederzeit hinter die Kulissen unserer Sicherheitsbehörden zu blicken und die Verhältnisse offen zu kritisieren. Und noch immer wird Fehlverhalten in der Polizei fast ausschließlich intern aufgearbeitet. Doch eine Gesellschaft, die das zulässt, schadet nicht nur der Demokratie, sondern auch der Polizei selbst.

Warum ist das so?

1. Die Polizei steht in einer besonderen Verantwortung

Ebenso wie nicht jeder Polizist ein Rassist oder Rechtsextremer ist, gibt es nicht nur in der Polizei ein Problem mit der Abgrenzung von rechtsaußen. 16,5 Prozent der Deutschen sind laut einer aktuellen Studie der Universität Leipzig geschlossen ausländerfeindlich eingestellt.[1] Auf die Polizei übertragen, hieße ein solcher Anteil, dass es mehr als 40 000 Ausländerfeinde in Uniform gibt. In den ostdeutschen Bundesländern hat beinahe jeder Zehnte ein geschlossen rechtsextremes Weltbild.[2] Zu behaupten, dass sich diese Einstellungen nicht auch in der Polizei finden, wäre ebenso absurd wie weltfremd.

Doch es ist ein entscheidender Unterschied, ob ein Handwerker oder Bankberater den demokratischen Rechtsstaat überwinden will und den Gedanken ablehnt, dass alle Menschen gleich zu behandeln sind, oder ob ein Polizist diese Einstellungen vertritt. Denn die Polizei ist in einer Demokratie nicht nur die Gewalt, sie hat zugleich das Monopol darauf. Wer unzufrieden mit einem Handwerker ist, ruft beim nächsten Mal jemand anderen. Wer die Polizei hingegen als Gefahr und nicht als Hilfe erlebt, hat keine Alternative – außer den Schutz, den ein demokratischer Rechtsstaat bieten und sicherstellen sollte, nicht mehr in Anspruch oder in die eigenen Hände zu nehmen.

Welche Folgen es hat, wenn gerade diejenigen zur Bedrohung werden, die eigentlich für Schutz sorgen sollen, ist in den letzten

Jahren immer wieder sichtbar geworden. Schon 2007 fanden Ermittler ausgerechnet bei jenen Polizeibeamten, die zum Schutz des jüdischen Funktionärs Michel Friedman abgestellt waren, jede Menge Rechtsrock, das verbotene Horst-Wessel-Lied und Fotos der Polizisten in SS-Uniform. »Es ist ein unerträglicher Gedanke, dass die, die mich vor den Nazis schützen sollen, teils selbst Nazis waren«, sagte der vormalige Vizepräsident des Zentralrats der Juden in Deutschland damals.[3] Dass diese Beamten stellvertretend für die gesamte Polizei stehen, dachte Friedman nicht. Doch jede Ausnahme sei eine zu viel, betonte er. Zu Recht. Denn wenn jene zur Bedrohung werden, die Bedrohungen fernhalten sollen, schwindet zugleich das Vertrauen in den Staat.

Auch die Frankfurter Anwältin Seda Başay-Yıldız, die seit 2018 immer wieder rechtsextreme Todesdrohungen erhielt, nachdem ihre Adresse auf Polizeicomputern abgerufen wurde, hat das Vertrauen in die Polizei verloren. Dass die Polizei selbst in der Lage ist, den Fall aufzuklären, glaubt sie offensichtlich nicht mehr und hat 5000 Euro Belohnung für Hinweise ausgesetzt. »Ich kann doch nicht Däumchen drehen und warten, bis uns jemand abknallt«, sagte sie im November 2020.[4]

Wenn sich rechtsextreme und rassistische Strukturen in der Polizei ausbreiten können, ist dies nicht nur eine massive Gefahr für Menschen, die in rechte Feindbilder fallen, sondern auch für demokratische Grundprinzipien.

2. Die Polizei hat ein erhebliches Bedrohungspotenzial

Die Polizei ist mit Macht, Waffen und Wissen ausgestattet. Und sie hat stets die Möglichkeit, ihre Privilegien zu missbrauchen – ob bewusst oder unbewusst. Polizisten können Gewalt anwenden, wenn sie es für nötig erachten. Sie haben Zugang zu geschützten Daten. Sie können Grundrechte außer Kraft setzen, in den geschützten Bereich der Wohnung eindringen, Menschen verletzen oder vorübergehend einsperren. In Ausnahmefällen haben Polizisten sogar das Recht, jemanden zu töten. All dies passiert in Deutschland und manchmal passiert es außerhalb der Vorgaben.

Und weil die Polizei mit so viel Macht und Befugnissen ausgestattet ist, müssen wir ihr fortwährend misstrauen dürfen und kontrollieren, ob Sicherheitsbehörden ihrem Auftrag gerecht werden. Wer öffentlich Kritik an der Polizei äußert, stößt jedoch auf heftigen Widerstand. Die Polizei könne sich darauf verlassen, dass die Politik hinter ihr stehe, heißt es im Herbst 2020 von Bundesinnenminister Horst Seehofer angesichts der Forderungen nach einer Untersuchung über rechte Einstellungen in der Polizei.[5]

3. Die Polizei ist kein Selbstzweck

Bis heute ist es kaum möglich, die Frage danach zu stellen, wie weit rechte Umtriebe in der Polizei reichen. Jede kritische Auseinandersetzung ist stets begleitet von dem Hinweis, dass man keineswegs die gesamte Polizei unter Verdacht stellen möchte. Auch dieses Buch beginnt mit der offensichtlich notwendigen Plattitüde, dass nicht jeder Polizist ein Rassist ist. Ungeachtet dessen, dass viele Einblicke in die deutsche Polizei auf den nachfolgenden Seiten nur durch Polizistinnen und Polizisten möglich waren, die ganz offensichtlich keine Rassisten oder Neonazis sind. Doch der kritische Blick und die externe Kontrolle der Polizei sind in weiten Teilen der Sicherheitsbehörden immer noch unerwünscht. Kritik wird abgeblockt, Kritiker werden angegriffen und externe Kontrollinstanzen ausgehebelt.

Menschen, die keine Ahnung von Polizeiarbeit haben, wollen der Polizei in ihre Arbeit reden, heißt es oft. Doch ebendieses »Reinreden« von jenen außerhalb der Polizei ist eine essenzielle Grundlage der Demokratie – denn die Staatsgewalt geht vom Volke aus, nicht von Amtsträgern, nicht von Mandatsträgern. Am Beginn der Gewaltenteilung steht: das Volk. Polizei ist kein Selbstzweck. Wenn es nicht möglich ist, die Exekutive jederzeit zu hinterfragen und zu kontrollieren, führen wir die demokratische Gewaltenteilung ad absurdum. Mit schlimmstenfalls fatalen Folgen: Eine Polizei gegen jede Kritik zu immunisieren, indem man jede kritische Auseinandersetzung als Generalverdacht abblockt, führt zu einer Verselbstständigung der Polizei – und steht am Anfang einer Entwicklung, die in ihrer Extremform in einen Polizeistaat mündet. Davon sind wir in Deutschland weit entfernt. Doch damit dies so bleibt, ist es notwendig, die Polizei fortwährend zu hinterfragen; nicht weil wir ihr misstrauen wollen, sondern um ihr im besten Fall zu vertrauen.

4. Wir schützen die Polizei vor sich selbst, wenn wir ihr nicht einfach vertrauen

Ebenso wie die Polizei an sich ist auch das Vertrauen in die Staatsgewalt kein Selbstzweck. Angesichts der gehäuften Vorwürfe rassistischer Umtriebe in der Polizei im Jahr 2020 verwiesen viele – allen voran die Polizeigewerkschaften – darauf, dass die deutsche Polizei laut Umfragen ein ungebrochen hohes Vertrauen in der Bevölkerung genieße. Doch wie viel ist das Vertrauen in eine Institution wert, die sich nach außen abschottet? Wie viel zählt das Vertrauen in eine Gewalt, die sich keiner Debatte stellen muss? Vertrauen entsteht durch die Möglichkeit zur Kontrolle. Und wirksame Kontrolle kann nur von außen passieren.

Hinzu kommt: Längst nicht alle gesellschaftlichen Gruppen in Deutschland nehmen die Polizei gleichermaßen wahr. In Befragungen gaben Menschen mit Migrationshintergrund signifikant häufiger an, von der Polizei ungerecht behandelt worden zu sein.[6] Diese Werte stiegen in den letzten Jahren zudem sichtbar an.

Relevante Teile der deutschen Gesellschaft haben demnach kein ungetrübtes Vertrauen in die Polizei. Vor allem weil sie das Gefühl haben, dass ihre Kritik, die sie immer wieder vorbringen, nicht gehört wird. Seit Jahren berichten Schwarze Menschen in Deutschland über rassistische Polizeikontrollen und exzessive Polizeigewalt. Seit Jahren werden rechtsextreme Umtriebe in der deutschen Polizei aufgedeckt. Dem entgegen steht eine Polizei, die sich als unfehlbar inszeniert – und von Politikern als unfehlbar inszeniert wird. Die unsägliche Floskel der »Einzelfälle« wird seit Jahrzehnten wie ein Mantra wiederholt. Doch wenn Vertrauen fehlt, weil sich eine Gewalt nicht fortwährend rechtfertigen muss, sondern zum Selbstzweck wird, entlädt sich die Wut im schlimmsten Fall auf der Straße. Auseinandersetzungen und Angriffe auf die Polizei, wie im Sommer 2020 in Stuttgart oder Frankfurt, zeugen von einem Klima, das nicht über Nacht entstanden ist.

Der Umgang mit der Frage nach Rechtsextremen und Rassisten in der deutschen Polizei ist daher zugleich eine Frage nach dem Umgang mit der Polizei an sich. Wenn wir der Polizei nicht misstrauen dürfen, verspielen wir das Vertrauen in die Demokratie.

WORÜBER SPRECHEN WIR HIER EIGENTLICH?

8 Minuten und 46 Sekunden sind es, die dafür sorgen, dass 2020 weltweit Menschen über Rassismus und Polizeigewalt diskutieren. 8 Minuten und 46 Sekunden, in denen der Schwarze US-Amerikaner George Floyd um Luft ringt, während ein Polizist auf seinem Hals kniet; währenddessen sogar direkt in die Kamera blickt, die das Geschehen festhält. 8 Minuten und 46 Sekunden, die tödliche Polizeigewalt so eindrücklich dokumentieren wie wohl nie zuvor in der Geschichte.

Auch in Deutschland gehen daraufhin Zehntausende Menschen unter dem Motto »Black Lives Matter« auf die Straße. Und auch in Deutschland werden Vorwürfe von Rassismus und Gewalt bei der Polizei lauter – genauer gesagt: bei den Polizeien. Denn »die deutsche Polizei« ist keine einheitliche Masse und nicht nur eine einzige Behörde. Deutschland hat gleich 19 verschiedene Polizeien. Jedes Bundesland verfügt über seine eigene Landespolizei. Hinzu kommen Bundespolizei, Bundeskriminalamt und die Polizei beim Deutschen Bundestag. Jede dieser Organisationen hat unterschiedliche Aufgaben und Befugnisse, separate gesetzliche Grundlagen ihrer Arbeit und eine eigene Ausbildung.

Warum Deutschland nicht identisch mit den USA ist und trotzdem ein Problem hat

Fürsprecher der Polizei betonen in jenen Wochen im Sommer 2020 unentwegt, es gehe an der Realität vorbei, Vorwürfe gegen die Polizei in den USA auf Deutschland zu übertragen. Tatsächlich ist die Situation in vielen Aspekten kaum zu vergleichen. Wer in Deutschland Polizist werden will, muss eine mehrjährige Ausbildung absolvieren. In einigen Bundesländern führt sogar nur noch ein Studium in den Polizeidienst. In den USA dürfen Polizisten im Schnitt bereits nach 19 Wochen bewaffnet und mit hoheitlichen Rechten ausgestattet auf die Straße. Auch greifen deutsche Polizisten nicht annähernd so häufig zur Schusswaffe wie ihre amerikanischen Kollegen. Berichte wie über den Tod des unbewaffneten Amadou Diallo, der in New York bei einer Polizeikontrolle von 41 Kugeln niedergestreckt wurde, gibt es aus Deutschland nicht. Und doch greift es zu kurz, die Diskussion über die Polizei damit für beendet zu erklären, dass Deutschland kein Teil der Vereinigten Staaten ist.

Es war der Tod von George Floyd in den USA, der das Thema rassistische Polizeigewalt im Sommer 2020 in die deutsche Öffentlichkeit trug, eine Welle von Protesten auslöste und eindrückliche Berichte über rassistische Polizeigewalt nach sich zog. Doch diese Berichte handelten von Situationen in Deutschland. Und es waren deutsche Polizisten, deren rassistische und rechtsextreme Chat-Nachrichten in diesem Jahr dutzendfach bekannt wurden (→ Kapitel 1.2).

Es war in Deutschland, wo an Polizeicomputern Daten von Personen abgefragt wurden, die kurz darauf rassistische Todesdrohungen erhielten. Und es waren Beamte der deutschen Polizei, die sich mit zigtausend Patronen gestohlener Dienstmunition für einen politischen Umsturz wappneten (→ Kapitel 1.3). Neu ist all dies nicht. Berichte über rassistische Gewaltexzesse und rechtsextreme Vernetzungen von deutschen Polizisten gibt es seit Jahrzehnten (→ Kapitel 1.1).

Struktureller Rassismus in der deutschen Polizei

Wie groß das Problem von Rassismus und Rechtsextremismus in der deutschen Polizei ist, bleibt bis heute unklar. Ein Grund dafür besteht darin, dass Sicherheitsbehörden und Politiker Rassismus oft erst dann erkennen wollen, wenn er als manifester Rechtsextremismus daherkommt (→ Kapitel 2.2). Dann also, wenn Polizisten ganz offensichtlich antipluralistische und antidemokratische Einstellungen vertreten. Doch Rassismus geht nicht allein von jenen aus, die sich das Dritte Reich zurückwünschen, ganze Bevölkerungsgruppen auslöschen wollen oder aus Hass gezielt Schwarze Menschen misshandeln. Rassismus beginnt, wenn Menschen aufgrund ihrer Hautfarbe, ihrer Religion oder durch die Zuordnung vermeintlich typischer Merkmale abgewertet und diskriminiert werden. Rassistisches Handeln ist sogar ohne explizit rassistische Haltung möglich – und in der Polizei weit verbreitet. Denn Rassismus wird durch Strukturen polizeilichen Handelns begünstigt. Das ist beispielsweise der Fall, wenn die offiziellen Vorschriften und internen Lagebilder der Institution dafür sorgen, dass Polizisten sich rassistisch verhalten, auch wenn sie keineswegs überzeugte Rassisten sind (→ Kapitel 2.1). Oder wenn Sicherheitsbehörden rassistische Gewalt nicht angemessen verfolgen und stattdessen die Opfer ins Visier nehmen (→ Kapitel 3.3).

Von Bedeutung für dieses Problem ist auch, dass die deutsche Polizei entgegen regelmäßiger Beteuerungen kein Spiegelbild der Gesellschaft ist (→ Kapitel 3.1), sondern vorwiegend eine bestimmte Klientel anzieht und ausbildet (→ Kapitel 3.2). Hinzu kommen mangelnde interne Kontrollmechanismen, die dafür sorgen, dass sich Rechtsextreme oder Rassisten in den Reihen der Polizei sicher fühlen können (→ Kapitel 4) und fehlende externe Instanzen, die Fehlverhalten von Polizisten aufarbeiten und die ausführende Gewalt adäquat kontrollieren (→ Kapitel 5).

All diese Aspekte lassen sich nicht allein an den Besonderheiten einzelner Polizeien in Deutschland festmachen – auch wenn einige Landespolizeien im Umgang mit ihren strukturellen Problemen bereits weiter sind als andere. Sofern auf den folgenden Seiten von »der deutschen Polizei« die Rede ist, ist dies als entsprechender Hilfsbegriff zu verstehen.

Die Grenzen dieses Buchs

Was dieses Buch nicht leisten kann, ist, Rassismus als gesamtgesellschaftliches Problem und in all seinen Facetten zu erklären. Was Rassismus alles bedeutet und in welchen Erscheinungsformen er noch immer Teil unseres Alltags ist, haben in den letzten Jahren mehrere Autorinnen und Autoren hervorragend ausgeführt. Exemplarisch sei auf die Werke von Tupoka Ogette und Alice Hasters verwiesen, die zudem deutlich machen dass dieses Thema problemlos ganze Bücher füllt.[7] Auch kann dieses Buch keine der viel diskutierten und eindringlich geforderten wissenschaftlichen Studien über die Polizei ersetzen. Die hier aufgeführten rassistischen und rechtsextremen Vorfälle in der Polizei sind ein Ausschnitt, die Liste ist keineswegs vollständig und das Dunkelfeld groß. Und doch sind sie Teil eines Gesamtbilds.

Dieses Buch soll eine Diskussionsgrundlage liefern. Es ist eine Bestandsaufnahme dessen, was seit Jahren berichtet, viel zu oft ignoriert und immer wieder vergessen wird. Wir müssen über die Polizei reden dürfen. Und wir müssen über die deutsche Polizei reden.

1.

»SCHWARZE HORDEN« – RECHTSEXTREME UND RASSISTEN IN DER POLIZEI

WIE SICH DIE SCHLAGZEILEN GLEICHEN – HISTORISCHE KONTINUITÄT?

Scheinhinrichtungen von ausländischen Tatverdächtigen, Polizisten, die festgenommene Afrikaner im Keller ihrer Wache mit Tränengas und Desinfektionsmittel misshandeln, und Beamte, die ihre rechtsextreme Gesinnung im Dienst offen zur Schau stellen. Als Hamburgs Innensenator Werner Hackmann an jenem Montagmorgen um halb acht den Bericht eines seiner Polizisten der Hamburger Wache 11 auf dem Schreibtisch liegen hat, übersteigen die Schilderungen alles, was der oberste Dienstherr der Hamburger Polizei schon immer befürchtet hatte: Polizeibeamte reizten festgenommene Schwarze so lange, bis sie sich wehrten. Dann schlugen die Polizisten auf sie ein. Vorgesetzte seien im Bilde gewesen und trotzdem untätig geblieben. Der eifrigste Schläger sei sogar auf eigenen Wunsch zum Staatsschutz versetzt worden – in die Abteilung Rechtsextremismus. Seine eigenen rechtsextremen Ansichten seien offen erkennbar gewesen.

Hackmann zieht Konsequenzen. Bei der Polizei habe »das Ausmaß von Übergriffen gegen Ausländer eine Dimension angenommen, die ich nicht für möglich gehalten habe«, stellt der Innensenator fest, als er noch an diesem Montag seinen Rücktritt erklärt. Er wolle damit zugleich ein Zeichen setzen »gegen Korpsgeist und rassistische Übergriffe der Hamburger Polizei«, verkündet er. Ein gesamter Zug der Polizei wird umgehend suspendiert, 27 Beamte werden nach Hause geschickt, bei drei von ihnen stehen Kontakte zu rechtsradikalen Gruppierungen im Raum. Es ist September 1994 – und der Anfang dessen, was als »Hamburger Polizeiskandal« bekannt werden wird. »Prügelszenen, Ausländerhass und rechtsradikales Gedankengut: Die zunehmende Gewaltbereitschaft von Polizisten ängstigt Politiker« schreibt der *Spiegel* sieben Tage später.[8] CDU-Fraktionschef Wolfgang Schäuble warnt vor einer »pauschalen Diffamierung« der Polizei;[9] Polizeiführer betonen, bei den suspendierten Beamten handele es sich lediglich um einige »schwarze Schafe« in ihren Reihen. Polizeikritiker wie der Berliner Grünen-Fraktionschef Wolfgang Wieland sprechen hingegen von »schwarzen Horden«, die in Uniform ihre rassistische Gesinnung ausleben.

Vertraute Berichte, vertrauter Umgang

Mehr als ein Vierteljahrhundert alt sind diese Schilderungen und Schlagzeilen. Zugleich scheinen sie beängstigend aktuell und vertraut. Denn die Geschichte der Polizei im wiedervereinigten Deutschland ist auch eine Geschichte rechtsextremer und rassistischer Skandale in den Reihen derer, die den Rechtsstaat schützen sollen. Hamburg, Berlin, Köln, München, Frankfurt: Es gibt kaum eine deutsche Metropole, die nicht ihren eigenen Polizeiskandal zu verzeichnen hat. Und auch abseits der Großstädte gibt es Vorwürfe rassistischer Polizeigewalt, ungeklärte Todesfälle im Polizeigewahrsam und Verbindungen von Polizisten zu rechtsextremen Organisationen. Doch der Blick in die Vergangenheit zeigt nicht nur, dass die Diskussion um Rechtsextreme und Rassisten in der Polizei keineswegs ein neues Phänomen ist. Er zeigt auch vertraute Mechanismen, wie Behörden und Politiker mit dem Problem in den Reihen der Ordnungshüter umgegangen sind – und offenbart damit Parallelen zur Gegenwart.

Weil sie in der Kantine der Bereitschaftspolizei Rechtsrock abgespielt und »Heil Hitler« gebrüllt haben sollen, werden im Dezember 1993 drei sächsische Polizisten suspendiert. | In seinem Jahresbericht 1994 nennt der Verfassungsschutz Schleswig-Holstein den »Arbeitskreis für deutsche Politik«, der in den zwei Jahren seines Bestehens zu einem »Kristallisationspunkt in der rechtsextremistischen Szene« geworden sei. Kopf der Gruppierung ist ein Oberkommissar und stellvertretender Hundertschaftsführer des Bundesgrenzschutz. | Im November 1994 sucht Hamburgs Innensenator das Gespräch mit Politiklehrern der Polizeischule. Ein interner Aktenvermerk der Innenbehörde dokumentiert das Ergebnis: Bei den jungen Polizeischülern sei »eine Zunahme ausländerfeindlicher Einstellungen« und »latenter Antisemitismus« zu bemerken. Alarmierend sei, dass in der Klasse rechtsradikalen Parolen immer seltener widersprochen werde. | In der Damentoilette der Landespolizeischule Berlin werden im Dezember 1996 Hakenkreuzschmierereien entdeckt. Polizeiliche Ermittlungen werden nach kurzer Zeit wieder eingestellt. Es habe sich »kein Anzeichen für rechtsradikales Gedankengut ergeben«.

Als der Hamburger Polizeihauptmeister Uwe Chrobok sich 1994 im Rahmen einer Weiterbildung zum Kriminalbeamten erst seinem Ausbilder anvertraut und sein Bericht über die Zustände in Wache 11 wenig später auf dem Schreibtisch des Innensenators landet, löst er eine Kettenreaktion aus. Sechs Monate nach dem Rücktritt des Innensenators wird gegen insgesamt 85 namentlich bekannte Polizeibeamte ermittelt. Auch auf anderen Hamburger Polizeirevieren sollen vor allem Schwarze von Polizisten schikaniert und gequält worden sein. Die Staatsanwaltschaft wirft den

Polizisten Körperverletzung im Amt, Freiheitsberaubung und Nötigung vor. Chrobok, der zum Kronzeugen der Ermittlungen wird, sagt mehr als zwanzig Stunden lang aus. Er berichtet von Kollegen, die sich damit brüsteten, mit festgenommenen afrikanischen Dealern zu abgelegenen Orten zu fahren und dort Scheinhinrichtungen zu inszenieren. Ein Dealer habe sich dort nackt ausziehen müssen, dann hätten sie dem Mann eine »Kanone an die Birne gehalten«, zitiert Chrobok seine Kollegen.[10] Vor allem im Keller der Wache 11 in der Hamburger Lerchenstraße sei es immer wieder zu Gewalt gegen Schwarze gekommen. In einem von zahlreichen Vorfällen, die Chrobok schildert, seien sechs Schwarze nackt in eine Sammelzelle gesperrt und anschließend misshandelt worden. »Ich sah, wie der Kollege mit einer Tränengasspraydose in die Zelle hineinsprühte, bis die Dose leer war«, erzählt er dem *NDR*.[11] Eine Mitarbeiterin einer anderen Wache berichtet von Polizisten, die Festgenommene verletzten und ihre Taten anschließend vertuschen wollten. »Ich hörte und las in den Berichten, dass die Festgenommenen ständig über die Schwelle zur Wache stolperten«, schildert die Mitarbeiterin.[12] Zudem seien zahlreiche Beschwerden gegen die Beamten aus den Unterlagen der Wache entwendet und vernichtet worden. Ein vertrauliches Schreiben aus dem April 1994 dokumentiert, wie der Leiter der Polizeischule Hamburg die Polizeiführung schon Monate vor dem öffentlichen Skandal informierte, dass es sich »offensichtlich nicht um wenige Einzelfälle handelt, sondern um ein scheinbar recht großes problematisches Dunkelfeld«.[13] Man habe die Vorwürfe intern selbst klären wollen, heißt es dazu später aus der Führungsetage der Polizei.

Hochrangige Polizeibeamte treten in diesen Monaten zurück oder werden versetzt. Am 14. Oktober 1994 nimmt der Parlamentarische Untersuchungsausschuss »Hamburger Polizei« seine Arbeit auf, der die Vorwürfe aufarbeiten soll – jedoch nicht ohne Widerstand. Das Hamburger Verwaltungsgericht entscheidet, dass der Senat die Herausgabe von Polizeiakten an den Ausschuss verweigern darf. Gleichzeitig beginnt die juristische Aufarbeitung der bekannt gewordenen Vorwürfe. Die Staatsanwaltschaft leitet auch Ermittlungsverfahren gegen führende Beamte wegen Strafvereitelung im Amt ein, weil sie Meldungen und Gerüchte über Fehlverhalten ignoriert oder prügelnde Kollegen gedeckt haben sollen. Doch juristische Folgen gibt es am Ende für kaum einen Hamburger Polizisten. Nur wenige Beamte werden überhaupt angeklagt. Vor Gericht steht in vielen Fällen die Aussage Chroboks gegen die seiner Kollegen. Jener Hauptkommissar, der Gefangene mit Reizgas malträtiert haben soll, wird mit dem Hinweis auf die angebliche Unglaubwürdigkeit des Kronzeugen freigesprochen. Auch die Praxis, festgenommene Dealer am Stadtrand auszusetzen, erklären Richter als »Verbringungsgewahrsam« für rechtens.

Die geringe Zahl der Verurteilungen reiht sich ein in ein Gesamtbild: Insgesamt werden zwischen Januar 1989 und September 1994 in 3324 Ermittlungsverfahren gegen namentlich bekannte Hamburger Polizeibeamte nur rund zwei Dutzend Polizisten verurteilt. Mehr als 95 Prozent der Verfahren werden bereits von der Staatsanwaltschaft eingestellt. Dabei waren insgesamt 70 Polizisten gleich fünfmal oder noch häufiger Beschuldigte in einem Strafverfahren – ein Polizist allein ganze 16 Mal.[14] Hamburgs Polizeidirektor Richard Peters, der ignorierte, dass Whistleblower Uwe Chrobok ihm schon Monate vor dem Skandal über rassistische Gewaltexzesse seiner Kollegen berichtete, wird 1997 schließlich wegen Strafvereitelung im Amt verurteilt. Er muss 1000 DM an den Polizeiverein Hamburg zahlen, in dem er selbst Mitglied ist.

Im Juli 1995 spricht das Landgericht Berlin zwei Polizisten frei, die noch in erster Instanz zu Geldstrafen verurteilt wurden. Sie waren beschuldigt, einen Iraner misshandelt zu haben. | Zwei bayerische Polizisten verprügeln in ihrer Freizeit drei Punks. Am 6. Februar 1996 werden die Beamten zu Geldstrafen verurteilt. | Im März 1997 erhält ein Frankfurter Polizist eine Bewährungsstrafe über neun Monate. Er hatte einen israelischen Falschparker festgenommen, geschlagen und getreten.

Dass die gehäuften Vorwürfe rassistischer Polizeigewalt keineswegs Verurteilungen mit sich bringen, zeigt sich in den 1990er-Jahren vielerorts. Auch in Berlin ergibt sich ein ähnliches Bild wie in Hamburg. »Bisherige Ermittlungsverfahren gegen Polizeibeamte haben Behauptungen, es gäbe rassistische und kriminelle Übergriffe seitens Berliner Polizeibeamter, in keinem Fall bestätigt«, erklärt Berlins Innensenator Dieter Heckelmann im Februar 1993.[15] Vier Wochen zuvor hatte seine CDU-Parteikollegin und Ausländerbeauftragte Berlins Barbara John persönlich Strafanzeige gegen Berliner Polizisten gestellt. Ein iranischer Student hatte in ihrem Büro berichtet, wie er an Heiligabend 1992 von Polizisten rassistisch beleidigt und misshandelt worden sei. Eine Zeugin des Vorfalls schildert, die Polizeibeamten hätten den Studenten »wie ein Stück Vieh« behandelt.[16] Medienberichte im *Tagesspiegel* und im *ZDF* über den Fall ermutigen andere Betroffene, Fälle rassistischer Polizeigewalt ebenfalls anzuzeigen. Für Schlagzeilen sorgen vor allem mehrere Fälle, in denen Berliner Polizisten vietnamesische Zigarettenhändler gequält haben sollen. In rund 150 Fällen ermittelt die Berliner Staatsanwaltschaft in den Jahren 1993 und 1994 wegen Polizeiübergriffen auf Ausländer. Doch trotz zahlreicher und detaillierter Vorwürfe gegen Polizisten werden nur wenige Beamte verurteilt, der größte Teil der Ermittlungen wird eingestellt. In den wenigen Verurteilungen gegen Polizisten kommt es zumeist nur zu geringen Bewährungsstrafen. Die Verurteilten dürfen damit im Polizeidienst bleiben.

Anfang 1995 wird eine eigens zur Aufklärung ausländerfeindlicher Polizeidelikte gegründete Ermittlungsgruppe in Berlin wieder aufgelöst.

Alte Fragen, vergessene Antworten

Am Ende steht ein Bild, das zwei Deutungen zulässt, die widersprüchlicher kaum sein könnten: Seit Jahrzehnten enden Ermittlungen gegen Polizisten in den meisten Fällen ergebnislos. Innenpolitik und Polizeiführung sehen dies als Beleg, dass es sich lediglich um »Einzelfälle« durch einige »schwarze Schafe« handele. Für Kritiker zeigt es hingegen verschleppte Aufklärung und mangelnden Verfolgungswillen der Justiz.

Aber kann man dieses Bild auf die Gegenwart übertragen? Die deutsche Polizei hat sich in den letzten beiden Jahrzehnten erheblich verändert. Sie ist akademisierter, diverser und weniger männlich dominiert geworden. Gewaltfreie Konfliktlösungen und Seminare gegen Diskriminierung sind fester Teil der modernen Ausbildung. Viele dieser Veränderungen sind eine direkte Reaktion auf die Skandale der Neunzigerjahre, allen voran auf den Hamburger Polizeiskandal. Zugleich gilt, dass man die Polizei nicht losgelöst von gesellschaftlichen Entwicklungen betrachten darf, auch wenn sie kein Spiegelbild der Gesellschaft ist. Als in den Jahren nach der Wiedervereinigung Deutschlands erstmals gehäuft über rassistische Polizeigewalt diskutiert wurde und zahlreiche Skandale hochkochten, prägte rechte Gewaltkultur weite Teile des wiedervereinigten Deutschlands, gerade im Osten der Republik. Rechtsextreme zündeten Wohnhäuser und Asylbewerberheime an und prägten mit rechter Dominanz und Gewalthegemonie den Alltag vieler Menschen, die in ihr Feindbild fielen. Wesentliche Teile dieses Jahrzehnts werden mittlerweile rückblickend als »Baseballschlägerjahre« bezeichnet.

Mit dem starken Zuzug von Geflüchteten ab 2015, dem Beginn von rechten Protestbewegungen wie Pegida und dem Erstarken der AfD sind rassistische und rechtsextreme Einstellungen in den letzten Jahren erneut deutlich sichtbarer geworden. Ebenso häufen sich die Berichte über rassistische und rechtsextreme Umtriebe in der Polizei erneut – auch wenn das Thema nie ganz aus der Öffentlichkeit verschwunden war. »Zwar wurden im Gegensatz zu den 90er-Jahren des letzten Jahrhunderts weniger Vorwürfe – jedenfalls in der breiteren Öffentlichkeit – gegenüber der Polizei hinsichtlich von Übergriffen oder sogar ›Folter‹ erhoben«, resümierte der Sozialwissenschaftler Karlhans Liebl 2009, »jedoch zeigten Diskussionen mit den beteiligten Gruppierungen, dass man sicherlich noch nicht davon ausgehen kann, dass dies nun kein gesellschaftliches Problem mehr darstellt.«[17] Beschäftigt man sich also näher mit der deutschen Polizei, offenbart sich ihm zufolge auch jenseits der großen Polizeiskandale der Neunzigerjahre ein anderes Bild vom Zustand unserer Sicherheitsbehörden.

Doch sind es nicht allein die Parallelen in den Vorwürfen gegen Polizeibeamte, die zu rassistischer Gewalt oder gar rechtsextremen Vernetzungen neigen sollen, die hier besonders ins Auge fallen. Der Blick zurück zeigt vor allem eine Kontinuität im Umgang von Polizeiführungen und Innenpolitik mit dem Thema. Dies ist umso erstaunlicher angesichts der Tatsache, dass Innenpolitiker und Führungskräfte der Polizei auf aktuelle Polizeikritik noch immer reagieren, als würde man sich erstmals mit dem Thema auseinandersetzen müssen; als würde man nicht seit Jahrzehnten die gleichen Reaktionen auf identische Vorwürfe abspulen. Man muss eine Diskussion über »Einzelfälle« und »schwarze Schafe«, wie sie das Jahr 2020 dominierte, stets in dem Bewusstsein betrachten, dass jede dieser Fragen bereits gestellt, jede Kritik bereits genauso erhoben wurde. Und dass bereits vor einem Vierteljahrhundert Antworten auf diese Probleme gegeben wurden. Antworten, die einem beängstigend aktuell und vertraut erscheinen.

Am 13. November 1996 legt der Untersuchungsausschuss zum Hamburger Polizeiskandal seinen 1137 Seiten umfassenden Abschlussbericht vor. Allein das Kapitel »Falsch verstandene Kollegialität innerhalb der Polizei« nimmt mehr als einhundert Seiten ein. Am Ende des Berichts kommt der Ausschuss zu einem klaren Fazit: »Ein erstes Manko besteht darin, dass die Untersuchung von Fehlverhalten regelmäßig bei der Betrachtung von Einzelfällen verharrt.«[18] Die hinter dem Fehlverhalten stehenden Strukturen würden nicht aufgedeckt.

Exakt ein Jahr und einen Tag nach Veröffentlichung des Untersuchungsberichts misshandeln zwei Beamte der Hamburger Wache 16 einen Sierra-Leoner bei einer Kontrolle schwer. Drei weitere Kollegen werden später wegen Beihilfe verurteilt.

VIEL ZU VIELE EINZELFÄLLE

Es ist der 16. September 2020: Mehr als 200 Beamte der Polizei Nordrhein-Westfalen sind an diesem Mittwoch im Einsatz gegen ihre eigenen Kollegen. 34 Wohnungen und Polizeidienststellen durchsucht die Sonderkommission »Parabel« an diesem Morgen, beschlagnahmt Mobiltelefone und Computer. 30 Polizeibeamte werden noch am selben Tag vorläufig suspendiert. Die Polizistinnen und Polizisten sollen über Jahre hinweg in Chatgruppen rechtsextreme Inhalte ausgetauscht haben. Besonders im Fokus stehen zunächst Beamte der Polizei Essen, die sich seit 2012 in der rassistischen WhatsApp-Gruppe »Alphateam« schrieben.

»Was ich da gestern gesehen habe, hat eine Dimension in einer Abscheulichkeit, die ich nicht für möglich gehalten habe«, verkündet NRW-Innenminister Herbert Reul und äußert die Sorge, der Fall könne noch größere Ausmaße annehmen.[19] Er wird recht behalten. Zwei Tage später werden zwei Polizisten aus Mecklenburg-Vorpommern wegen rechtsextremer Nachrichten suspendiert, auch gegen 15 ihrer Kollegen laufen Ermittlungen. In Berlin und Thüringen werden in den darauffolgenden Wochen ebenfalls rechtsextreme und rassistische Polizeichats bekannt. Und auch in Nordrhein-Westfalen kommen fortwährend neue rechte Verdachtsfälle dazu.

Viele Einzelfälle ergeben ein Muster

Es sind Wochen, in denen ein Wort an seine Grenzen kommt, das in der Kommunikation über Fehlverhalten bei der Polizei nicht wegzudenken ist. »Die schiere Zahl von Einzelfällen wird langsam mal zu viel«, erklärt Georg Maier, SPD-Innenminister in Thüringen und damaliger Vorsitzender der Innenministerkonferenz.[20] Einzelfall – ein Begriff, der in seiner Bedeutung keinen Plural zulässt und gebetsmühlenartig vorgetragen wird, sobald die Polizei in der Kritik steht. Bereits bei dem Fall in Nordrhein-Westfalen allein könne man nicht von einem Einzelfall sprechen, kritisiert der Kriminologe und gelernte Polizist Martin Thüne deutlich. »Es sind mehrere Personen über mehrere Jahre mit mehreren Taten. Und wenn ich dann noch andere Fälle aus den vergangenen Jahren dazuzähle, dann ist das faktisch ein sich wiederholendes Muster«, sagt er.[21]

Währenddessen steigt die Zahl der rechten Verdachtsfälle in der Polizei weiter. Als habe man in ein Wespennest gestochen, folgt im Herbst 2020 jeder Meldung über rechte und rassistische Umtriebe bei der Polizei alsbald die nächste. Bis zum Jahresende gibt es nahezu gleich lautende Meldungen aus allen Teilen Deutschlands. Es geht um rechtsextreme Chat-Nachrichten, Verbindungen zu organisierten Neonazis und Vorwürfe rassistischer Polizeigewalt.

Mitte Dezember 2020 laufen allein in Nordrhein-Westfalen mehr als 200 entsprechende Ermittlungsverfahren gegen Polizisten. In einigen Fällen wurden Suspendierungen aufgehoben, weil sich die Vorwürfe nicht bestätigt hatten; in anderen Fällen waren die Taten der Beamten bereits verjährt. Manche Polizisten blieben also unbehelligt, obwohl sie anscheinend genau das getan hatten, was ihnen vorgeworfen wurde. Bei einigen Polizisten kamen durch die Ermittlungen auch neue Vorwürfe hinzu. In weit über tausend Fällen steht der Straftatbestand der Verwendung von

Kennzeichen verfassungswidriger Organisationen im Raum, also Hakenkreuze, SS-Runen oder Hitlergrüße. Hinzu kommen Hunderte Fälle mutmaßlicher Volksverhetzung. Auf beschlagnahmten Computern und Handys finden die Ermittler Rechtsrock von indizierten Bands und mehrfach das verbotene Horst-Wessel-Lied, die Parteihymne der NSDAP. Bei zwei Beamten sollen allein mehr als 400 strafrelevante Bilder gefunden werden. Ein Polizist ließ sich fotografieren, wie er in Uniform auf zwei Streifenwagen mit dem Hitlergruß posierte; ein anderer legte ein Hakenkreuz aus Dienstmunition. Bei einem Beamten ergab die Auswertung seines Telefons deutliche Hinweise, dass er Mitglied der rechten Hooligangruppe »Alte Garde Essen« ist.

Als Einzelfälle könne er das nicht mehr bewerten, sagt Nordrhein-Westfalens Innenminister Reul deutlich. Zugleich verweist er darauf, dass Tausende Polizisten ihren Job gut machen und »eine vernünftige Haltung« haben. Ein strukturelles Problem in der Polizei sehe er daher nicht.

Chats machen sichtbar, was seit Jahren ignoriert wird

Ohne Zweifel betreffen die bekannt gewordenen Fälle rechter Polizeichats nur einen Bruchteil der rund 300 000 Polizistinnen und Polizisten in Deutschland. Aber wer entscheidet, ab wann aus diesem Bruchteil ein signifikanter Teil wird? Ab wann sind es zu viele Fälle, um darin nicht zumindest ein Muster zu erkennen? Denn die moderne flächendeckende Nutzung von Messengern und Gruppenchats konserviert eine Alltagskommunikation, die vorher im Dunkeln blieb. Und die bekannt gewordenen rassistischen Polizeigruppen dokumentieren etwas, das vor allem People of Color in Deutschland seit Jahren berichten: rassistische Ansichten und rechtsextreme Einstellungen unter Teilen der deutschen Polizei.

Am 10. November 2020 verurteilt das Amtsgericht Köln einen Polizisten zu einer Bewährungsstrafe von drei Monaten. Er hatte auf Facebook dazu aufgefordert, nordafrikanischen Straftätern in die Geschlechtsteile zu schießen. | An Heiligabend 2018 beleidigt ein Polizeioberkommissar einen Nigerianer im Polizeigewahrsam als »dreckige Negersau« und »Tier«. Er wird zu einer Geldstrafe verurteilt. Die Worte seien im Eifer des Gefechts gefallen, »nicht als Ausdruck einer rassistischen Gesinnung«, erklärt der Richter. | Am 23. September 2014 verurteilt das Amtsgericht Berlin-Tiergarten zwei Polizisten zu Geldstrafen. Sie hatten ein Jahr zuvor betrunken und außer Dienst Jagd auf angebliche Dealer gemacht und dabei eine Schwarze Person zusammengeschlagen. | Bei einem Polizeieinsatz in Frankfurt nach einer Fahrscheinkontrolle im Oktober 2012 wird ein Deutsch-Äthiopier so schwer verletzt, dass er drei Tage im Krankenhaus behandelt werden muss. Ein Polizist, der ihn geschlagen und getreten haben soll, wird erst zu einer Geldstrafe verurteilt, dann in zweiter Instanz freigesprochen. Das Opfer habe sich beim Einsteigen in das Polizeiauto selbst verletzt, heißt es schließlich.

Wie groß der Anteil von Polizisten mit rechtsextremen und rassistischen Einstellungen ist, bleibt unklar. Nicht jeder Polizist schreibt in einer rechten Chatgruppe. Nicht jede rechte Chatgruppe wird öffentlich. Und nicht jeder Polizist, der rechtsextreme oder rassistische Nachrichten verschickt, ist zugleich organisierter Neonazi oder rassistischer Schläger. Dennoch weisen die zahlreichen aufgedeckten Gruppen auf ein bedrohliches Potenzial hin, das in dieser Deutlichkeit nie zuvor dokumentiert war. »Es wäre natürlich naiv zu glauben, dass die jetzt dieses Gedankengut nur in sich tragen und in Chats zum Ausdruck bringen«, kommentiert Sebastian Fiedler, der Vorsitzende des Bundes Deutscher Kriminalbeamter (BDK), die Chat-Protokolle einer Dienstgruppe der

Polizei Berlin.[22] »Diejenigen, die sich hier auf derart menschenverachtende Weise geäußert haben, müssten ja eine völlig andere Gedankenwelt an den Tag legen, wenn sie jetzt polizeiliche Maßnahmen ergreifen«, sagt Fiedler. Die Gefahr sei groß, dass das unprofessionell, falsch oder rechtsverletzend geschehe.

Tatsächlich berichten seit Jahrzehnten Menschen bundesweit über diskriminierende Behandlungen bis hin zu rassistischer Gewalt durch einzelne Polizeibeamte. Auch in den Fällen aus Nordrhein-Westfalen, die 2020 Schlagzeilen machen, sollen sich die rassistischen Einstellungen beteiligter Polizisten nicht nur in Chat-Nachrichten niedergeschlagen haben. Einer der führenden Köpfe der »Alphateam«-Chatgruppe in Essen soll mehrmals auf einen albanisch-stämmigen Mann eingeschlagen haben, der gefesselt am Boden lag. Eine Kollegin schilderte den Fall ihrem Vorgesetzten, doch Konsequenzen folgten zunächst nicht. Und schon bevor der Chat-Skandal den bundesweiten Blick auf die Polizei Essen lenkte, waren dort mehrfach Vorwürfe wegen mutmaßlich rassistischer Polizeigewalt und einer Nähe zur rechten Szene aufgeworfen worden. Fotos zeigen einen Essener Polizisten, der in Uniform mit einer rechten Bürgerwehr posiert. Eine libanesischstämmige Familie aus Essen berichtete im April 2020, Polizisten hätten sie bei einem Einsatz wegen Ruhestörung mit Schlagstöcken, Pfefferspray und Fäusten attackiert und verletzt. Wenige Wochen zuvor soll eine Schwarze Familie auf einer Polizeiwache in Essen rassistisch beleidigt und geschlagen worden sein. »Wenn's dir nicht passt, dann geh aus unserem Land und sei froh, dass wir nicht in den USA sind, da würde es dir noch schlimmer ergehen«, sollen die Polizisten einem der Verletzten gesagt haben. Die Essener Polizei wies in allen Fällen Rassismusvorwürfe zurück.

Berichte und Meldungen über deutsche Polizisten, die gegenüber People of Color besonders gewalttätig agieren, sind keineswegs neu. Die »Chronik rassistisch motivierter Polizeivorfälle für

Berlin von 2000 bis 2020« der Kampagne für Opfer rassistisch motivierter Polizeigewalt umfasst allein 300 Seiten. Einen bundesweiten Überblick gibt es nicht – erst recht keinen eindeutigen. In den meisten Fällen steht die Aussage der mutmaßlichen Opfer gegen die der Polizisten. Viele Vorfälle werden gar nicht erst angezeigt, in anderen Fällen sehen Gerichte keine eindeutigen Beweise für ein Fehlverhalten der Polizei. Auf dieser Basis konnte über Jahrzehnte hinweg im öffentlichen Diskurs an der These der »Einzelfälle« festgehalten werden. Vor allem weil die Berichte über rassistische Polizeiübergriffe von Menschen kommen, deren Stimme in Deutschland noch immer sehr viel weniger wahrgenommen wird als die der weißen Mehrheitsgesellschaft. Doch wie viele Einzelfälle ergeben eine Struktur?

Rassistische Polizeigewalt und ungeklärte Todesfälle

Im Sommer 2020 treibt der brutale Mord an dem Schwarzen US-Amerikaner George Floyd durch einen Polizisten vor laufenden Kameras auch in Deutschland Zehntausende Menschen auf die Straßen. Unter dem Motto »Black Lives Matter« wird erstmals in einer solchen Dimension in Deutschland über rassistische Polizeigewalt diskutiert – und von Betroffenen daran erinnert, dass auch in Deutschland Schwarze Menschen durch die Polizei verletzt werden oder im Polizeigewahrsam ihr Leben lassen.

Kein anderer Fall steht so sinnbildlich für den Vorwurf, die Polizei weigere sich, rassistische Gewalt in den eigenen Reihen konsequent aufzuarbeiten und werde dabei noch von Justiz und Politik unterstützt, wie der bis heute ungeklärte Tod des Sierra-Leoners Oury Jalloh in einer Dessauer Polizeizelle.

Seine Hände und Füße sind an der Betonpritsche unter ihm angekettet, als er verbrennt. Mehrmals an diesem Januarmorgen löst der Feueralarm im Gewahrsamstrakt des Polizeireviers Dessau aus. Ein Polizist stellt ihn ohne weitere Kontrolle ab. Doch davon bekommt der Mann auf der Betonpritsche längst nichts mehr mit. Später findet sich in seiner Lunge kaum Ruß, auch keine Hinweise auf die Ausschüttung von Stresshormonen im Blut. Als die Flammen in der Zelle hochschlagen, muss er bewusstlos sein – oder bereits tot. Gegen 12:10 Uhr am 7. Januar 2005 melden Polizisten der Frühschicht, dass sie den verkohlten Leichnam von Oury Jalloh in Zelle 5 der Polizeiwache Dessau entdeckt haben.

Noch bevor die Aufarbeitung des Todesfalls beginnt, haben sich die Behörden bereits auf die offizielle Version der Ereignisse festgelegt. »Ich begebe mich jetzt in den Keller, in dem sich ein schwarzafrikanischer Bürger in einer Arrestzelle angezündet hat«, heißt es in einem Video der Ermittlungsgruppe kurz nach dem Fund der Leiche. Oury Jalloh soll sich selbst angezündet haben – an dieser Version werden Polizeiführung und Innenministerium über mehr als 15 Jahre hinweg festhalten. Gegen jede Logik und gegen erdrückende Indizien. Die Ermittlungen sind geprägt von fehlenden Videoaufnahmen, lückenhaften Polizeiprotokollen und Beweisstücken, die aus der Asservatenkammer verschwinden. Nur bruchstückhaft kommen Informationen über den tatsächlichen Ablauf zutage. Meist müssen sie von Freunden und Angehörigen Oury Jallohs, engagierten Anwältinnen und ihren Unterstützern mit enormem Aufwand ans Licht gezerrt werden. »Das finale Brandbild kann nicht ohne Brandbeschleuniger entstanden sein«, stellt ein Brandgutachter fest, der nur nach einer bundesweiten Spendensammlung beauftragt werden konnte. 2019, fast fünfzehn Jahre nach Beginn der Ermittlungen, stellt ein forensisches Gutachten fest, dass Jalloh vor seinem Tod schwer misshandelt wurde. Sein Nasenbein war gebrochen, ebenso das Schädeldach, die Nasenscheidewand und eine Rippe. Die schiere Fülle an ebenso erschreckenden wie beinahe unglaublichen Details des

Falls ist so groß, dass die Journalistin Margot Overath in einer vielfach gelobten Podcastreihe knapp fünf Stunden benötigt, um jede Wendung nachzuzeichnen.[23]

»Weil die Polizei in Dessau und die Justizbehörden von Sachsen-Anhalt nicht nach Tätern gesucht haben, bleibt den Angehörigen die Wahrheit vorenthalten – und der Gesellschaft die Chance, aus Dessauer Verhältnissen Konsequenzen zu ziehen«, lautet das Fazit von Overath, die sich mehr als ein Jahrzehnt mit dem Fall beschäftigt hat. Wegen vorsätzlich begangener Taten im Zusammenhang mit dem Tode Oury Jallohs wird kein einziger Polizist je angeklagt. Ein Dienstgruppenleiter, der den Feueralarm ignoriert hatte, wird wegen fahrlässiger Tötung zu einer Geldstrafe verurteilt. Ein weiterer Beamter, dem die Staatsanwaltschaft vorwirft, er habe bei der Durchsuchung Jallohs ein Feuerzeug übersehen, wird freigesprochen. Was tatsächlich passiert ist, bleibt offen. Vor Gericht schweigen die meisten Polizisten, die an jenem Januarmorgen 2005 im Dienst waren, zu den Vorfällen. Sie können sich an nichts erinnern oder geben Erklärungen ab, die allen Erkenntnissen widersprechen. Vieles wirkt abgesprochen, wie nach einem Drehbuch. Auch der Vorsitzende Richter am Landgericht Dessau bemängelt den offenkundigen Unwillen der Beamten, zur Aufklärung beizutragen. »Das, was hier geboten wurde, war kein Rechtsstaat, und Polizeibeamte, die in einem besonderen Maße dem Rechtsstaat verpflichtet waren, haben eine Aufklärung verunmöglicht«, lautet sein bitteres Resümee. Doch Konsequenzen folgen nicht. 2017 möchte der Staatsanwalt die Ermittlungen neu aufrollen, weil er angesichts über die Jahre neu hinzugekommener Erkenntnisse davon ausgeht, Jalloh sei misshandelt und anschließend angezündet worden, um die Spuren zu verwischen. Denn vor dem Tod des Sierra-Leoners starben bereits zwei weitere Menschen unter ungeklärten Umständen, nachdem sie in der Dessauer Wache in Gewahrsam genommen wurden. Die Legende von der Selbstanzündung Oury Jallohs sei genutzt worden, um keinen weiteren Toten rechtfertigen zu müssen, lautete die Theorie des Staatsanwalts. Das Verfahren wird ihm von höherer Stelle entzogen und eingestellt. Mehr als fünfzehn Jahre nach dem Tod Oury Jallohs ist noch immer nicht aufgeklärt, was in den Räumen des Polizeireviers Dessau passiert ist. Fest steht lediglich: Ein Mensch starb in Obhut derer, die den Rechtsstaat schützen sollen, und so, wie Polizei und Sachsen-Anhalts Innenministerium den Vorfall darstellen, kann es nicht gewesen sein.

Angesichts der schleppenden juristischen Aufarbeitung des Todes von Oury Jalloh in einer Dessauer Polizeizelle erklärt Amnesty International 2010, Deutschland verletze seine menschenrechtliche Pflicht, Misshandlungsvorwürfe gegen Polizisten »unmittelbar, umfassend, unabhängig und unparteilich unter Einbeziehung des Opfers« zu ermitteln. Dieses Verhalten stehe in einer langen Tradition. | Am 16. Mai 1995 legt Amnesty International seinen ersten Bericht über rassistische Polizeigewalt in Deutschland vor. Innerhalb von drei Jahren sei es demnach zu mehr als 70 Fällen »grausamer, erniedrigender und unmenschlicher Behandlung von AusländerInnen durch die Polizei« gekommen, darunter mindestens zwei Fälle von Folter. | Im Mai 1996 veröffentlicht Amnesty International einen zweiten Jahresbericht zu fremdenfeindlichen Übergriffen bei der Polizei. Detailliert werden etwa die Schilderungen von zwei türkischen Staatsangehörigen wiedergegeben, denen im Polizeigewahrsam Nasenbein, Jochbogen und Rippen gebrochen wurden. Gegen beide Männer wurde Anzeige wegen Widerstand gegen die Staatsgewalt erstattet. Die Gewerkschaft der Polizei weist den Jahresbericht als »keineswegs sauber recherchiert« zurück. | Mai 1998: Das Anti-Folter-Komitee der Vereinten Nationen äußert Besorgnis über Misshandlungen im Polizeigewahrsam in Deutschland.

Oury Jalloh ist nicht die einzige Person of Color, die unter zumindest strittigen Umständen im Gewahrsam der deutschen Polizei zu Tode gekommen ist. Am selben Tag, an dem Jalloh verbrannt in einer Polizeizelle gefunden wird, stirbt in einem Krankenhaus in Bremen der Sierra-Leoner Laya-Alama Condé: Polizisten hatten ihm zehn Tage zuvor im Polizeipräsidium Bremen-Vahr unter Zwang Brechmittel verabreichen lassen. Ein solcher Brechmitteleinsatz, um bei mutmaßlichen Dealern verschluckte Drogenpäckchen zu sichern, endete bereits vier Jahre zuvor in Hamburg tödlich. Damals starb der 19-jährige Nigerianer Achidi John. Der Hamburger Flüchtlingsrat unterstellte der Polizei eine selektive Anwendung der Zwangsmaßnahme, die vorwiegend schwarzafrikanische Straßendealer treffe.

Andere People of Color starben bei gewaltsam durchgesetzten Abschiebungen, wie 1994 der Nigerianer Kola Bankole oder fünf Jahre später der Sudanese Aamir Ageeb. Drei Polizisten des Bundesgrenzschutzes setzten dem abgelehnten Asylbewerber an Bord eines Flugzeugs zusätzlich zu zahlreichen Fesseln einen Motorradhelm auf und fixierten seine Arme und Beine am Sitz. Als Ageeb während des Starts zu schreien begann, drückten die Polizisten seinen Oberkörper Richtung Boden. »Lagebedingter Erstickungstod durch massive Einwirkung von Gewalt« lautet die spätere Diagnose der Rechtsmedizin. Die drei Polizisten werden 2004 wegen Körperverletzung mit Todesfolge in einem minder schweren Fall verurteilt. Das Gericht spricht zudem eine Strafminderung aus. Die Polizeibeamten erhalten daher nur eine Bewährungsstrafe von neun Monaten. Eine Verurteilung zur gesetzlich vorgeschriebenen Mindeststrafe hätte zur Folge gehabt, dass die Männer aus dem Polizeidienst ausscheiden müssen. »Es kann der Eindruck entstehen, wer als Amtsträger einen Menschen zu Tode bringt, könnte auch künftig damit rechnen, glimpflich davon zu kommen«, kritisierte die Menschenrechtsorganisation Pro Asyl das Urteil.[24] Wie viele People of Color in den letzten Jahrzehnten bei Polizeieinsätzen oder in staatlichem Gewahrsam starben, ist unklar. Die *taz* dokumentierte 2020 exemplarisch 24 Fälle,[25] einige Initiativen kommen auf weitaus höhere Zahlen.[26] Viele der genannten Todesfälle sind bis heute nicht geklärt. Polizei und Gewerkschaften verwahren sich vehement gegen die Aussage, als Schwarzer Mensch sei die Gefahr, durch Polizisten getötet zu werden, auch in Deutschland erhöht. Zu Recht?

2018 kommen Erinnerungen an den Fall Oury Jalloh hoch, als der syrische Kurde Amad Ahmad nach einem Zellenbrand in der Justizvollzugsanstalt Kleve stirbt. Auch hier widersprechen Brandgutachten der offiziellen Version des Geschehens. Zudem wurde Ahmad nach Recherchen des *ARD*-Magazins *Monitor* offensichtlich fälschlicherweise inhaftiert, seine Daten im Polizeisystem manipuliert. Trotzdem stellt die Staatsanwaltschaft die Ermittlungen gegen einen Polizisten wegen der rechtswidrigen Inhaftierung Ahmads ein. »Die durchgeführten Ermittlungen haben nicht zur Feststellung eines strafbaren Verhaltens geführt«, heißt es in einer gemeinsamen Presseerklärung von Staatsanwaltschaft und Polizei.[27] Der Fall beschäftigt noch immer [Stand April 2021] den nordrhein-westfälischen Landtag. Die nordrhein-westfälischen Grünen sprechen von einem »handfesten Polizei- und Justizskandal«.[28]

Rechtsextreme Verbindungen, Datenabfragen, Todesdrohungen

Kaum ein anderes Wort erfährt 2020 so viel berechtigten Spott wie die inhaltsleere Formel »Einzelfälle«. Zu offensichtlich häufen sich die Meldungen über rechte Polizisten. Und zu offensichtlich wehren sich einige Verantwortliche noch immer dagegen, ein Muster zu erkennen. Sprachkritiker küren den Begriff mit dem

Negativpreis »Floskel des Jahres«. Initiativen erstellen »Einzelfall-Karten« und »Einzelfall-Kalender« mit bekannt gewordenen Fällen rechtsextremer Polizisten. Oft geht es um aufgedeckte rechtsextreme Chat-Nachrichten. Noch nie ließ sich rechtsextremes Gedankengut in der Polizei so eindeutig belegen wie heute: technisch eindeutig dokumentierte Hakenkreuze und Hitlergrüße, die unter Polizisten verschickt wurden, und Nachrichten, die ihre Nähe zu rechtsextremen Gruppen deutlich machen. Doch anders als bei Vorwürfen rassistischer Polizeigewalt, bei denen es zumeist die mutmaßlichen Opfer sind, die an die Öffentlichkeit gehen und oft kaum Gehör finden, werden bei diesem Thema seit Jahren fast nur Fälle bekannt, die von den Sicherheitsbehörden selbst öffentlich gemacht oder durch journalistische Recherchen aufgedeckt werden. Manch andere Verstrickung von Polizisten in die rechtsextreme Szene kommt hingegen erst mit jahrelanger Verzögerung ans Licht.

2012 wird beispielsweise im Untersuchungsausschuss zum Nationalsozialistischen Untergrund (NSU) erstmals öffentlich bekannt, dass Polizisten aus Baden-Württemberg zehn Jahre zuvor zeitweise Mitglied im deutschen Ableger des Ku-Klux-Klan waren. In ihren Mitgliedsanträgen versicherten die Polizisten etwa, dass sie nicht jüdischer Abstammung seien und weltweit für die »weiße Rasse« eintreten würden. Obwohl ein V-Mann schon früh dafür sorgte, dass die Mitgliedschaft der Polizisten bekannt war, folgten keine Konsequenzen. Das Verfahren gegen einen Beamten wurde wegen Zeitablaufs eingestellt. Er erhielt lediglich eine Rüge. Ein Polizeimeister, der während seiner Klan-Mitgliedschaft noch Beamter auf Probe war, durfte ebenfalls im Dienst bleiben und kam mit einer »Zurechtweisung« davon.

Am 9. Oktober 2020 erscheint ein Kölner Zivilbeamter zur Gedenkveranstaltung des antisemitischen Anschlags auf die Syna-

goge in Halle in Kleidung der Marke »Thor Steinar«, einem Erkennungszeichen der rechtsextremen Szene. | In München wird 2019 ein Polizist fotografiert, der ein Verbandsabzeichen der Wehrmacht an seinem Rucksack trägt. | Ein Kriminalkommissar aus Saarbrücken wird im Juni 2016 wegen Volksverhetzung verurteilt. Er hatte auf Facebook öffentlich den Holocaust bezweifelt. | Im Mai 2014 fotografieren Passanten in einem Einsatzfahrzeug der bayerischen Eliteeinheit USK zwei Aufkleber mit den Botschaften »Good Night Left Side« und »Anti-Antifa organisieren – Den Feind erkennen. Den Feind benennen«. Die Motive stammen aus der Neonaziszene.

Bundesweit werden immer wieder Verbindungen einzelner Polizisten in die rechte Szene bekannt. Einige sind Teil der rechten Reichsbürgerszene. Reichsbürger glauben daran, dass das Deutsche Reich weiterhin fortbestehe, und stellen die Legitimität der Bundesrepublik Deutschland infrage. Das heißt, sie lehnen auch die Gesetze und demokratisch festgeschriebenen Grundwerte ab, die Polizisten durchsetzen sollen. 2019 liefen allein in Bayern 18 entsprechende Disziplinarverfahren gegen Polizisten. Andere pflegen freundschaftliche Verbindungen in die rechtsextreme Hooligan- und Neonazi-Szene: Bei Ermittlungen gegen die rechtsextreme Freie Kameradschaft Dresden (FKD) stießen Ermittler auch auf einen Dresdner Polizisten, der sich mit Beschuldigten in einem Gruppenchat austauschte. Bei einer Gerichtsverhandlung gegen drei Rechtsextreme im Oktober 2020 erklärte der Beamte im Zeugenstand, der Hauptangeklagte sei ein Freund von ihm. Kein Einzelfall in diesem Umfeld: Schon bei den Ermittlungen gegen die rechtsterroristische Gruppe Freital, die teilweise gemeinsam mit der FKD agierte und Sprengstoffanschläge auf Wohnungen von Geflüchteten und Kommunalpolitikern verübte, stand der Verdacht im Raum, dass drei Polizeibeamte mit den

Rechtsextremen in Kontakt standen und dienstliche Interna weitergeleitet hatten. Polizisten, die organisierte Rechtsextreme und Neonazis unterstützen oder sich offen als Freunde jener bezeichnen, die den Rechtsstaat ablehnen?

Es ist bei Weitem nicht der einzige Fall, in dem interne Informationen der Polizei bei Neonazis auftauchen. Im Januar 2016 werden interne Dokumente der sächsischen Polizei über eine Kontrolle von Linken nur Stunden später auf Social Media Accounts der NPD verbreitet. 2015 sucht die Polizei Dresden nach einem »Maulwurf«, der interne Informationen an das völkisch-nationalistische Bündnis Pegida weitergegeben hat. Und auch bei den Ermittlungen zum rechtsextrem motivierten Mord an dem Kasseler Regierungspräsidenten Walter Lübcke im Juni 2019 stoßen Ermittler auf dem Handy eines Mitangeklagten auf ein internes Polizeidokument. Das Papier war als »Verschlusssache – nur für den Dienstgebrauch« deklariert und behandelte Fahndungsstrategien in Fällen terroristischer Gewaltkriminalität von bundesweiter Bedeutung. Schon als ein Neonazi 2003 beim Landeskriminalamt Sachsen gegen seine Kameraden aussagte, kursierte eine Kopie des Protokolls bereits wenig später in der rechtsextremen Szene. Doch auf welchen Wegen die internen Daten und Dokumente der Polizei bei Menschen landen, die den demokratischen Rechtsstaat ablehnen, ihn meist sogar offen bekämpfen, wurde in keinem dieser Fälle aufgeklärt.

Andernorts nutzen Polizisten ihre dienstlichen Privilegien, um selbst aktiv gegen jene zu werden, die sie als politische Gegner ausmachen. In Berlin speicherte ein Polizeikommissar Fotos und Daten von Linken aus dem internen Polizeisystem und verschickte Drohschreiben an die Ausgespähten. Er arbeitete in der Vergangenheit als verdeckter Ermittler in der linken Szene und später als Auswerter beim Staatsschutz in Berlin. 2018 erhielt der Beamte einen Strafbefehl über 3500 Euro – wegen eines Verstoßes gegen das Datenschutzgesetz. In Greifswald soll ein Polizist im Februar 2019 die Daten vermeintlicher Linker abgefragt und in rechtsextreme Kreise weitergegeben haben. »Wir haben deine Daten, wir kennen deine Telefonnummer, vielleicht wissen wir auch, wo du wohnst« lautete eine Nachricht, die eine der Betroffenen wenig später erhielt.

Bundesweit liefen 2020 mehr als 400 Verfahren wegen unberechtigter Datenabfragen durch Polizisten. Auch die Daten des Autors wurden 2019 auf einem Polizeicomputer des LKA Sachsen gesucht. Bis die Behörde dies einräumte, brauchte es mehrere Anwaltsschreiben und eine Klageandrohung. Der sächsische Datenschutzbeauftragte schloss in diesem Fall eine unbefugte Recherche nicht aus. Das LKA gab auf Nachfrage an, der Grund für die Suche sei nicht protokolliert, sah jedoch ausdrücklich keine Anhaltspunkte für einen Verstoß gegen den Datenschutz. Einerseits sei also nicht klar, warum ein Polizist nach einem Journalisten sucht, der sich kritisch mit der Polizei auseinandersetzt, andererseits sei klar, dass der Polizist vorschriftsgemäß und berechtigt gehandelt habe.

Wie brisant dieses Thema ist, wurde bereits 2018 deutlich, als die Frankfurter Anwältin Seda Başay-Yıldız ein Fax erhielt, das mit NSU 2.0 unterzeichnet war. »Miese Türkensau!« und »Wir schlachten deine Tochter« hieß es in dem Drohschreiben, das auch die gesperrte Adresse der Familie enthielt. Die Spur der Todesdrohungen führte in die hessische Polizei. Seitdem steht die Frage im Raum, ob es ein rechtsextremes Netzwerk in der deutschen Polizei gibt. Und es zeigt sich zugleich ein Muster. Bei den Ermittlungen zu den rechten Todesdrohungen stoßen die Behörden immer wieder auf: rechtsextreme und rassistische Polizeichats. Chats, die dokumentieren, wie verbreitet und normal rassistische und rechtsextreme Aussagen unter Teilen der deutschen Polizei sind – anscheinend bereits seit Jahren.

August 2018: Im bayerischen Rosenheim rufen zwei Männer auf der Terrasse eines Lokals rassistische Parolen und zeigen den Hitlergruß. Es handelt sich um Beamte der Bundespolizei. | Im August 2013 zeigt ein Polizist bei einem Laternenfest in Halle/Saale mehrmals den Hitlergruß. | Wegen des Verdachts der rechtsextremistischen Betätigung werden im Mai 2003 zwei Beamte des Landeskriminalamts Brandenburg vom Dienst suspendiert. Neben anderem belastenden Material waren bei einer Hausdurchsuchung Fotos gefunden worden, auf denen die Männer den Hitlergruß zeigen. | In den Diensträumen eines Münchener Polizeiausbilders werden am 20. April 2001 mehrere Kassetten mit strafrechtlich relevanter »Skinhead-Musik« sichergestellt. | Die Staatsanwaltschaft Frankfurt/Oder teilt im Oktober 1999 mit, dass vier Polizeikommissare wegen rechtsextremistischer Umtriebe vom Dienst suspendiert wurden. Sie sollen mehrfach rechte Parolen von sich gegeben und bei einer privaten Feier lautstark rechtsextremistische Musik abgespielt haben. | Im August 1997 werden sieben bayerische Polizisten suspendiert, weil sie auf einer Feier Nazi-Lieder gesungen und den Hitlergruß gezeigt haben sollen. Drei Monate später wird die Suspendierung aufgehoben, ein eindeutiger Nachweis der Taten habe gefehlt.

Es scheint nahezu unmöglich, bei all diesen Vorwürfen und Vorfällen den Überblick zu bewahren. Zu viele sind es, zu vielfältig sind die Verfehlungen von rechtsextremen und rassistischen Polizisten. Auch offizielle Zahlen helfen hier nicht. Zu groß ist das Dunkelfeld, zu ungenügend sind die Lagebilder (siehe Seite 166). Fest steht jedoch zweifellos – und das soll hier noch einmal klar betont werden: Es gibt sie. Rassisten in Uniform. Rechtsextreme in Uniform. Und Neonazis in Uniform.

»Sie haben recht, es sind keine Einzelfälle«, erklärt der CDU-Abgeordnete und Polizist Bodo Löttgen am 7. Oktober 2020 im nordrhein-westfälischen Landtag mit Blick auf die zahlreichen aufgedeckten rechten Chat-Inhalte.[29] Trotzdem weigere er sich zu sagen, es sei ein strukturelles Problem der Polizei. »Wir müssen endlich eine Sprachregelung finden, die uns ermöglicht, zwischen Einzelfällen und strukturellem Defizit eine vernünftige Beschreibung der Situation zu finden. Das wird unsere Aufgabe sein«, führt er aus. Als sei es vor allem eine Frage der richtigen Worte, wie mit dem umzugehen ist, was seit Jahren berichtet und hier zumindest ausschnittsweise dokumentiert ist: viel zu viele Einzelfälle. Doch wie viele Einzelfälle ergeben eine Struktur?

GIBT ES EIN RECHTES TERRORNETZWERK IN DER POLIZEI?

Es ist Donnerstag, der 2. August 2018, als ein Fax bei der Frankfurter Anwältin Seda Başay-Yıldız eingeht. »Du machst Deutschland nicht fertig«, schreiben die Absender und drohen Başay-Yıldız, sie würden ihre damals zweijährige Tochter »schlachten«. Unterschrieben ist die Drohung mit »NSU 2.0«; ein offener Bezug auf die rechtsterroristische Gruppe Nationalsozialistischer Untergrund (NSU), die zwischen 1999 und 2007 insgesamt neun Menschen mit Migrationsgeschichte und eine Polizistin ermordete und mehrere Sprengstoffanschläge verübte. Başay-Yıldız war Nebenklage-Anwältin im NSU-Prozess. Und: das Schreiben enthält den Namen ihrer Tochter und ihre private Adresse, obwohl diese nirgendwo öffentlich angegeben und zudem im Melderegister gesperrt ist. Es ist der Beginn einer ganzen Serie von Drohschreiben des sogenannten NSU 2.0. Und es ist der Beginn eines Skandals, der bundesweit die Frage aufwirft, wie weit rechtsextreme Verbindungen bis in den deutschen Sicherheitsapparat reichen. Denn die Spur der Drohungen gegen Başay-Yıldız führt in die Polizei. Im Juli 2020, zwei Jahre nach dem ersten Fax an die Frankfurter Anwältin, tritt Hessens Innenminister Peter Beuth vor die Öffentlichkeit und verkündet, er könne ein rechtsextremes Netzwerk in der Hessischen Polizei nicht mehr ausschließen.

Es ist nicht der einzige Fall, in dem die Grenzen verschwimmen zwischen denen, die den Staat schützen sollen, und denen, die ihn stürzen wollen. Bundesweit fragen Polizisten in internen Datenbanken Informationen über Menschen ab, die sich öffentlich gegen Rechtsextremismus positionieren. Andere Polizeibeamte organisieren sich gemeinsam mit Elitesoldaten der Bundeswehr und Reservisten, um auf einen politischen Umsturz vorbereitet zu sein. Sie horten Leichensäcke, Waffen und massenweise Munition aus Polizeibeständen für einen »Tag X«. Gibt es also ein rechtsextremes Netzwerk in der deutschen Polizei? Die Sicherheitsbehörden wehren sich gegen den Vorwurf. Eine bundesweite Vernetzung zwischen den bekannt gewordenen Fällen sei nicht ersichtlich. Tatsächlich ist die Situation diffus, die Verbindungen zwischen Staatsfeinden in Uniform sind komplex – und doch deshalb nicht weniger bedrohlich.

NSU 2.0: Drohschreiben, Datenabfragen, Verbindungen in die rechte Szene

Als Seda Başay-Yıldız im August 2018 wegen der Todesdrohungen gegen ihre Familie Anzeige erstattet, weiß sie noch nicht, dass sie einen der größten Polizeiskandale der bundesdeutschen Geschichte auslösen wird. Denn schnell stoßen die Ermittler darauf, wo die gesperrte Adresse der Anwältin am Tag der Drohung abgerufen wurde: auf einem Dienstcomputer im 1. Frankfurter Polizeirevier. Auf dem Mobiltelefon der Polizistin, die zum Zeitpunkt der Abfrage an dem Computer angemeldet war, wird eine Chatgruppe entdeckt, in der sich Frankfurter Polizisten gegenseitig rassistische und rechtsextreme Nachrichten schickten: Hakenkreuze, rassistische und antisemitische Witze. Ein Bild zeigt Adolf Hitler vor einem rauchenden Schornstein. Daneben steht: »Umso größer der Jude, desto wärmer die Bude.« Auch in sozialen Netzwerken sind einige der Frankfurter Beamten mit Neonazis eng verbunden. Bei einem der Beschuldigten stoßen die Ermittler zu Hause auf ein »museal eingerichtetes Zimmer mit diversen NS-Devotionalien«:[30] historische Wehrmachts- und SS-Uniformen, Fahnen, Plakate, Orden und Abzeichen aus der Nazizeit. Auch erlaubnispflichtige Waffen und Munition hat der Beamte in seinem Haus in einer hessischen Kleinstadt gelagert. Im Dezember 2018 macht die Polizei erstmals öffentlich, dass fünf Frankfurter Polizisten des 1. Reviers wegen des Verdachts auf Rechtsextremismus suspendiert sind. Doch die Drohungen des NSU 2.0 bleiben von offizieller Seite unerwähnt – und somit auch der beängstigende Verdacht, dass Polizeibeamte ihre dienstlichen Privilegien für eine rechtsextreme Drohkulisse missbraucht haben könnten.

Es ist Başay-Yıldız selbst, die erstmals öffentlich auf die Todesdrohungen gegen sie und ihre Familie und die dazugehörige Spur in die Frankfurter Polizei aufmerksam macht. Wenig später erhält sie ein zweites Drohschreiben. Erneut ist es unterschrieben mit NSU 2.0, und diesmal nimmt der Absender konkret Bezug auf die suspendierten Polizisten: »Dir hirntoten Scheißdöner ist offensichtlich nicht bewusst, was du unseren Polizeikollegen angetan hast.« Auch dieses Schreiben enthält nicht-öffentliche Daten über die Familie der Anwältin. Es wird nicht das letzte Schreiben sein, dass sie vom NSU 2.0 erhält. Ende Februar 2019 folgt ein drittes Drohschreiben, Anfang März ein viertes.

Inzwischen werden immer weitere Fälle mutmaßlich rechtsextremer Polizisten in Hessen bekannt. Im Innenausschuss des Landtags berichtet Hessens Innenminister Peter Beuth über Beamte, die bei einer Kirmes rechtsextreme Parolen gerufen haben sollen, und über einen Polizisten aus dem südhessischen Dieburg, der Informationen aus einem Polizeicomputer abgefragt und an eine Frau aus der militanten Neonazi-Kameradschaft »Aryans« weitergegeben hat. Gegen die Gruppe ermittelt die Bundesanwaltschaft wegen Bildung einer terroristischen Vereinigung. Disziplinarischen Maßnahmen entging der Beamte zunächst durch eine Versetzung auf eigenen Wunsch von Hessen nach Niedersachsen. Insgesamt wurde seit 2015 in 38 Fällen gegen hessische Polizistinnen und Polizisten wegen derartiger Vorwürfe ermittelt, berichtet Innenminister Beuth im März 2019.

Am 25. Juni 2019 nehmen Ermittler den ersten Verdächtigen wegen der Drohungen gegen Başay-Yıldız fest. Es ist ein Polizeibeamter aus dem 1. Frankfurter Revier – und er ist Mitglied des rechtsextremen Polizeichats, der bereits 2018 entdeckt wurde. In Untersuchungshaft muss der Mann nicht, weil keine Haftgründe vorliegen. Und die Drohungen des NSU 2.0 gehen weiter; nicht nur gegen die Frankfurter Anwältin. 99 Drohschreiben an 28 Menschen und Institutionen in acht verschiedenen Bundesländern sind es bis August 2020. Die Drohschreiben gehen an Politikerinnen, Moderatorinnen, Comedians, Journalistinnen. Fast immer sind es Frauen, oft mit Migrationsbiografie. Bei 17 Schreiben gehen die Ermittler davon aus, dass es sich um Trittbrettfahrer handelt – einer von ihnen soll ein ehemaliger Polizist aus Bayern sein. In anderen Fällen enthalten die Drohungen jedoch ebenfalls vertrauliche Informationen über ihre Empfängerinnen, die anscheinend aus Polizeidatenbanken stammen. Ab Februar 2020 erhält Janine Wissler, die damalige Fraktionsvorsitzende der Hessischen Linken, Drohungen mit »NSU 2.0« als Absender. Auch ihre Daten wurden vorher auf hessischen Polizeicomputern abgefragt, jedoch nicht in Frankfurt, sondern in Wiesbaden. Beschränkt sich der Zugriff des NSU 2.0 also nicht nur auf eine einzige Polizeiwache? Bereits am 5. März 2019 wurden in Wiesbaden an einem Polizeicomputer Informationen über die Kabarettistin Idil Baydar abgerufen. Am selben Tag erhält sie eine erste Drohung des NSU 2.0.

Die Spuren führen über die Landesgrenzen

An jenem 5. März sucht nicht nur in Wiesbaden, sondern auch in einer Polizeiwache in Berlin jemand im internen Auskunftssystem nach Baydar. In einer Drohung gegen die Künstlerin nimmt der Absender Bezug auf ein Plakat, das nur in Berlin aushing. Auch die Linken-Politikerin und Berliner Abgeordnete Anne Helm erhält Drohungen des NSU 2.0, ihre Parteikollegin und Bundestagsabgeordnete Martina Renner ebenfalls. Details der Nachrichten an die beiden lassen darauf schließen, dass sie jemand in Berlin beobachtet hat. Sitzen die Verantwortlichen hinter dem NSU 2.0 also nicht in Hessen, sondern in Berlin? Auch in der Hauptstadt wurden mehrfach Verbindungen einzelner Beamter in die organisierte rechte Szene bekannt. Im Komplex um eine jahrelange rechte Anschlagsserie in Berlin-Neukölln steht ebenfalls die Weitergabe von Daten aus Polizeidatenbanken im Raum, zudem stand einer der Hauptverdächtigen in Kontakt mit einem Staatsschutzbeamten des Berliner Landeskriminalamts. Doch auch an Polizeicomputern in Hamburg werden Daten von Personen abgefragt, die wenig später Todesdrohungen des NSU 2.0 erhalten.

Wer oder wie viele hinter dem NSU 2.0 stecken, kann auch ein Sonderermittler der hessischen Polizei nicht klären. Zweieinhalb Jahre nach den ersten Todesdrohungen ist lediglich sicher, dass es nicht eine einzige Person gewesen sein kann, die hinter den unbefugten Datenabfragen steht. Es gab sie in Frankfurt, in zwei Revieren in Wiesbaden, in Hamburg und in Berlin. Die Beamten, die an den Computern eingeloggt waren, stritten ab, nach den Personen gesucht zu haben, die wenig später bedroht wurden. Mit dem NSU 2.0 hätten sie nichts zu tun. Und auch nachdem mit dem Polizisten der Frankfurter Wache 1 ein Hauptverdächtiger identifiziert war, gingen die Drohungen weiter. Die Absender machten stets deutlich, dass sie den Ermittlungsstand genau verfolgen und weiter Zugriff auf sensible Daten haben. In einem NSU 2.0-Schreiben an die Redaktion der *taz* im Juni 2020 schickt der Absender kommentarlos eine Adresse mit: Es ist eine neue Anschrift der Anwältin Seda Başay-Yıldız.[30A]

Elitepolizisten und rechte Prepper: Leichensäcke und Löschkalk für Tag X

Der Skandal um Drohschreiben des NSU 2.0 und bundesweite Datenabfragen auf Polizeicomputern ist nur einer von mehreren Fällen, der andeutet, wie sich rechtsextreme Polizisten in den letzten Jahren vernetzt haben – und welch bedrohliches Potenzial sich entfaltet, wenn rechte Staatsdiener ihre dienstlichen Privilegien missbrauchen. Ein weiterer Komplex um Staatsfeinde in Uniform nimmt seinen Anfang im Norden der Republik.

Montag, 28. August 2017, in Mecklenburg-Vorpommern: Als die erste Blendgranate explodiert, ist es noch mitten in der Nacht. Um 3:58 Uhr stürmen schwer bewaffnete Polizisten der Eliteeinheit GSG 9 ein Wohnhaus im Osten von Rostock. Gleichzeitig durchsuchen Polizeibeamte weitere Wohnungen und Geschäftsräume in ganz Mecklenburg-Vorpommern. Es ist ein lange vorbereiteter Großeinsatz im Nordosten Deutschlands: Die Bundesanwaltschaft ermittelt wegen des Vorwurfs der Vorbereitung einer schweren staatsgefährdenden Gewalttat. Die Beschuldigten sollen Feindeslisten mit Namen von Politikern, Aktivisten und ehrenamtlich Engagierten erstellt haben. Manche sprechen sogar von Todeslisten. Zudem sollen die Männer sich in Vorbereitung ihrer Pläne bereits Waffen und Munition beschafft haben.

Bei den Durchsuchungen sind fast ausschließlich Beamte des Bundeskriminalamts und der Bundespolizei vor Ort. Kaum einer der Polizisten, die in dieser Nacht im Einsatz sind, kommt aus

Mecklenburg-Vorpommern, denn unter den Durchsuchten sind selbst mehrere Polizisten: Einer der beiden Hauptverdächtigen, Haik J., ist nicht nur in der Landespolitik für die AfD aktiv, sondern auch Kriminaloberkommissar der Landespolizei Mecklenburg-Vorpommern. Er soll gezielt nicht-öffentliche Daten über mindestens 29 potenzielle Opfer in den Auskunftssystemen der Polizei recherchiert haben: Adressen, Geburtsdaten, sogar ein Wohnungsgrundriss werden an diesem Morgen gefunden. Insgesamt werden auf Listen rund 25 000 Namen von vermeintlichen politischen Gegnern geführt. Es sind Lokalpolitikerinnen, Anwälte, Menschen die sich in der Flüchtlingshilfe engagieren. Viele leben in derselben Region wie die Beschuldigten. Und anders als Spitzenpolitiker wie Heiko Maas oder Claudia Roth haben sie keinen Personenschutz, der sie vor Bedrohungen abschottet. Und die Bedrohung scheint real: Bei einem von Haik J.s Kontakten, dem ehemaligen SEK-Beamten und Präzisionsschützen Marko G., stoßen die Ermittler auf mehr als 23 000 Schuss Munition und zahlreiche Sprengkörper; etliche Patronen stammen aus Polizeibeständen.

Insgesamt 1550 beschlagnahmte Waffen verschwinden zwischen 2005 und 2013 bei der brandenburgischen Polizei. Ihr Verbleib ist teilweise bis heute ungeklärt. | Weil er auf Schulungsveranstaltungen rechter Kameradschaften über Einsatztaktiken der Polizei unterrichtete, wird ein Berliner Polizist im Oktober 2009 entlassen. | Im August 2000 wird ein Berliner Polizist suspendiert, der durch rassistische und antisemitische Sprüche aufgefallen war. Ermittler finden bei ihm Sprengstoff und Waffen. | 15. Januar 1994: Im Polizeipräsidium Potsdam werden aus einer beschlagnahmten Waffenlieferung 30 Pistolen des russischen Modells Makarow gestohlen. Die Behörden kündigen disziplinarische Vorermittlungen gegen fünf Polizisten an.

Bei den Razzien im August 2017 finden die Beamten nicht nur Waffen und Munition, sondern auch eingelagerte Lebensmittel und zahlreiche weitere Vorräte. Die Durchsuchten wollen offensichtlich auf alles vorbereitet sein. Sie zählen zur sogenannten »Prepper«-Szene, die sich für zukünftige Krisen und Katastrophen wappnet. Darüber tauschen sie sich in Chatgruppen des russischen Messengerdienstes Telegram aus. Der Polizist Marco G. betreut als Administrator gleich mehrere solcher Gruppen mit den Namen »Nordkreuz«, »Nord.Com« und »Vier gewinnt«. Er organisiert Treffen, sammelt von den anderen Mitgliedern Geld in einer fünfstelligen Gesamtsumme ein, um Depots mit Nahrungsmitteln, Treibstoff und Munition anzulegen. Rund 30 Personen sollen sich so gemeinsam auf den »Tag X« vorbereitet haben; ein nicht näher benanntes Datum, an dem die staatliche Ordnung zusammenbricht. Unter ihnen sind mehrere Polizisten, Bundeswehrsoldaten und Reservisten.

Der Job vieler dieser Männer ist es, die Sicherheit aller zu schützen. Doch stattdessen bereiten sie sich privat auf einen zukünftigen Ausnahmezustand vor. Mit ganz eigenen Plänen: Einige wollen sich mit festgelegten Verschwörern an sichere Orte zurückziehen. Sie schreiben über »Safe-Häuser«, in denen Lebensmittel und Waffen gehortet werden sollen. Andere sehen den Krisenfall als Chance, die Macht zu übernehmen, und jene, die sie als politische Gegner empfinden, gefangen zu nehmen – oder direkt zu töten. Auch Leichensäcke wollten die Pepper bestellen; zudem Löschkalk, wie ihn schon die Nationalsozialisten über die Körper ihrer Opfer in den Massengräbern streuten. Laut Bundesregierung manifestiere sich bei dem harten Kern der Gruppe, der in dem separaten Chat »Vier gewinnt« organisiert ist »eine gefestigte rechtsextremistische Einstellung«.[31]

Längst nicht alles, was die Nordkreuz-Mitglieder für den Tag X horten, ist auf legalem Wege zu bekommen. Am 12. Juni 2019 durchsuchen Sonderermittler erneut das Anwesen von Marko G. sowie 13 weitere Objekte. Erneut finden sie massenweise Munition: mehr als 30 000 Schuss, größtenteils aus den Beständen von sieben Landespolizeien, der Bundespolizei, der Bundeswehr und dem Zoll. Im Arbeitszimmer von Marko G. entdecken sie eine Maschinenpistole vom Typ »Uzi«, die 1993 bei der Bundeswehr gestohlen wurde – in der Einheit, in der auch G. damals eingesetzt gewesen sein soll. Auch drei weitere aktive und ehemalige SEK-Beamte sind mittlerweile ins Visier der Ermittler gerückt. Sie sollen in ihrer Einheit Munition entwendet und an Marko G. weitergegeben haben. Wenig später werden vier weitere Polizisten wegen intensiver Kontakte zu dem beschuldigten Quartett vorsorglich aus dem SEK genommen. Insgesamt 13 Polizisten sind beschuldigt, mit Marko G. rechtsextreme Inhalte ausgetauscht zu haben. Einer von ihnen ist der Wasserschutzpolizist Sven J., auch in seiner Wohnung finden Ermittler Munition, die unter das Kriegswaffenkontrollgesetz fällt, Waffen, aber auch NS-Devotionalien.

Loses Netzwerk oder Schattenarmee?

Das Netz der rechten Prepper reicht zudem weit über die Landesgrenzen hinaus. Auf die Umsturzvorbereitungen in Mecklenburg-Vorpommern stieß die Bundesanwaltschaft überhaupt erst, als sie in ganz anderer Sache im Südwesten der Republik ermittelte: gegen den Soldaten Franco A., der sich 2015 als syrischer Geflüchteter ausgegeben hatte und im Verdacht steht, unter dieser Tarnidentität Anschläge begehen zu wollen. Ein Zeuge berichtete im Juni 2017 in seiner Vernehmung über ein Netzwerk von Soldaten und Polizisten, die sich in Chatgruppen über Bürgerkriegsszenarien austauschen, Schießübungen veranstalten und Pläne für die Ermordung von politischen Gegnern schmieden. Wenige Wochen später folgten die ersten Durchsuchungen in Mecklenburg-Vorpommern. Verbindungen führten bis zum Kommando Spezialkräfte (KSK), der Eliteeinheit der Bundeswehr, und einem Verein, der Elitesoldaten, Polizisten und Personenschützer verschiedener Bundesländer miteinander vernetzen will: Uniter. Der Vereinsgründer und ehemalige Elitesoldat André S. koordinierte unter dem Pseudonym »Hannibal« ein bundesweites Netz von Telegram-Gruppen, zu dem auch Nordkreuz gehörte.

Die gesamte Dimension der Gefahr dieses Netzwerks aus Soldaten, Polizisten und Reservisten ist noch immer nicht abschließend geklärt. Die einzelnen Handlungsstränge der rechtsextremen Vernetzungen in deutschen Sicherheitsbehörden in ihrer Gesamtheit auszuführen füllt bereits problemlos ganze Bücher.[32] Im Dezember 2017 berichtete die *taz* erstmals über Hannibal, Uniter und Nordkreuz und hat seitdem mit Dutzenden Berichten und Recherchen maßgeblich dazu beigetragen, das Ausmaß der Vernetzung öffentlich zu machen und die Sicherheitsbehörden unter Zugzwang zu setzen. Zwei Brandenburger Polizisten, die zeitweise Mitglieder bei Uniter waren, wurden 2019 zu internen Gesprächen geladen. Später wurde öffentlich, dass beide mehr als 100 Datenabfragen ohne dienstlichen Bezug im Polizeisystem gestellt hatten – auch über sich selbst und andere Uniter-Mitglieder. Im Juni 2020 stufte das Bundesamt für Verfassungsschutz den Polizisten- und Soldatenverein Uniter als Verdachtsfall ein, weil sich »hinreichend gewichtige tatsächliche Anhaltspunkte« für rechtsextreme Bestrebungen des Vereins ergeben hätten. Und auch auf politischer Ebene hatte Nordkreuz Konsequenzen: So trat Mecklenburg-Vorpommerns Innenminister Lorenz Caffier im November 2020 angesichts des öffentlichen Drucks zurück, nachdem bekannt geworden war, dass er von einem Nordkreuz-Mitglied eine Schusswaffe gekauft hatte. Zuvor hatte Caffier über mehr als zwei Jahre versucht, die politische Dimension von Nordkreuz, die Verstrickungen in die Sicherheitsbehörden und die daraus resultierende Gefahr so gering wie möglich darzustellen.

Verschleppte Aufklärung statt Staatsskandal

Doch vor allem die Frage danach, wie tief eine rechtsextreme Vernetzung in der Polizei reicht, ist noch immer unbeantwortet – und auch juristisch keineswegs aufgearbeitet. Der Nordkreuz-Administrator und Polizist Marko G. wurde bereits im Dezember 2019 in erster Instanz zu einer Bewährungsstrafe von einem Jahr und neun Monaten verurteilt; wegen des Verstoßes gegen das Kriegswaffenkontrollgesetz. Die Revision der Staatsanwaltschaft wies der Bundesgerichtshof im Februar 2021 zurück. Somit schied G. zu diesem Datum aus dem Polizeidienst aus. Wer rechtskräftig zu einer Freiheitsstrafe von mindestens einem Jahr verurteilt wird, verliert automatisch seinen Beamtenstatus.

Eine konkrete Vorbereitung von Gewalttaten oder Umsturzplänen warf das Gericht G. allerdings nicht vor. Zwar wurde er vor Gericht eindeutig als rechtsradikal bezeichnet, juristisch spielte seine Gesinnung jedoch keine Rolle. Laut Urteil des Landgerichts Schwerin habe es sich bei dem Abzweigen der Munition um eine »einmalige – wenn auch zeitlich und inhaltlich sehr ausgedehnte – Verfehlung« gehandelt. In den noch immer laufenden Nordkreuz-Ermittlungen wegen Vorbereitung einer schweren staatsgefährdenden Gewalttat führt die Bundesanwaltschaft Marko G. nur als Zeugen, nicht als Beschuldigten.

Warum die Ermittler ausgerechnet bei dem Mann, der für die Gruppe Depots mit Waffen und Munition anlegen und Leichensäcke bestellen sollte, nicht einmal einen Anfangsverdacht sahen, ist für viele, die den Fall beobachten, nur schwer nachvollziehbar.[33] Zugleich hat es ganz konkrete Folgen, wie der Journalist und Terrorismusexperte Dirk Laabs ausführt: Hätte die Bundesanwaltschaft den Polizisten Marko G. mit zum Kreis der beiden Hauptbeschuldigten gezählt, hätte sie wegen des Verdachts der Gründung einer terroristischen Vereinigung ermitteln müssen. Dafür braucht es mindestens drei Beschuldigte. In diesem Fall hätte sich aber auch automatisch jeder Polizist, der im Verdacht steht, Behördenmunition an Marko G. weitergegeben zu haben, wegen mutmaßlicher Unterstützung einer terroristischen Vereinigung verantworten müssen. »Das wäre ohne Übertreibung in einen Staatsskandal gemündet, mit Verwicklung möglicherweise Dutzender Beamter aus Spezialeinheiten«, resümiert Laabs.[34]

Stattdessen untersuchte in Mecklenburg-Vorpommern eine unabhängige Expertenkommission die Spezialeinheiten und kam zu einem zweischneidigen Fazit. Tatverdächtige Beamte konnten sich »innerhalb des SEK ›festsetzen‹ und über Jahre Einfluss auf andere nehmen«, heißt es in einer Zusammenfassung des Untersuchungsberichts.[35] Gründe dafür seien unter anderem »mangelnde Aufmerksamkeit und fehlende Konsequenz von Vorgesetzten auf allen Ebenen« sowie »Defizite im Bereich der Fach- und Dienstaufsicht«. Zudem gebe es »Schwachstellen bei der Personalauswahl« und »Regelungslücken bei der Frage, wie extremistisch geprägte Bewerber und Bewerberinnen erkannt und von der Polizei ferngehalten werden können«. Die SEK-Beamten, die beschuldigt sind, Munition abgezweigt zu haben, wurden zwischenzeitlich aus der Sondereinheit versetzt und teilweise vom Dienst suspendiert, sind jedoch weiterhin Polizeibeamte.

Über den Gesamtzustand der Polizei und damit auch über die Frage einer größeren rechtsextremen Vernetzung konnte der Bericht jedoch keine Auskunft geben. Mit Fällen außerhalb der Spezialeinheiten beschäftigte sich die Expertenkommission gemäß ihrem Auftrag gar nicht. Nicht berücksichtigt wurden in ihrem Gesamtbild also Fälle wie der Nordkreuz-Kopf und Kriminalpolizist Haik J., gegen den die Bundesanwaltschaft noch immer ermittelt, oder der Rostocker Polizist Sven J., dem die Behörden rechtsextreme Umtriebe und illegalen Waffenbesitz vorwerfen. Sven J. stand sowohl in Kontakt mit dem ehemaligen SEK-Mann Marko G. als auch mit einem KSK-Soldaten, in dessen Garten Ermittler im Mai ein riesiges Waffenlager aushoben: massenhaft Munition aus Behördenbeständen, kiloweise Plastiksprengstoff und ein Sturmgewehr AK 47 (Kalaschnikow). Im Wohnhaus fanden die Beamten ein SS-Liederbuch, eine Zeitschrift für ehemalige Angehörige der Waffen-SS und weitere rechtsextreme Schriften. Der Elitesoldat stand zudem in Kontakt mit einem ehemaligen Nordkreuz-Mitglied: dem Betreiber eines Schießstands, auf dem Spezialkräfte ausgebildet werden und von dem ein Teil der Munition stammt, die bei dem ehemaligen SEK-Beamten Marko G. gefunden wurde.

Das Parlamentarische Kontrollgremium des Bundestags, das für die Kontrolle der Sicherheitsbehörden zuständig ist, kommt angesichts all dieser Vorfälle und Verstrickungen zu einem düsteren Fazit: Man beobachte eine »besorgniserregende reale und digitale Vernetzung« heißt es im Dezember 2020 in einem Bericht.[36] Auch wenn es keine Beweise für eine »Schattenarmee« gebe, sehe man »rechtsextreme organisierte Strukturen (Netzwerke) mit Bezügen zur Bundeswehr und anderen Sicherheitsbehörden«. Dies sei besonders gefährlich, weil die entsprechenden Akteure über Spezialwissen aus ihrer beruflichen Erfahrung verfügen und dort auch Zugang zu Waffen haben. Insgesamt habe eine Untersuchung eine relevante Anzahl von Sachverhalten aufgezeigt, in denen Soldaten und Polizisten »im Dienst erworbene Fähigkeiten und sicherheitsrelevantes Spezialwissen in gewaltbereiten Zusammenschlüssen […] gegen die Interessen der Bundesrepublik Deutschland einsetzen«.[37]

Terror, der ein ganzes Gesellschaftsbild ins Wanken bringt

Einige Polizisten setzen also ihre beruflichen Qualifikationen als Träger des Gewaltmonopols gezielt gegen den Staat und seine Bürger ein – Polizisten, die Zugang zu Waffen, Munition und sensiblen Daten haben. Das Erschreckende und nachhaltig Bedrohliche für Betroffene ist jedoch nicht allein dieses erhebliche Gefahrenpotenzial, wenn Polizeibeamte an Umsturzplanungen beteiligt sind oder Feindeslisten anlegen. Hinzu kommt, dass die Bedrohung hier gerade von denjenigen ausgeht, die solche Bedrohungen abwehren sollen. »Das sind die Leute, die man im Zweifel anrufen soll. Da ist jetzt jedes Mal die Frage: Wenn ich jetzt bei der Polizei anrufe, hab ich dann den Kumpel von dem dabei, und wie läuft das?«, schildert eine Rostocker Kommunalpolitikerin, die im Juli 2019 gemeinsam mit rund 1200 weiteren Menschen vom Landeskriminalamt Mecklenburg-Vorpommern informiert wurde, dass auch ihr Name auf den Feindeslisten von Nordkreuz zu finden war.[38]

Diese Angst und Unsicherheit ist ein Effekt, der sich quer durch alle Fälle zieht, in denen Rechtsextreme in den Sicherheitsbehörden bekannt werden, sei es in Hessen, Berlin, Mecklenburg-Vorpommern oder Nordrhein-Westfalen. Ungeachtet dessen, ob es sich um ein einziges rechtes Netzwerk mit konkret nachweisbaren Verbindungen innerhalb der Polizei handelt oder ob die einzelnen Akteure unabhängig voneinander agieren, ist die Gefahr für etliche Betroffene real. Es ist Terror im eigentlichen Sinne des Wortes: die Verbreitung von Angst und Schrecken. Und dieser Terror, der auch von Polizisten ausgeht, bedroht zugleich genau jenes Gefühl von Sicherheit, das ein demokratischer Rechtsstaat seinen Bürgerinnen und Bürgern garantieren sollte. Dieser Terror ersetzt Gewissheiten durch Unsicherheit und indifferente Bedrohung. Ein Rostocker Anwalt, dessen Name ebenfalls auf der Nordkreuz-Liste landete, bringt diese gefährliche Entwicklung auf den Punkt: Früher sei klar gewesen, mit wem man es zu tun hatte, wenn ein Bus voller Neonazi-Glatzen angefahren kam. Heute habe man es mit Entscheidungsträgern zu tun, mit Uniformträgern, Personen, die Vorbild sind für die Gesellschaft. »Da gerät ein ganzes Gesellschaftsbild ins Wanken«, sagt er.[39]

2.

»ICH BIN IN DER POLIZEI EIN RASSIST GEWORDEN«

RACIAL PROFILING UND STRUKTURELLER RASSISMUS: RASSIST SEIN VS. RASSISTISCH HANDELN

Es ist später Vormittag, als Kanwal S. an diesem Montag im März 2014 den Erfurter Hauptbahnhof betritt. Der Leipziger Regisseur ist auf dem Rückweg von einem Geschäftstermin, als ihn zwei Beamte der Bundespolizei anhalten und seine Personalien aufnehmen. Einen Grund für die Kontrolle erfährt S. nicht. In den fünfzehn Minuten, die er an dem Bahnsteig wartet, ist er die einzige Person, die von den Polizisten kontrolliert wird, sagt der Regisseur. Solche Situationen erlebe er ständig, vor allem im Osten der Republik. Kanwal S. ist deutscher Staatsangehöriger, in Indien geboren. Für ihn steht fest, dass die Polizisten ihn allein aufgrund seiner Hautfarbe ins Visier genommen haben. Vor Ort weist er die Beamten auf das im Grundgesetz festgeschriebene Diskriminierungsverbot hin, später beschwert er sich schriftlich bei der Bundespolizei. Doch statt einer Entschuldigung schreibt ihm die Behörde, er selbst trage die Schuld an der Kontrolle. Kanwal S. will diese Version nicht unkommentiert stehen lassen. Am 6. August 2014 reicht er Klage beim Verwaltungsgericht Dresden ein.[40]

Rassismus fängt nicht erst an, wenn Asylbewerberheime brennen, Hitlerbilder die Bürowände zieren oder Menschen aufgrund ihrer Hautfarbe misshandelt werden. Man muss kein überzeugter

Neonazi sein, um rassistisch zu handeln, und auch unter Polizisten sind rassistische Praktiken keineswegs immer an ein rechtsextremes Weltbild geknüpft oder mit einem großen Skandal verbunden. Zugleich ist Rassismus in der Polizei weitaus weiter verbreitet, als es Innenministerien und Polizeiführung zugeben. Rassismus ist gewissermaßen allgegenwärtig. Die Gründe dafür liegen auch in der Struktur der Polizei und ihrer Arbeit.

Feste Denkmuster, um handlungsfähig zu bleiben

»Ich denke, dass ich in der Polizei ein Rassist geworden bin« – das ist ein Satz von gewaltiger Schlagkraft, weil er aus dem Mund eines erfahrenen Polizisten stammt. Oliver Pohl, Kriminalhauptkommissar und Pressesprecher der Polizei Kiel, beschreibt in einem Podcast des *NDR*[41] mit diesen beeindruckend klaren Worten etwas, das eigentlich auf der Hand liegen sollte und zugleich fast niemand offen ausspricht: Im Polizeialltag gewöhnt man sich an, auf äußere Merkmale zu reagieren. Und das heißt ganz konkret auch, dass Polizeibeamte aufgrund verschiedener Erfahrungen Menschen je nach Hautfarbe oder Ethnie unterschiedlich wahrnehmen. »Ich sehe einen bestimmten Menschen, der ein gewisses Aussehen hat, und das löst etwas aus. Ich sage, das ist rassistisch«, erklärt Pohl seine Aussage. Er ist sich der Brisanz seiner Worte anscheinend sehr wohl bewusst. Einer rassistischen Wahrnehmung folge nicht automatisch eine rassistische Handlung, betont er. Nach dem ersten Impuls, den ein Mensch einer bestimmten Personengruppe auslöst, habe man die Möglichkeit, sich die eigenen Muster bewusst zu machen. »Ich kann mein Großhirn einschalten und sagen, okay, es gibt hier überhaupt keinen Grund«, sagt Pohl. In der Praxis gibt es jedoch ein Problem, das in der Struktur einer Polizei gründet, die darauf ausgelegt ist, schnell und effizient zu handeln. Polizeibeamte seien Menschen, die gelernt haben, auch in Extremsituationen handlungsfähig zu bleiben, indem sie sehr schnell urteilen, sagt Pohl. In der Realität bedeute das: »Wir kommen in eine Situation, sehen Schwarz-Weiß und handeln.«

Wie weit verbreitet Polizeibeamte bei ihrer Arbeit immer wieder von ebendiesem rassistischen Muster geleitet werden, das der Kieler Kriminalhauptkommissar als einer der wenigen Polizisten beim Namen nennt, zeigt die seit Jahren geführte Diskussion um »Racial Profiling«. Der Begriff beschreibt die Praxis, eine Person anhand von Kriterien wie ethnischer Herkunft, Religion oder Nationalität als verdächtig einzuschätzen, und nicht anhand von konkreten Verdachtsmomenten, die gegen diese Person bestehen. Racial Profiling ist in Deutschland illegal, weil es gegen das Grundgesetz verstößt: »Niemand darf wegen seines Geschlechtes, seiner Abstammung, seiner Rasse,[42] seiner Sprache, seiner Heimat und Herkunft, seines Glaubens, seiner religiösen oder politischen Anschauungen benachteiligt oder bevorzugt werden« besagt Artikel 3 Absatz 3. Laut Bundesregierung gibt es daher auch keine Einsätze oder Kontrollen, bei denen die Polizei Menschen aufgrund ihrer Hautfarbe oder der vermuteten Herkunft ins Visier nimmt.[43]

Doch Experten sagen, genau das sei gängige Praxis in Deutschland. Die Europäische Kommission gegen Rassismus und Intoleranz des Europarats (ECRI) kommt in ihrem im März 2020 veröffentlichten Bericht zu einer deutlichen Einschätzung: »Auch wenn es starke Indizien für ein ausgeprägtes Racial Profiling gibt, sind sich viele Polizeidienststellen und -vertreter dessen nicht bewusst oder leugnen dessen Existenz.«[44]

Im Februar 2017, fast drei Jahre nach der Kontrolle von Kanwal S. am Erfurter Hauptbahnhof, stellt das Verwaltungsgericht Dresden fest, dass die Kontrolle rechtswidrig war. Die Polizisten hatten keinen Grund, S. anzuhalten und seine Personalien aufzunehmen. »Wenn er tatsächlich noch mal in genau so eine Situ-

ation kommt, wird ihm das im Zweifel wohl wenig nützen. Man kann insoweit sicher nur hoffen, dass die Beamten etwas gelernt haben«, erklärt ein Gerichtssprecher.

Während deutsche Sicherheitsbehörden nicht wahrhaben wollen, dass in Deutschland Menschen allein aufgrund ihrer Hautfarbe oder der vermuteten Herkunft in den Fokus der Polizei rücken, erklärten Gerichte in den letzten Jahren mehrfach das Gegenteil. Der Fall von Kanwal S. reiht sich ein in eine Vielzahl ähnlicher Urteile: 2020 klagt ein Hamburger, der gebürtig aus Togo stammt, weil ihn Polizisten der Task Force Drogen auf seinem Heimweg immer wieder kontrollierten – mit Erfolg. Das Gericht erklärt Identitätskontrollen ohne wirklichen Anhaltspunkt für eine Straftat für rechtswidrig. Seit 2017 ging der Kläger gegen die Kontrollen vor, die er allein in seiner Hautfarbe begründet sah. Nach Angaben des Hamburger Senats räumte die Polizei damals ein, die Task Force habe in einzelnen Fällen unverhältnismäßig gehandelt.[45] Im Februar 2018 gibt der Verwaltungsgerichtshof Baden-Württemberg einem deutschen Geschäftsreisenden recht, den Polizisten in der 1. Klasse eines ICE als Einzigen von sechs Fahrgästen kontrollierten. Der Mann wurde in Kabul geboren. 2016 kommt das Oberverwaltungsgericht Koblenz zu einem Grundsatzurteil, wonach Bundespolizisten sich bei anlasslosen Personenkontrollen in Zügen und Bahnhöfen grundsätzlich nicht an der Hautfarbe orientieren dürfen.[46] Geklagt hatte ein Schwarzer Deutscher; er und seine Familie wurden in einem Nahverkehrszug zwischen Mainz und Bonn als Einzige von der Polizei kontrolliert. Auch ein Kasseler Student, den die Bundespolizei im Dezember 2010 kontrollierte, klagt erfolgreich. Vor Gericht sagt ein Polizeibeamter offen, es sei »natürlich« um die Hautfarbe des Mannes gegangen. Es gibt zahlreiche ähnliche Urteile, zugleich zeigen sie nur einen kleinen

Ausschnitt, denn die Dunkelziffer ist hoch. Der Klageweg ist lang und kostenintensiv, nur wenige bestreiten ihn. Ein Urteil erfolgt meist erst Jahre nach dem Vorfall.

Das Gesetz als Auftrag zum Gesetzesbruch

Greifen Polizisten bewusst oder unbewusst auf Racial Profiling und rassistische Muster zurück, möchten sie damit fast immer einen von drei zentralen Aufgabenbereichen verfolgen:

1. Bekämpfung illegaler Migration
2. Terrorismusabwehr
3. Kriminalitätsbekämpfung

Vor allem für den ersten Bereich, der im Wesentlichen in die Zuständigkeit der Bundespolizei fällt, ergibt sich eine absurde Situation: Auch wenn deutsche Gerichte immer wieder feststellen, dass es rassistisch motivierte Polizeikontrollen gibt, die gegen zentrale Rechtsgrundsätze verstoßen, ist es gerade die aktuelle Gesetzeslage, die eine wesentliche Grundlage für ebendieses Racial Profiling bildet.

Kontrollen aufgrund der ethnischen Zugehörigkeit sind laut Grundgesetz in Deutschland verboten. Zugleich darf die Bundespolizei Menschen ohne Weiteres kontrollieren, wenn sie den Verdacht hat, dass sich die jeweilige Person illegal in Deutschland aufhält. »Zur Verhinderung oder Unterbindung unerlaubter Einreise in das Bundesgebiet kann die Bundespolizei in Zügen und auf dem Gebiet der Bahnanlagen der Eisenbahnen des Bundes, soweit aufgrund von Lageerkenntnissen oder grenzpolizeilicher Erfahrung anzunehmen ist, dass diese zur unerlaubten Einreise genutzt werden, sowie in einer dem Luftverkehr dienenden Anlage oder Einrichtung eines Verkehrsflughafens mit grenzüberschreitendem Verkehr jede Person kurzzeitig anhalten, befragen und verlangen, dass mitgeführte Ausweispapiere oder Grenzübertrittspapiere zur Prüfung ausgehändigt werden, sowie mitgeführte Sachen in Augenschein nehmen«, heißt es im Bundespolizeigesetz.[47] Gleiches gilt für den gesamten Bereich in einer Entfernung bis zu 30 Kilometer von der Grenze.[48]

Die Polizei darf also überall dort und basierend auf ihrer Erfahrung jeden anhalten und durchsuchen, von dem sie annimmt, dass er kein deutscher Staatsangehöriger ist. In der Praxis ermöglicht dieser Handlungsrahmen, dass ein Mensch in Orten wie Passau, Cottbus oder Saarbrücken auch dann kontrolliert werden darf, wenn er nur vor seiner eigenen Haustür eine Zigarette raucht. Genau das passierte beispielsweise im Juli 2016 Mohamed Maïga, dem stellvertretenden Vorsitzenden des Saarbrücker CDU-Ortsverbands. Auch er klagte später gegen die Kontrolle. In den Prozessen zu solchen verdachtsunabhängigen Kontrollen zeigt sich, dass Polizisten für ihre Annahme, ob sich jemand möglicherweise illegal in Deutschland aufhält, vor allem ein Kriterium heranziehen: die Hautfarbe. Und von ihrem Recht zur Kontrolle macht die Polizei auch jeden Tag tausendfach Gebrauch: Mehr als zweieinhalb Millionen Identitätsfeststellungen gemäß dieser Regelungen führte die Bundespolizei allein 2019 durch.[49] Doch nur in weniger als 20 000 Fällen konnte sie dabei eine unerlaubte Einreise oder einen unerlaubten Aufenthalt in Deutschland feststellen. Die Trefferquote liegt demnach bei unter 0,8 Prozent.

Da es rechtliche Regelungen sind, die diesen polizeilichen Praktiken Vorschub leisten, wird in diesem Zusammenhang von »institutionellem Rassismus« gesprochen. Rassistisch ist hier nicht allein das mögliche Fehlverhalten einzelner Polizeibeamter. Vielmehr führen die geltenden Vorgaben der Institution dazu, dass Polizisten rassistisch agieren, auch wenn sie ihrem Empfinden nach einfach ihre Arbeit machen, wie sie vorgeschrieben ist. Auf diese Diskrepanz wies ausgerechnet der rechte Hardliner und

Polizeigewerkschafter Rainer Wendt in einem Interview mit der *taz* bereits 2013 unumwunden hin: »Wenn die Politik nicht möchte, dass die Polizei illegale Zuwanderung in dieser Form bekämpft, dann muss sie uns diesen Auftrag entziehen«, sagte der Bundesvorsitzende der Deutschen Polizeigewerkschaft.[50] Er betonte, man könne der Polizei jedoch nicht den Auftrag und die Befugnisse geben und hinterher sagen: »Igittigitt, das ist Rassismus«.

Kriminalbiologie: Rassismus oder polizeiliches Erfahrungswissen?

»Wenn du dunkle Haut hast, bist du für die deutsche Polizei erst mal Täter«, sagt eine junge Frankfurterin, die über ständiges Racial Profiling in ihrer Stadt berichtet.[51] Auch der ehemalige Fußballprofi Hans Sarpei schildert, dass er sich von deutschen Polizisten stets unter Verdacht gestellt fühlt: »Wenn dann irgendwo eine Polizeistreife ist und man fährt mit einem guten Wagen vorbei, dann kann ich eigentlich schon sagen, dass sie mich verfolgen und einfach mal schauen wollen, wer ich bin, warum ich so einen Wagen habe, einfach wegen meiner Hautfarbe«, sagt er.[52] »Ich kenne keine einzige Schwarze Person, die nicht mal eine negative und rassistisch aufgeladene Erfahrung mit der Polizei gemacht hätte«, schreibt der Münchener Journalist Malcolm Ohanwe.[53] Eine Studie zum Umgang der Polizei mit ethnischen Minderheiten in Duisburg-Marxloh stellt fest, dass Schwarze Männer häufiger von der Polizei kontrolliert und geduzt werden als andere Personengruppen.[54]

All diese Berichte eint eine Erkenntnis: Einige Personengruppen werden offenkundig häufiger von der Polizei als potenzielle Kriminelle wahrgenommen als andere. Geht es um die Bekämpfung von Kriminalität oder Terrorismus, spielen Hautfarbe, ethnische Zugehörigkeit oder die unterstellte Religion in den Augen vieler Polizisten und Polizistinnen eine spürbare Rolle. Es ist jenes

Berufen auf erlernte Muster, das der Kieler Polizeihauptkommissar Oliver Pohl offen als Rassismus benennt. Viele seiner Kollegen verwenden jedoch eine andere Bezeichnung: »polizeiliches Erfahrungswissen«. Es ist subjektive Erfahrung, mit der Polizisten seit Jahrzehnten erklären, warum sie bestimmte Personengruppen besonders ins Visier nehmen. »Die meisten Rauschgifthändler sind nun mal Ausländer und Farbige. Und das ist wie eine Art Raster. Danach gehen wir halt vor. Aber ich glaube nicht, dass wir das machen, weil wir jetzt Ausländer fangen wollen oder prügeln wollen. Das ergibt sich aus der Tätigkeit«, erklärte ein Frankfurter Polizist schon 1996 in einer Diskussionsrunde im Hessischen Rundfunk.[55] Man kontrolliere Schwarze Menschen nicht aufgrund ihrer Hautfarbe, sondern weil man die Erfahrung gemacht habe, dass einige Straftaten an bestimmten Orten besonders häufig von bestimmten Personen mit bestimmten Merkmalen begangen werden – darauf berufen sich auch heute Polizisten im Görlitzer Park in Berlin, auf Sankt Pauli oder rund um den Frankfurter Hauptbahnhof. Und weil Polizisten, um handlungsfähig zu sein, gelernt haben, in Strukturen zu denken, zeigt sich in der Praxis allzu oft, was auch hier als »bestimmtes Merkmal« herangezogen wird: die Hautfarbe.

Am 1. April 2014, einen Tag nachdem sie Kanwal S. am Bahnhof kontrolliert hatten und er sich bei ihnen beschwerte, schreiben die beiden Polizisten ihren ersten Bericht, in dem sie den Vorfall knapp skizzieren. Schon in diesem ersten Protokoll ist die Rede von einer »zu erwartenden Dienstaufsichtsbeschwerde«. Nachdem S. Klage einreicht, fordert ein Justiziar der Bundespolizei eine weitere Stellungnahme der Polizisten an, um die Klage zu erwidern. Der Filmemacher habe sich wie ein Taschendieb benommen, wie einer der Polizisten bei seiner »langjährigen Tätigkeit als Fahndungsbeamter in der Kriminalitätsbekämpfung häufig festgestellt habe«, heißt es nun ein halbes Jahr nach dem Vorfall.

Dass People of Color in Deutschland als überproportional kriminell wahrgenommen werden, hat viele Gründe und ist vielfach widerlegt worden. Bereits 1993 legte der Soziologe Rainer Geißler dar, dass die Daten der Polizeilichen Kriminalstatistik (PKS) den Nachweis für eine hohe »Ausländerkriminalität« nicht hergeben – obwohl sie immer wieder als Beleg herangezogen werden.[56] An der verzerrten Wahrnehmung hat sich seitdem jedoch nicht viel geändert. Auch in der Polizei. »Warum man beispielsweise in manchen Bereichen häufiger Asylbewerbern als Tatverdächtigen begegnet, habe ich zum ersten Mal beim Aufbaustudium für den gehobenen Dienst erklärt bekommen«, berichtet ein angehender Führungsbeamter aus Süddeutschland.[57] »Dabei wäre das für den Dienst auf der Straße viel wichtiger gewesen«, sagt er. Denn hinter dieser verzerrten Wahrnehmung lauert stets der Gedanke, dass kriminelles Verhalten in manchen Kulturen normal sei. In extremer Ausprägung bot diese Denkweise letzten Endes die theoretische Grundlage für die Einweisung von »Berufsverbrechern« in Konzentrationslager und die Ermordung der europäischen Sinti und Roma durch die Nationalsozialisten.[58] Und auch wenn modernes Racial Profiling keinesfalls mit den Verbrechen der Nazizeit gleichzusetzen ist, basieren beide Praktiken auf der Vorstellung, dass Herkunft und Kriminalität miteinander verknüpft seien. Eine solche biologistische Denkweise wurde in Deutschland flächendeckend wieder salonfähig, als Thilo Sarrazin seine Thesen aufstellte, beschränkte Zukunftsperspektiven türkischer Migranten seien in deren Genen verortet.

Auch in der Polizeiarbeit zeigen sich solche biologistischen – sprich: rassistischen – Erklärungsmuster. Noch 2017 vermerkte die Berliner Polizei in Dokumenten über Tatverdächtige mindestens 31-mal Begriffe wie »Roma«, »Sinti« oder »Zigeuner«, als spiele dies aus kriminalistischer Sicht eine Rolle. Der Landesdatenschutzbeauftragte beanstandete diese Praxis.[59] Nach einem tödlichen Schuss auf die Polizistin Michèle Kiesewetter in Heilbronn befragten Ermittler 2009 einen Roma-Mann und luden ihn zu einem Lügendetektortest. Dass er dabei wahrheitsgemäß aussagte, nichts mit der Tat zu tun zu haben, wollte die Polizei dennoch nicht glauben. In den Ermittlungsakten vermerkten Polizeipsychologen später, der Mann sei ein »typischer Vertreter seiner Ethnie«, was bedeute, dass »die Lüge einen wesentlichen Bestandteil seiner Sozialisation« darstelle.[60] Der Mord stellte sich später als Tat der Rechtsterroristen des NSU heraus. In anderen Aktenvermerken des Verfahrens wurden die rassistischen Personenbezeichnungen »Neger« und »Zigeuner« wie selbstverständlich verwendet. Bis 2001 nutzte die bayerische Polizei Begriffe wie »Zigeunertyp« ganz offiziell in ihren Systemen als Kategorie.

Wie deutlich Stereotype zur handlungsleitenden Maxime werden können, zeigt sich in Teilen des polizeilichen Umgangs mit der sogenannten »Clan-Kriminalität«. In einer 2019 vom Polizeipräsidium Essen herausgegebenen 20-seitigen Broschüre über »Arabische Familienclans« wird eine direkte Linie zwischen biologischer Abstammung und Verhältnis zur Kriminalität gezogen, unabhängig davon, ob die Personen selbst strafrechtlich in Erscheinung getreten sind: »Auf eine stetige Abgrenzung zwischen Clanmitgliedern, die kriminell in Erscheinung getreten, und solchen, die es nicht sind, muss an dieser Stelle verzichtet werden. Zum einen, weil grundlegende Denkmuster häufig auch bei Familienmitgliedern verankert sind, die nicht kriminell auffällig sind, und zum anderen, weil auch bei Kenntnis über Kriminalität einzelner Familienmitglieder der Rest schweigt.«[61] Kritiker bezeichneten die Broschüre als »Sammelsurium von Stereotypen« und »Anleitung zur Schikane einer ganzen Bevölkerungsgruppe«.[62] Trotz heftiger Reaktionen erklärte die Polizei Essen im September 2020, sie wolle diesen Handlungsleitfaden für ihre Beamten weiterhin verwenden. Die Broschüre sei »sehr nützlich im Berufsalltag« der Ordnungskräfte. In Niedersachsen geht die Polizei sogar so weit, dass nicht einmal die Familienzugehörigkeit nötig ist, um als kriminelles Clanmitglied einsortiert zu werden. Dort reicht bereits der falsche Name. Eine Recherche von *Zeit Online* legte im Mai 2020 offen, dass niedersächsische Sicherheitsbehörden eine »Clan-Tabelle« mit 46 Nachnamen von mutmaßlichen Familienclans angelegt haben. »Wenn ein 15-jähriger Junge zum Beispiel die Schule schwänzt und in einem Kiosk am Hauptbahnhof von Hannover aus Langeweile einen Schokoriegel klaut, landet er, weil er einen Nachnamen aus der Clan-Tabelle trägt, automatisch in der Clan-Statistik«, zitiert der Bericht einen Polizisten.[63] Für Delikte, bei denen ein Jugendlicher mit deutsch klingendem Nachnamen meist mit Sozialstunden davonkommt, drohen manchen arabischen Jugendlichen hingegen eine Verurteilung und ein Eintrag ins Erziehungsregister. Hier zeigt sich eine Ethnisierung der Kriminalitätsbekämpfung, die mit der realen Kriminalitätssituation in keinem Verhältnis zu stehen scheint.

Diskriminierung als Alltagspraxis

Wie aber kommt die Polizei zu dem angenommenen Wissen, auf das sie sich stützt? Die Verdachts- und Kontrollstrategien der Polizistinnen und Polizisten sind »Ergebnis und Teil ihrer berufsbedingten Konstruktionen der sozialen Wirklichkeit«, sagt Rafael Behr.[64] Er ist Professor für Polizeiwissenschaften, bildet an der Akademie der Polizei Hamburg angehende Polizisten aus und ist selbst gelernter Polizist. Die realen Kontrollstrategien beruhen nur zu einem kleinen Teil auf Ausbildungswissen, sagt er. Maßgeblich seien eigene Erfahrungen und Schilderungen von Kolleginnen und Kollegen. Durch diese in Geschichten verpackten Informationen, die unter den Kollegen über bestimmte Personen ausgetauscht werden, entstehe ein »kultureller Deutungsrahmen«, in dem von vornherein für bestimmte Delikte nur bestimmte Personengruppen infrage kommen, erklärt Behr. Auf diese Personengruppen richtet sich die Aufmerksamkeit der Beamten, auch wenn sie nicht konkret verdächtig sind.

Kontrolliert wird, wer ins Raster fällt – und ins Raster fällt, wer bisher bereits kontrolliert wurde. »Man kann einfach sagen, wir halten jetzt da vorne mal das Ölauge an. Da gibt es keinen Grund, den anzuhalten, außer weil die Gruppenführerin denkt, der sieht vermeintlich südländisch aus«, erinnert sich ein Berliner Polizist an seine ersten Praxiserfahrungen. Polizeiwissenschaftler Behr spricht von Traditionen, die in der Polizei weitergegeben und am Leben erhalten werden – und die dafür sorgen, dass sich Diskriminierungspraktiken in Handlungsroutinen einschleichen.

Mittwoch, 2. November 2016: Im Verhandlungssaal des Verwaltungsgerichts Dresden sollen die beiden Bundespolizisten als Zeugen gehört werden und erklären, warum sie Kanwal S. zwei Jahre zuvor in Erfurt kontrolliert haben. Nach mehrfachen Nachfragen von S.s Anwalt räumen die Polizisten ein, ihre Berichte voneinander abgeschrieben zu haben. Einer der Beamten reiste zur »Vorbereitung auf die Zeugenaussage« bei der Rechtsabteilung der Bundespolizei rund 250 Kilometer von seiner Dienststelle in Bayreuth bis nach Pirna in Sachsen. Zu dem Inhalt des Gesprächs habe er jedoch keine Erinnerung mehr. Die Richterin ist sichtlich aufgebracht. Es bestehe »die Besorgnis, dass über Details Absprachen getroffen worden sind«, wird sie später im Urteil formulieren. War sich die Bundespolizei bewusst, dass der Vorwurf einer rassistisch motivierten Kontrolle durchaus seine Berechtigung haben könnte?

Welche Folgen die Genese polizeilichen Erfahrungswissens für die Alltagspraxis der Polizei haben kann, zeigen die regelmäßig vorgebrachten Berichte aus sogenannten Brennpunkt-Wachen in den Innenstädten. Wer Kriminalität bekämpfen soll, trifft dabei zwangsläufig verstärkt auf Kriminalität. Was wie eine Binsenweisheit anmutet, hat konkrete Folgen. Polizisten und Polizistinnen begegnen »alltäglich einem sehr ungünstigen Ausschnitt der Bevölkerung unter anderem mit Migrationshintergrund«, sagt Polizeiseelsorger Dietrich Bredt-Dehnen.[65] Dies führe bei manchen Beamten zu einem tief sitzenden Zerrbild. Dass die überwältigende Mehrheit dieser Gruppen friedlich und tadellos in Deutschland lebe, erleben diese Polizisten im Alltag nicht oft. Ein Polizist aus Hessen erklärt dementsprechend: »Es gibt Kollegen, die sich da radikalisieren«.[66] Ein junger Polizist aus Baden-Württemberg berichtete im Gespräch mit *jetzt* von einem Beamten, der regelmäßig verkündete, er gehe »Bimbos jagen«, bevor er zum Bahnhof gefahren sei und dort eine Anzeige nach der anderen gegen People of Color aufgenommen habe, um seine Kontrollstatistik nach oben zu treiben.[67] Innerhalb der Dienstgruppe werde darüber ganz normal gesprochen.

Von der Diskriminierung zum Übergriff

Aber sind Menschen, die von Polizisten als nicht-deutsch wahrgenommen und entsprechend häufiger kontrolliert werden, damit automatisch häufiger Opfer von illegitimer Polizeigewalt? Auch wenn dieser Schluss auf den ersten Blick naheliegen mag, greifen pauschale Urteile zu kurz. Verschiedene Faktoren bestimmen den Verlauf eines Polizeieinsatzes, und auch nicht jede Kontrolle mündet in Gewalt – selbst wenn der Einsatz bewusst oder unbewusst rassistisch motiviert sein sollte.

Einige Anhaltspunkte für eine Antwort liefert die Forschung zur polizeilichen Praxis. 2004 kommen die US-amerikanischen Kriminologen Geoffrey Alpert und Roger Dunham in einer Untersuchung zu dem Schluss, dass Gewaltanwendung umso wahrscheinlicher und intensiver wird, wenn Beteiligte polizeilichen Anweisungen nicht folgen oder die Polizeibeamten nicht die Kontrolle über den Ablauf der Kommunikation oder der Situation erreichen.[68] Eine konkretisierte Bestätigung dieser These liefert die Soziologin Christiane Bosold mit einer Befragung von 1674 niedersächsischen Polizisten aus dem Jahr 2006: Übergriffsintentionen sind ihr zufolge am höchsten, wenn eine Selbstwertbedrohung der Beamten durch ein Gegenüber fremder ethnischer Herkunft erfolgt und der polizeiliche Einsatz ergebnislos bleibt.[69]

Die aktuellste Untersuchung liefert ein Zwischenbericht des Forschungsprojekts »Körperverletzung im Amt durch Polizeibeamt*innen« der Ruhr-Universität Bochum.[70] Seit Januar 2019 haben die Forscher und Forscherinnen 3337 Online-Fragebögen von Menschen ausgewertet, die angaben, Opfer von Polizeigewalt geworden zu sein. Darüber hinaus führten sie 73 Interviews mit Polizisten, Staatsanwälten und weiteren Experten. Die Befragungen ergaben signifikante Unterschiede zwischen den Schilderungen von Nicht-Weißen und weißen Menschen. Demnach seien Nicht-Weiße doppelt so häufig aufgrund von Personenkontrollen mit der Polizei in Kontakt gekommen, wobei der Einsatz später in Gewalt mündete. 62 Prozent der Nicht-Weißen gaben an, sich in der Gewaltsituation durch die Polizei diskriminiert gefühlt zu haben. Mutmaßliche Opfer rechtswidriger Polizeigewalt berichteten zudem von eindeutig rassistischen, antisemitischen und islamfeindlichen Beleidigungen durch Polizeibeamte. »Man nannte mich Aysche und Fatima. Ich bin kein Moslem. Ich verstehe nicht, was das sollte«, berichtet eine der Befragten. In den Interviews bestätigen Polizisten entsprechendes Verhalten und Aussagen von Polizeibeamten. »Heute gehen wir mal Neger klatschen, heißt es dann von Kollegen. Die gehen dann gezielt auf die Suche – oder heute gehen wir Türken jagen. Und dann gehen die gezielt auf die Suche«, zitieren die Forscher einen Polizisten.

Die Forscher und Forscherinnen der Ruhr-Universität weisen ausdrücklich darauf hin, dass ihre Untersuchung aufgrund der Art der Stichprobe nicht repräsentativ ist. Ob Nicht-Weiße beispielsweise generell deutlich häufiger im Rahmen von Personenkontrollen Opfer von Polizeigewalt werden, wie es die Zahlen nahelegen, kann die Untersuchung nicht allgemeingültig belegen. Die Auswertung mache jedoch zweifelsfrei Tendenzen im Hinblick auf Diskriminierungserfahrungen bei Kontakten mit der Polizei sichtbar.

Grundsätzlich stellt der Zwischenbericht zudem eine erhebliche Diskrepanz in der Wahrnehmung und Bewertung von einschlägigen Kontakten oder Einsätzen durch Nicht-Weiße auf der einen und Polizeibeamte auf der anderen Seite fest: Da sich Polizisten auf ihr vermeintlich objektives Erfahrungswissen berufen, verstehen sie ihr Handeln häufig nicht als rassistisch. Doch Zuschreibungen und Stereotype, wie sie für eine auf Effizienz orientierte Polizeiarbeit unabdingbar scheinen, bilden die Grundlage für konfliktträchtige Pauschalisierungen des polizeilichen Gegenüber: »Also das sind auch teilweise Leute, die aufgrund anderer Ethnien oder aufgrund anderer kultureller und moralischer Vorstellungen einfach nicht mit unserer Arbeit d'accord gehen«, zitiert die Studie einen Polizeibeamten.

Polizisten können also nicht nur rassistisch handeln, ohne überzeugte Rassisten sein zu müssen. In vielen Fällen erkennen sie rassistische Verhaltensweisen nicht einmal.

»DA WIRD IMMER WIEDER HERZLICH DRÜBER GELACHT« – RASSISMUSVERSTÄNDNIS IN DER POLIZEI

> *»Eigentlich wäre es notwendig, dass in jeder Dienststelle mindestens ein Exemplar eines Buchs wie »Exit Racism« liegt, das einem erklärt, was Rassismus wirklich heißt.«*
> Berliner Polizist, September 2020

Diskussionen über Rassismus zeigen meist eine erstaunliche Einigkeit in zwei zentralen Punkten: Zum einen sind sich, von einigen radikalen Ausnahmen einmal abgesehen, nahezu alle einig, dass Rassismus grundsätzlich verwerflich ist. Und zum anderen sind die meisten Menschen überzeugt, dass sie mit absoluter Sicherheit weder Rassisten sind, noch rassistisch handeln. Die deutsche Polizei bildet hier keine Ausnahme und befindet sich doch in einer Sonderrolle: denn Polizisten agieren aufgrund ihrer erweiterten Befugnisse an einer Schwelle, an der diskriminierende private Meinungen in diskriminierende offizielle Handlungen übergehen können – auch wenn Polizisten das oft gar nicht merken.

Während im Juni 2020 nach dem gewaltsamen Tod des Afro-Amerikaners George Floyd weltweit Menschen unter dem Motto »Black Lives Matter« auf die Straße gingen, äußerte die SPD-Vorsitzende Saskia Esken einen Satz, der sofort eine Welle der Empörung auslöste. »Auch in Deutschland gibt es latenten Rassismus in den Reihen der Sicherheitskräfte, die durch Maßnahmen der Inneren Führung erkannt und bekämpft werden müssen«, sagte sie.[71] Polizeigewerkschaften und Innenpolitiker widersprachen, selbst SPD-Minister gingen auf Distanz zu Esken. Polizeigewerkschafter Rainer Wendt erklärte gar, er sehe in der deutschen Polizei erheblich weniger Rassismus als in der Gesamtbevölkerung, und versicherte, »die Polizei duldet keine Extremisten in ihren Reihen«.[72] Und während sich Innenpolitiker und Polizeilobby gegenseitig darin übertrumpften, nie geäußerten Vorwürfen zu widersprechen, rückte die eigentliche Bedeutung hinter den Worten der SPD-Vorsitzenden völlig aus dem Blick: Von Extremisten in den Reihen der Polizei hatte Esken nämlich nie gesprochen.

»Viele Polizistinnen und Polizisten wissen gar nicht wirklich, was Rassismus ist und wie rassistisch sie sich in ihrer Arbeit verhalten«, sagt Alexander Bosch. Er unterrichtet an der Hochschule für Wirtschaft und Recht (HWR) in Berlin angehende Polizeibeamte für den höheren Dienst. Parallel forscht er zum Rassismusverständnis in der Polizei und hat dem Thema seine Doktorarbeit gewidmet. Dass es in Deutschland weit verbreitetes Racial Profiling und rassistische Polizeiarbeit gibt, wundert ihn nicht. »In vielen kriminologischen Standardwerken sind noch so viele Stereotype drin, die dann in der Ausbildung weitergegeben werden. Polizisten erkennen das in dem Moment gar nicht und sehen das als normal an«, sagt Bosch. »Türken und Araber verstehen und vernehmen« lautet etwa der Titel eines solchen Lehrbuchs, das in Nordrhein-Westfalen verwendet wird. Zudem geben ältere Polizeikollegen »rassistische Stereotype en masse« an den Nachwuchs weiter, schildert Ausbilder Alexander Bosch: »Wenn die Studenten und Studentinnen von ihren Praktika erzählen, höre ich das volle Programm. Von abwertendem Sprachgebrauch, den ich gar nicht wiedergeben möchte, bis zu rassistischen Kontrollen.«

Der entscheidende Punkt aber sei, dass dieser Rassismus als solcher gar nicht erkannt werde. »Da fehlt es an Wissen. Dass man rassistisch handeln kann, ohne überzeugter Rassist zu sein, ist für viele Polizisten viel zu weit weg«, sagt Bosch. Die umstrittene Broschüre zur Clan-Kriminalität der Polizei Essen und die rigorose Abwehr gegen jegliche Kritik würden das anschaulich zeigen: »Das ist ein Paradebeispiel für den Kern des Rassismusproblems bei der Polizei. Sie erkennt ihn einfach nicht.«

Unkenntnis über den Begriff Rassismus

Kaum eine Episode zeigt so deutlich, wie schwer sich Polizisten damit tun können, den Begriff Rassismus korrekt einzuordnen, wie ein kurzes Schauspiel aus dem Spätsommer 2017 in Sachsen. Im Leipziger Stadtteil Connewitz sprühten Unbekannte die Worte »No Cops, No Nazis, Antifa Area« an die Lärmschutzwand eines Basketballplatzes. Die sächsischen Behörden störten sich an der augenscheinlichen Kritik der Polizei und ließen die ersten beiden Worte übermalen. Wenige Tage später schimmerte der Schriftzug wieder vollständig auf der Wand, und das Ordnungsamt ließ den Polizeibezug erneut übermalen. Das Spiel wiederholte sich mehrfach, sechs Mal in jenem Sommer – bis im September 2017 Polizeibeamte des Einsatzzuges »Lebensbedrohliche Einsatzlagen«, die sonst bei Geiselnahmen oder Terrorlagen zum Einsatz kommen, vor dem Graffito patrouillierten. Auf Twitter fragte daraufhin ein User, ob die Polizei ähnliche Aufmerksamkeit auch für den Schutz von Flüchtlingsheimen aufbringen könne. Der offizielle Account der Polizei Sachsen antwortete prompt: »Wenn es dort keinen Polizeirassismus mehr gibt, können wir uns auch um andere Sachen kümmern.« Polizeikritik als Rassismus? Auf eine verwunderte Nachfrage bekräftigte die Polizei diese Sichtweise und schrieb, dort werde »eine No-go-Area für Polizisten propagiert«.

Erst nach harscher Kritik räumte die Polizei Sachsen einige Stunden später ein, dass der Begriff Rassismus »zur Verdeutlichung des Problems nicht passend und zu hoch gegriffen« gewesen sei.[73] »Wenn Polizisten die Kritik an ihrem Berufsstand mit der Diskriminierung von ethnischen Gruppen gleichsetzen, zeigt sich ganz klar, dass dort etwas Grundlegendes nicht verstanden wurde«, sagt Polizeiausbilder Bosch.

Auch der stellvertretende Bundesvorsitzende der Gewerkschaft der Polizei (GdP), Dietmar Schilff, äußert sich in einem Gespräch für das *ARD*-Magazin *Monitor* unsicher, was als Rassismus zu bewerten sei und was allenfalls als schlechter Scherz gelten könne. »Ja, haben Sie denn eine Definition für Rassismus?« hält er der Frage entgegen, ob er jemanden, der ausländerfeindliche Sprüche äußert, nicht als Rassist bezeichnen würde. »Jemand, der dauerhaft gegen das Judentum wettert und denkt, dass alle außerhalb der deutschen Rasse minderwertig seien, das ist für mich ein Rassist«, sagt Schilff. Dies müsse man von Situationen unterscheiden, in denen »jemand einen Spruch macht, der auch eventuell von seiner Seite gar nicht rassistisch gewertet« werde.[74] Ganz ähnlich formuliert es ein Polizeischüler aus Schleswig-Holstein während eines Antidiskriminierungsworkshops: »Rassismus ist ein hartes Wort, das klingt nach Hass. Es kommt ja auch darauf an, wie man etwas meint«.[75] Doch Diskriminierung und rassistisches Verhalten definieren sich nicht über die Intention, sondern über die Wirkung. »Obwohl das in der europäischen Menschenrechtskonvention klar geregelt ist, herrscht darüber in der Polizei eine massive Unkenntnis«, kritisiert Alexander Bosch.

Rassistische Darstellungen werden nicht erkannt

Polizisten ziehen einen Schwarzen in ein Polizeirevier, der spuckend brüllt: »Was heiß' hie' Ve'dunklungsgefah'...?!« – auch wenn

Karikaturen keineswegs immer politisch korrekt sind, ist es eine Darstellung, die offenkundig die Grenze zum Rassismus überschreitet. Entsprechend groß war die Aufregung, als bekannt wurde, dass ebendiese und ähnlich grenzwertige Zeichnungen in zahlreichen Polizeidienststellen und wohl auch bei Polizeibeamten zu Hause hingen – in einem Kalender für das Jahr 2012, den die Deutsche Polizeigewerkschaft (DPolG) an ihre Mitglieder verteilt hatte.

Erkennen Polizisten Rassismus selbst dann nicht, wenn er ihnen im Büro direkt vor der Nase hängt? Seit sechs Jahren werde der Kalender herausgebracht, beschwert habe sich bislang niemand, verteidigt sich die Deutsche Polizeigewerkschaft. Am 28. Februar 2012 verbietet der Münchener Polizeipräsident den Aushang des DPolG-Kalenders in Dienstgebäuden. Auch in anderen Direktionen ergeht die Anordnung, den Kalender mit den rassistischen Darstellungen zu entfernen.

Gewerkschafts-Chef Rainer Wendt kann die Aufregung jedoch nicht verstehen. »Bei mir im Büro hängt er, und da bleibt er auch hängen«, sagt er über den Kalender und verweist darauf, dass der Kalender nicht für die Öffentlichkeit bestimmt, sondern für den Kollegenkreis gedacht gewesen sei. »Die Motive sind für viele Kollegen und Kolleginnen unterhaltsam, und da wird auch immer wieder herzhaft drüber gelacht«, sagt Wendt in einem Interview mit *Vice*.[76] Der bundesweite Aufruhr hingegen sei »absoluter Quatsch«, meint Wendt und behauptet, »rassistisch schätzen das nur Leute ein, die auf der Suche nach Rassismus sind.« Es handele sich vielmehr um eine Bewältigungsstrategie für besonders belastende Einsatzsituationen.

Rassismus als Alltagsbewältigung? Ähnliche rassistische Karikaturen, die eine abwertende Behandlung von Schwarzen Menschen in der Polizeipraxis zeigen, stammen von jemandem, der aus der Sicht eines Polizisten zeichnet: dem Kriminaloberkommissar Alfred Berger. Seine Bilder zeigen etwa einen unglücklich dreinblickenden Affen und zwei ratlose Polizisten auf der Wache. Unter der Zeichnung steht: »Er behauptet, nicht aus dem Zoo, sondern dem Asylantenlager zu stammen.« Ein anderes Bild zeigt einen Schwarzen, der von einem Polizisten einen Fußtritt bekommt. »Kommt doch aus 'nem sicheren Tritt-Staat«, lautet die Unterschrift. Zugleich scheint Berger offen ersichtliche rechtsextreme Einstellungen abzulehnen. Als »SA-ublöd« deklariert er Neonazis in einem anderen Bild, das bereits im Jahr 2000 in einer Sammlung seiner Zeichnungen als Buch erschienen ist. Die Arbeiten »spiegeln 20 Jahre Berufserfahrung an der Front (Wach- und Streifendienst) und im Sessel (Kriminaldienst) wieder«, bewirbt der Verlag das Werk.

2015 forderte Amnesty International ein Konzept gegen Rassismus von der Bundesregierung und wies dabei ausdrücklich darauf hin, Rassismus nicht mit Rechtsextremismus gleichzusetzen. Dieses Missverständnis sei ebenso zentral für das Rassismusproblem in der Polizei, sagt Alexander Bosch: »Ein klassisch rechtskonservativer Polizist würde offen Rechtsextreme wie im Fall Nordkreuz verurteilen und sagen, das sind Verfassungsfeinde. Zugleich kann er sich einen DPolG-Kalender aufhängen und Witze über Muslime machen und sieht sich nicht als Rassist.«

In einer von Regeln und Vorschriften geprägten Institution wie der Polizei verläuft die Grenze des Sagbaren oft parallel zur Grenze des Strafbaren. Als ein Stuttgarter Polizeiführer im Juni 2020 den ihm unterstellten Beamtinnen und Beamten mitteilte, bei randalierenden Jugendlichen am Einsatzort handele es sich »nur um Kanaken«, lehnte die Staatsanwaltschaft eine Anzeige ab. Es sei eine nicht strafrelevante private Meinung. Ein Berliner Polizist berichtet, er habe die abwertende Bezeichnung »Ölauge« für Menschen aus arabischen Ländern überhaupt erst im Polizeidienst kennengelernt. Der Begriff sei innerhalb der Polizei gewissermaßen Standardvokabular, sagt er. Juristisch problematisch ist auch dieser interne Sprachgebrauch nicht.[77] Mit dem Bild einer weltoffenen Hauptstadtpolizei, das die Berliner Behörde gemeinhin nach außen propagiert, ist dieser Umgang jedoch kaum in Einklang zu bringen.

Wenn die Polizei als Institution Rassismus verbreitet, ohne es zu merken

Deutlich wird dieses Missverhältnis auch, wenn die Polizei als offizielle Institution kommuniziert und dabei rassistische Stereotype verbreitet. Am 11. September 2020 veröffentlichte das Polizeipräsidium Konstanz eine Meldung über eine Auseinandersetzung in einem Bus. »Der Tatverdächtige stammt aus Westafrika. Er dürfte noch nicht erkannt haben, dass Busfahrer und ähnliche Leistungsträger in Mitteleuropa im Gegensatz zu seiner Heimat mehr als systemrelevant und weniger als minderwertig angesehen werden«, heißt es dort.[78] Später entschuldigt sich ein Polizeisprecher für die »unglückliche und unsachliche« Formulierung, in der die Behörde einen direkten Zusammenhang zwischen Herkunft und Tat vermutete. Rassistisch nennt er die Meldung – so wie auch der Polizeipräsident und das Innenministerium Baden-Württemberg – jedoch nicht.

Auch andere Polizeidirektionen verbreiteten in der Vergangenheit eine zweifelhafte Verbindung zwischen Straftaten und Abstammung der Tatverdächtigen, ohne darin Rassismus erkennen zu wollen. »Straftatenbegehung als Form der Begrüßungshandlung« überschrieb die Pressestelle der Leipziger Polizei eine Meldung über die mutmaßlichen Delikte eines Libyers.[79] In einer anderen Pressemeldung über einen Einsatz wegen häuslicher Gewalt sinnierte der Leipziger Polizeisprecher ausführlich über seine Wahrnehmung des Frauenbilds im Islam, das »auf der Suche nach einem sicheren und besseren Leben nicht irgendwo auf dem Balkan verloren und auch nicht bei der Überfahrt ins Mittelmeer geworfen« werde.[80] Nach einer Körperverletzung in einer Asylunterkunft warf die dazugehörige Medieninformation die Frage auf, weshalb »sich der arabische Zorn immer gegen die gesamte Welt und letzten Endes gegen sich selbst richten« müsse.[81] In allen Fällen erklärte der verantwortliche Sprecher, man habe sich keinesfalls rassistisch, sondern allenfalls nicht dem Standard entsprechend geäußert.

Alltagsrassismus ist allgegenwärtig, und gleichzeitig fällt es denjenigen, die nicht davon betroffen sind, meist sehr schwer, ihr eigenes Verhalten zu reflektieren. So formulierte die Landespolizeipräsidentin Baden-Württembergs Stefanie Hinz in einem Interview mit dem SWR, in dem sie verdeutlichen wollte, wie schwer ihre Mitarbeiter von dem Vorwurf getroffen seien, dass sie rassistisch handeln könnten: »Teilweise erklären mir auch Kolleginnen und Kollegen, dass sie sich nicht mehr trauen, Menschen, die beispielsweise ausländisch aussehen, zu kontrollieren.«[82] Während also für sie und ihre Beamten klar scheint, dass man die mutmaßliche Staatsangehörigkeit am Aussehen erkennen könne, identifiziert sie ebendiesen Rassismus beim Blick in die eigene Institution keineswegs.

Die Gesellschaft ist sensibler als ihre Polizei

Dass eigene rassistische Verhaltensweisen und Einstellungen gar nicht als solche wahrgenommen werden, beschränkt sich keineswegs auf die Polizei. Es kann allerdings wesentlich folgenreicher sein, wenn ein Polizeibeamter im Dienst rassistische Stereotype im Hinterkopf hat, als wenn dies bei einem Bäcker oder Steuerberater der Fall ist. Hinzu kommt, dass dieser blinde Fleck in der Polizei besonders ausgeprägt zu sein scheint.

Ein wesentlicher Grund dafür: Die Polizei ist eine wertkonservative Organisation. Während die Gesamtgesellschaft heute viel sensibler für die Frage sei, ob etwas rassistisch oder diskriminierend ist, habe sich dieser Wandel in der Polizei nicht im gleichen Tempo vollzogen, erklärt Polizeiausbilder Alexander Bosch: »In Diskriminierungsfragen ist die Gesellschaft schon weiter als die Polizei.« Das liege zum einen an der Organisationsstruktur einer riesigen Behörde, die streng hierarchisch von oben geleitet wird. »Der gesamte Behördenapparat ist für Veränderungen immer schwerfälliger«, sagt Bosch. Natürlich sei bereits viel passiert, und man könne die deutsche Polizei des 21. Jahrhunderts längst nicht mehr mit der Sicherheitsbehörde der frühen Neunzigerjahre vergleichen. Zugleich gebe es noch immer eine deutliche Lücke zwischen gesellschaftlicher Entwicklung und einem Mentalitätswandel in der Polizei. Zum anderen spiele es eine entscheidende Rolle für die Wandlungsfähigkeit der Institution, welche Menschen zur Polizei gehen, sagt Bosch. »Das ist noch immer ein gediegen sozialliberales bis rechtskonservatives Milieu. Menschen, die nicht erkennen, dass Racial Profiling rassistisch ist oder die an diskriminierenden Begriffen festhalten – das sind die Menschen, die größtenteils in die Polizei gehen.«

3.

KEIN SPIEGELBILD DER GESELLSCHAFT

EINE FRAGE DER EINSTELLUNG: WER GEHT ZUR POLIZEI?

»Für mich war schnell klar, dass das nichts für mich ist, auch wenn ich den Beruf immer noch toll finde. Aber diese grundsätzliche Dominanz und sich so offensiv über andere stellen zu müssen, das konnte ich irgendwie nicht«, erzählt Clemens Küpper. Er sitzt auf einer Bank in der Bonner Innenstadt, blickt auf den Rhein, der vor seinen Augen vorbeifließt, und lacht. Es ist ein Samstagnachmittag im November 2020. Etwas mehr als ein Jahr zuvor begann Küpper die Ausbildung für den höheren Polizeivollzugsdienst in der Polizei Nordrhein-Westfalen. Nach sechs Monaten an der Hochschule für Polizei und öffentliche Verwaltung in Köln brach er ab. Clemens Küpper heißt eigentlich anders. Seinen wahren Namen möchte er nicht veröffentlicht wissen, auch weil er weiterhin Freunde in der Polizei Nordrhein-Westfalen hat. Er habe sich in dem Beruf jedoch schnell fehl am Platz gefühlt. »Dieses Autoritäre wurde uns von manchen Ausbildern richtig vorgeführt, wenn sie einem von Einsätzen erzählt haben, in denen sie mal richtig durchgegriffen hätten«, erinnert er sich. Der »praxisorientierte Studiengang« qualifiziere für die Kernaufgaben der ersten Berufsjahre, schreibt Küppers ehemalige Polizeihochschule auf ihrer Website. »Es ist ja einfach Teil des Jobs, dass man anderen gegenüber sagen kann, was sie zu tun

haben, und das auch durchzusetzen«, erzählt Küpper. Er selbst habe sich umso stärker unwohl gefühlt, je präsenter dieser Aspekt in der Ausbildung wurde. Einigen seiner Mitschüler sei dies deutlich leichter gefallen. »Vor allem denen, die vorher in der Bundeswehr waren«, sagt er.

Wer geht zur Polizei? Es scheint beinahe egal, welchem renommierten Polizeiforscher, Soziologen oder Kriminologen man diese Frage stellt, in einem Punkt herrscht große Einigkeit: Die Polizei zieht vorwiegend autoritäre Charaktere an, die einen festen Begriff von Ordnung vertreten. »Die Polizei ist eine für Recht und Ordnung stehende Organisation«, sagt der Kriminologe Dirk Baier.[83] Die Folge davon sei, dass sie diejenigen anziehe, »die autoritär denken«. Die Polizei sei extrem maskulin und eine Bastion traditioneller Männlichkeitsvorstellungen, erklärt Soziologe und Polizeiausbilder Joachim Kersten. Auch wenn heute von der Polizei weniger physische Gewalt ausgeübt werde, verkörpere sie »weiterhin eine nach hegemonialem Status strebende Männlichkeit«.[84] Und Christian Pfeiffer, der ehemalige niedersächsische Justizminister und einer der wohl renommiertesten deutschen Kriminologen, betont, dass ein Beruf, bei dem man mit Waffen zu tun hat, »Law and Order« durchsetzen soll und somit direkt Macht ausüben kann, vor allem für Personen mit ausgeprägt konservativem und rechtem Weltbild attraktiv sei.[85]

Warum die Polizei kein Spiegelbild der Gesellschaft ist – und warum sie keines sein sollte

Die Polizei sei ein Spiegelbild der Gesellschaft, heißt es in beständiger Regelmäßigkeit von hochrangigen Polizeibeamten, Innenpolitikern und Polizeigewerkschaften. Kein anderes Bild ist so oft bemüht worden, um Verfehlungen in der Polizei zu erklären. Als

Abbild einer Gesellschaft, in der ein je nach Standpunkt größerer oder kleinerer Teil radikale Einstellungen und mehr oder weniger offen rassistische Denkweisen pflegt, sei es demnach nur logisch, wenn diese Einstellungen in gleicher Weise in der Polizei vertreten seien. Allein: Die Theorie vom Spiegelbild der Gesellschaft stimmt nicht. Dass sich die Zusammensetzung der Polizei in erheblicher Weise von der Gesellschaft unterscheidet, könnte eigentlich bereits auf den ersten Blick offensichtlich sein. Obwohl der Frauenanteil in der deutschen Polizei zunehmend steigt, ist die Staatsgewalt noch immer eine Männerdomäne. In einigen Landespolizeien sind Frauen nicht einmal halb so oft vertreten wie in der Gesamtbevölkerung. Den höchsten Frauenanteil im Polizeipersonal verzeichnete 2018 Niedersachsen mit 32 Prozent, das Schlusslicht gab das Saarland mit einer Quote von 23 Prozent. Es ist ein Missverhältnis mit sichtbaren Folgen – auch für den Umgang mit menschenfeindlichen und autoritären Denkmustern.

November 2020: Eine Beamtin der Bereitschaftspolizei Magdeburg wendet sich in einem Brief an Sachsen-Anhalts damaligen Innenminister Holger Stahlknecht. Sie weist auf rassistische Äußerungen und ein »rechtes Macho-Klima« in der Polizei hin, legt Screenshots aus einem Polizeichat bei. Ein Beispiel: halbnackte Frauen in SS-Uniformen und mit Hakenkreuz-Armbinde. »Es kommt nicht von ungefähr, dass es eine Frau ist. Gerade die jungen Kolleginnen brechen eher aus diesen Regeln aus. Sie sind nicht so leicht verführbar für machistische und rechtsextreme Traditionen beziehungsweise Sprüche«, kommentiert Polizeiausbilder Rafael Behr den Fall der Whistleblowerin.[86]

Zeitnah ändern wird sich diese Situation vermutlich nicht. Seit 1987 hat sich die gesamte deutsche Polizei für Frauen geöffnet. Mehr als 40 Jahre später sind die Verhältnisse in den Sicherheitsbehörden noch immer nicht ausgeglichen. »Wir sind auch davon abhängig, wer sich bei uns bewirbt«, sagt eine Polizeisprecherin im Herbst 2019 bei einem Besuch in der Polizeifachschule Leipzig, während ihr Blick über eine Klasse schweift, in der insgesamt nur drei Frauen sitzen. In den Jahren 2017 bis 2019 lag der Anteil an weiblichen Personen unter den Neueinstellungen in Sachsen bei durchschnittlich 24 Prozent. Gezielt an Frauen richtet sich die Nachwuchswerbung der sächsischen Polizei derzeit jedoch nicht. Gleiches gilt für die bewusste Ansprache von Menschen mit Migrationsbiografie. Das Nachbarland Sachsen-Anhalt richtet sich mittlerweile gezielt an Menschen mit internationalen Wurzeln, will sich diverser aufstellen. Und auch in Berlin, Hessen, Nordrhein-Westfalen und Niedersachsen legt die Polizei laut Aussage der Innenministerien Wert auf Diversität unter den zukünftigen Beamten. Doch ein tatsächliches Abbild der deutschen Gesellschaft des 21. Jahrhunderts ist auch in dieser Hinsicht wohl in keiner Polizeischule zu finden. Rund 21,2 Millionen Menschen mit Migrationshintergrund lebten 2019 in Deutschland, etwa 26 Prozent der Gesamtbevölkerung. In der deutschen Polizei hingegen liege der Anteil an Menschen mit Migrationsgeschichte bei unter einem Prozent, sagt Wolfgang Schulte, der seit 1996 an der Deutschen Hochschule der Polizei angehende Führungskräfte ausbildet. Auch er nennt es einen »Mythos«, dass die Polizei ein Spiegelbild der Gesellschaft sei.[87]

Doch die Theorie einer Polizei als gesellschaftliches Spiegelbild widerspricht nicht nur der Realität, sie ist zudem bereits in ihrer Grundannahme problematisch: Die einzige staatlich legitimierte Gewalt, deren Aufgabe es ist, Regeln durchzusetzen, sollte entsprechend anders aufgestellt sein als die Gesellschaft. Denn zu dieser Gesellschaft gehören nicht nur Extremisten, sondern auch organisierte Kriminelle und verschiedenste Menschen, die sich einem friedlichen gesellschaftlichen Miteinander verwehren und dieses bedrohen. Dass eine Gesellschaft überhaupt eine Polizei als nötig erachtet, bedeutet ja gerade, dass das gesellschaftliche Miteinander keineswegs immer funktioniert. Eine Polizei, die ein Spiegelbild dessen wäre, hätte ihre Aufgabe verfehlt. Kaum jemand würde sich wohl bei dem Gedanken fühlen, dass es in der Polizei genauso viele Straftäter wie in der Gesamtgesellschaft gibt. »Das kann nicht unser Anspruch sein. Unser Anspruch muss höher liegen – deutlich höher«, sagte dementsprechend Ralf Michelfelder, der Präsident des Landeskriminalamts Baden-Württemberg im September 2019 der *Deutschen Presseagentur.*[88] Doch während Michelfelder diesen hohen Anspruch auch erfüllt sah, erntete er umgehend Widerspruch aus der Polizei selbst. Der LKA-Präsident sehe »ein Wunschbild, das es so nicht gibt«, kritisierte der Landesvorsitzende der Gewerkschaft der Polizei (GdP), Hans-Jürgen Kirstein: »Wir treffen nicht die beste Auswahl, wir lassen die Besten ziehen.« Gründe dafür seien ein langatmiges Auswahlverfahren und eine zu niedrige Besoldung.

Noch kritischer formulierte es in dieser Diskussion der Berliner Kriminalhauptkommissar Oliver von Dobrowolski. Allein schon angesichts der Bezahlung sei es kaum möglich, die Besten zu bekommen. »Wir versammeln nicht die Elite, sondern wir geben auch Randgruppen wie Waffennarren einen Raum«, hielt er Michelfelder entgegen.

Die Polizei ist dementsprechend weder ein Abbild der Gesellschaft, noch besser als sie – obwohl Letzteres eigentlich der Fall sein sollte.

»Aber was ist mit linker Polizeigewalt?«

Auch wenn die Polizei in den letzten Jahrzehnten diverser und weiblicher geworden ist, zieht sie noch immer vorwiegend einen Personentypus an: Männer mit einem ausgeprägten Sinn für Ordnung und Regeln und mit einem Hang zu traditioneller Dominanzkultur.

Es würde allerdings bei Weitem zu kurz greifen, wenn man aus der Erkenntnis, welcher Personentypus zur Polizei geht, automatisch auf die Verbreitung von rechten, rassistischen oder gar rechtsextremen Einstellungen schließt. Auch Polizeianwärter und Polizisten, die offen zugeben, dass Regeltreue und Machtausübung für sie entscheidende Faktoren bei der Jobwahl waren, sprechen davon, dass sie mit ihrer Arbeit zugleich Menschen helfen wollen, und sehen sich nicht als rechts.

Eindeutig scheint zugleich, welche politische Klientel in der Polizei nur selten vertreten ist. Es gebe »seit jeher weniger Linke und Grüne bei der Polizei«, sagt der Hamburger Polizeiforscher Rafael Behr.[89] Gruppierungen wie der Berufsverband »Polizei Grün« oder die »Bundesarbeitsgemeinschaft kritischer Polizistinnen und Polizisten« werden dementsprechend als aufmerksamkeitsträchtige Ausnahmen wahrgenommen. »Die andere Berufsvereinigung« nennt sich Polizei Grün selbst und betont damit, wie bewusst man sich der eigenen Sonderrolle ist. Der Verein verfolgt laut Selbstbeschreibung die »Förderung einer toleranten, kritikfähigen und rechtsstaatlichen Bürgerpolizei«.[90] Seine bundesweite Mitgliederzahl liegt im dreistelligen Bereich. Polizei Grün repräsentiert also weniger als 0,3 Prozent der deutschen Polizistinnen und Polizisten. Menschen, die sich politisch eher in einem linksgrünen Milieu verorten, zieht es offenkundig nur in den seltensten Fällen zur Polizei. Ein weiteres Indiz: In der neueren Geschichte der Bundesrepublik gab es nicht einen einzigen prominenten Fall von politisch links motiviertem Fehlverhalten unter Polizisten. Als die *BZ Berlin* im November 2020 einen Artikel auf Twitter mit der Frage anteaserte »Aber was ist mit linker Polizeigewalt?«, folgten derart viel Spott und Kopfschütteln, dass die Zeitung ihren Beitrag kommentarlos löschte.

»Warum Polizisten AfD wählen« – Rechtspopulisten als politische Heimat der Polizei

Polizisten seien »in langer Tradition entweder fest im sozialdemokratischen Lager verankert und dort mittig oder am rechten Rand zu verorten, oder aber in der CDU und rechts davon«, sagt Polizeiforscher Behr.[91] Ein Indiz dafür, wie weit rechts der Union zumindest Teile der Polizei aktuell stehen, zeigt sich in den Reihen einer Partei, die im Frühjahr 2021 sogar in Gänze als rechtsextremer Verdachtsfall vom Verfassungsschutz eingestuft wurde:[91A] der AfD. Seit 2017 sitzen sechs Polizisten, eine Polizistin und ein ehemaliger Polizeiausbilder für die rechtsnationale Partei im Bundestag. Keine andere Partei ist auch nur ansatzweise in ähnlichem Umfang mit Polizeibeamten im Parlament vertreten. In den Landesparlamenten zeigt sich ein ähnliches Bild: Mit Stand 2019 waren mindestens 13 der 191 AfD-Abgeordneten vorher in der Polizei tätig, das entspricht einem Gesamtanteil von 6,8 Prozent. In der Union war der Anteil an Polizeibeamten mit 3,3 Prozent nicht einmal halb so groß, in anderen Parteien lag er noch niedriger. Bei der Landtagswahl 2019 in Thüringen, wo die AfD unter der Führung des Rechtsextremen Björn Höcke als besonders radikal gilt, standen allein fünf Polizeibeamte auf der Landesliste der Partei.

Die Gründe, warum ausgerechnet die rechtspopulistische AfD zur neuen politischen Heimat für viele Polizisten zu werden scheint, haben drei Parteimitglieder, die zugleich Polizeibeamte sind, 2020 unter dem Titel »Warum Polizisten AfD wählen« in Buchform veröffentlicht. »Seit die Alternative für Deutschland 2017 in den Bundestag eingezogen ist, macht endlich wieder eine Partei Politik für die Polizei«, schreibt der AfD-Bundestagsabgeordnete Martin Hess dort.[92] Er begann 1990 seine Laufbahn bei der Polizei Baden-Württemberg und ist aktuell sicherheitspolitischer Sprecher der Fraktion. In seiner letzten Berufsstation vor dem Einzug in den Bundestag bildete er an der Hochschule für Polizei Baden-Württemberg angehende Polizisten aus. Hess schreibt in dem schmalen Buch, zu lange sei »einseitig auf die Strategie der Deeskalation gesetzt« worden. Stattdessen müsse die Polizei auf »maximal robustes Auftreten« getrimmt werden. Das zugrunde liegende Muster ist offensichtlich: Die rechtspopulistische Partei zielt darauf ab, unter Polizisten verbreitete autoritäre Denkmuster anzusprechen. Zugleich stehen ebendiese Denkmuster bereits in einer gewissen Nähe zu rechten Positionen.

Neu ist diese Strategie keineswegs. Bereits 1996 beschrieb der Politikwissenschaftler Hans-Gerd Jaschke, dass »Forderungen rechtsextremer Parteien, wie die nach unverzüglicher Ausweisung und Abschiebung straffällig gewordener Ausländer, nach härteren Strafen und mehr Polizeibeamten«, nicht zuletzt auf die Wählergruppe der Polizeibeamten abzielen und dort durchaus verbreiteten Stimmungen entgegenkommen würden.[93] Auch Jaschke hielt damals fest, die Polizei sei eine »von Männern dominierte, ethnisch homogene, hierarchisch strukturierte, eher konservative Berufsgruppe«. Deswegen sei die Polizei ein grundsätzlich wichtiger Adressat rechtsextremer Propaganda, weil sie für »Law-and-Order« stehe und den Ideen eines starken Staats entgegenkomme. Daran hat sich auch ein Vierteljahrhundert später nicht viel geändert.

Parallelen zum heutigen Verhältnis von AfD und Polizei zeigten sich in den Neunzigerjahren am Beispiel der Republikaner, die ebenfalls zeitweise wegen des Verdachts einer rechtsextremistischen Bestrebung vom Bundesverfassungsschutz beobachtet wurden. In einem damaligen Forschungsinterview von Jaschke bekannten sich ganze 16 von 18 Beamten einer Polizei-Einheit als Wähler der Republikaner. Polizisten besetzten zentrale Führungspositionen der Partei, wie den Landesvorsitz in Berlin, Baden-

Württemberg und Rheinland-Pfalz. Auch die Gewerkschaft der Polizei (GdP) räumte damals ein, anhand von Protestbriefen aus Kollegenkreisen »eine gewisse Tendenz zu dieser rechtsextremistischen Partei« festzustellen. Gewerkschaftsvertreter schätzten in Medienberichten das Wählerpotenzial für die Republikaner innerhalb der Polizei auf 20 bis hin zu 60 Prozent der Beamten.[94]

Mehr als zwei Jahrzehnte später, im Juni 2019, wandte sich der stellvertretende GdP-Bundesvorsitzende Jörg Radek dann in ganz ähnlicher Weise an die Öffentlichkeit – mit klarem Blick in Richtung AfD. »Da ist bei vielen Beamten etwas in Schieflage geraten, was sich in Sympathien für das rechtsnationale Parteienspektrum ausdrückt«, sagte Radek.[95] An Belegen für diese Beobachtung mangelt es nicht.

Im März 2016 klemmt bei einer AfD-Kundgebung die rechtsradikale Zeitschrift Compact gut sichtbar hinter der Windschutzscheibe eines Polizeiwagens. Das Titelbild zeigt die damalige AfD-Vorsitzende Frauke Petry. Zwei Polizisten werden anschließend versetzt. | Im März 2020 suspendiert die Polizei Hamm einen Beamten wegen des Verdachts der Volksverhetzung. Es handelt sich zugleich um den ehemaligen Sprecher des lokalen AfD-Verbands. | 2017 erscheint der thüringische Polizeibeamte Torsten Czuppon in einem T-Shirt der in der rechtsextremen Szene verbreiteten Marke Thor Steinar zu einem Seminar in der Gedenkstätte des Konzentrationslagers Buchenwald. Zu diesem Zeitpunkt ist er Gruppenleiter einer Wasserwerferstaffel, später sitzt er für die AfD im Thüringer Landtag. | Im November 2020 wird der Landtagsabgeordnete Lars Kuppi neuer Vorsitzender der AfD im Kreis Mittelsachsen – auch er ist Polizeibeamter. Zu seiner Führungsriege gehören mehrere verurteilte Straftäter und ein junger Mann, der zuvor im Umfeld der NPD in Erscheinung trat.

Hinzu kommt: Die wachsende Nähe von deutscher Polizei und AfD reiht sich ein in ein internationales Gesamtbild. Sichtbar positive Wahlentscheidungen für rechtspopulistische bis rechtsextreme Parteien unter Polizisten zeigten sich in den letzten Jahren auch in Österreich für die FPÖ,[96] in Frankreich für den Front National[97] oder in Griechenland für die mittlerweile zur kriminellen Vereinigung erklärten Partei Goldene Morgenröte.[98]

AUSBILDEN UND AUSSORTIEREN

In der Nacht zum 6. Februar 2020 hören Anwohner »Sieg Heil«-Rufe aus einer Wohnung in Bautzen und rufen die Polizei. In der Wohnung werden drei Kommissaranwärter angetroffen, die an der nahegelegenen Hochschule der Sächsischen Polizei studieren. | Im Juni 2019 werden drei Berliner Polizeischüler wegen »Sieg Heil«-Rufen am Rande eines Basketballspiels zu einer Geldstrafe verurteilt. Die Gruppe war bereits wegen Verwendung eines Liederbuchs aus der NS-Zeit aktenkundig. Zwei der angeklagten Polizeischüler legen Rechtsmittel ein und werden trotz des laufenden Verfahrens ins Beamtenverhältnis übernommen. Im Berufungsverfahren erklärt einer der Polizisten, wenn er »Sieg Heil« gesagt habe, dann hinter vorgehaltener Hand. Das Gericht folgert, die Rufe seien nicht für die Öffentlichkeit bestimmt und damit auch nicht strafbar gewesen. Im Oktober 2020 ergeht ein Freispruch. | Ein Bundespolizei-Anwärter wird 2017 aus dem Dienst entlassen. Er hatte während seiner Ausbildung in einer Gemeinschaftsunterkunft »Sieg Heil« gerufen. Es dauert zwei Jahre, bis das Verwaltungsgericht Bayreuth die Entlassung bestätigt. | Oktober 2000: Fünf brandenburgische Polizeischüler sollen im Studentenklub einer Polizeihochschule Naziparolen gerufen haben. Im Juni 2001 gibt Brandenburgs Innenminister die Einstellung der Ermittlungen bekannt. Laut ihm erklärten die Polizeischüler, sie hätten nicht »Sieg Heil«, sondern »Kalki« gerufen.

Nach neun Monaten in der Polizeischule Leipzig hält Simon Neumeyer es nicht mehr aus. Im Frühjahr 2017 bricht er seine Ausbildung zum Polizisten ab. Ein Jahr später veröffentlicht er auf seinem Instagram-Profil mehrere Screenshots aus seinem alten Klassenchat. »Wir sind aus Cottbus, nicht aus Ghana. Wir hassen alle Afrikaner«, schreibt ein Polizeischüler dort. Ein Mitschüler antwortet mit Smileys, die Tränen lachen. Das rassistische Grundklima in der Polizeischule sei unerträglich gewesen, sagt Neumeyer. Rassistische Ansichten seien unter Schülern und Ausbildern so salonfähig gewesen, als rede man über das Wetter.

Wenn die Polizei bevorzugt autoritäre Charaktere anzieht, was bedeutet das für die Verbreitung von rassistischen oder gar rechtsextremen Denkmustern unter Polizeianwärtern? Und wie begegnen die Sicherheitsbehörden dieser Ausgangssituation? Bereits im Auswahlverfahren der Polizei werde darauf geachtet, Bewerber mit bestimmten Persönlichkeitsmerkmalen, wie rassistischen oder stark autoritären Einstellungen, auszusortieren, sagt Polizeiforscher und Kriminologe Thomas Feltes. Von 1992 bis 2002 leitete Feltes selbst als Rektor eine Polizeihochschule in Baden-Württemberg. Doch leider gelinge es nicht immer, direkt zu Beginn der Ausbildung problematische Fälle zu erkennen, sagt er. Dutzende Beispiele der letzten Jahre zeugen davon: Polizeischüler, die Naziparolen brüllen, in SS-Uniform mit Hakenkreuz-Binde für Fotos posieren oder in Chats rechtsextreme und rassistische Botschaften schreiben.

Auch wissenschaftliche Untersuchungen deuten auf ein bedrohliches Potenzial von Rassismus unter Polizeischülern hin. Rund jeder fünfte angehende Polizist weist am Anfang seiner Ausbildung »fremdenfeindliche Einstellungen« auf. Zu diesem Ergebnis kam zumindest eine Befragung von 160 Kommissaranwärterinnen und -anwärtern an der Hochschule für Polizei und öffentliche Verwaltung in Köln zwischen 2013 und 2017.[99] Ein klarer Zusammenhang mit der Tatsache, dass die Polizei besonders autoritäre Charaktere anzieht, zeigt sich dabei allerdings nicht. Die Ergebnisse der Untersuchung deuten laut den Studienleiterinnen vielmehr darauf hin, dass Fremdenfeindlichkeit unter den Befragten zu Beginn ihres Studiums ungefähr genauso stark verbreitet ist wie in der Gesamtgesellschaft, gemessen an Altersgruppe und Bildungsmilieu.

Es klingt beinahe entschuldigend und zugleich wie eine logische Konsequenz: Wenn in einer Gesellschaft rassistische Denkmuster verbreitet sind, finden sich diese Einstellungen zwangsläufig auch unter Polizeianwärtern. Doch während der größte Teil der Gesellschaft weder alltäglich mit Waffen hantieren darf, noch mit besonderen Machtbefugnissen ausgestattet ist, kommt jedem einzelnen Polizisten und jeder einzelnen Polizistin eine besondere Verantwortung zu. Von entscheidender Bedeutung ist es also, wie die Polizei mit dieser Ausgangssituation umgeht. Dabei steht sie vor allem in den letzten Jahren in einem Spagat zwischen dem Wunsch, konsequent auszusortieren, und der Sorge, ausreichend qualifizierten Nachwuchs zu rekrutieren.

Am 30. April 2015 bestätigt das Verwaltungsgericht Aachen die Entlassung eines rechtsradikalen Polizeischülers. Er hatte sich im Internet rassistisch und menschenfeindlich geäußert. | Im August 2018 lässt sich ein Schüler der Polizeischule Eutin mit Hakenkreuzbinde und Wehrmachtsmütze fotografieren. Rechtsradikale Ansichten habe der Polizeischüler nicht, beteuert er. In Chats äußerte er sich jedoch entsprechend. Unter anderem bezeichnete er Juden als »verfluchtes wurzelloses Volk«. Aufgrund fehlender charakterlicher Eignung wird er fristlos entlassen. | Bei einer Computerübung im Juli 2019 gibt sich ein Polizeischüler des Bundeskriminalamts den Namen »Holocaust=fake«. Zwei Mitschüler nehmen als »H1tler« und »NateHigger« an der Lehreinheit teil. | Februar 2020: Sieben Polizeischüler aus Baden-Württemberg sollen in einer Chatgruppe nationalsozialistische, antisemitische und frauenfeindliche Nachrichten ausgetauscht haben. Alle sollen wegen »erheblicher charakterlicher Mängel« entlassen werden. | Im Oktober 2020 leitet die Berliner Staatsanwaltschaft Ermittlungen gegen sieben Polizeischüler ein, die in einer Chatgruppe mit insgesamt 26 Mitschülern zahlreiche Nachrichten mit volksverhetzenden und verfassungswidrigen Inhalten geteilt haben sollen. Im selben Monat wird ein Thüringer Polizeischüler aus dem Dienst entlassen, weil ihm die Verbreitung rechtsextremer Inhalte vorgeworfen wird.

Drei Jahre nachdem er die Leipziger Polizeischule verlassen hat, redet sich Simon Neumeyer noch immer schnell in einen Zustand zwischen Rage und Resignation. Dutzende Male hat er diese Geschichten erzählt, seitdem er 2018 mit seinen Eindrücken aus der Sächsischen Polizeischule an die Öffentlichkeit ging – in Zeitungen, im Fernsehen, selbst im Landtag von Nordrhein-Westfalen. Er erzählt von Situationen aus dem Sommer 2016, in denen ältere Schüler in den Umkleideräumen Kommentare äußerten, die ihn erstmals an seinem neuen beruflichen Umfeld zweifeln ließen. Ein Jahr zuvor hatten nach Protesten vor einer Flüchtlingsunterkunft in Heidenau Rechtsextreme und Hooligans die Polizei attackiert. »Das sind ja nicht alles Nazis«, habe ein dienstälterer Polizeischüler angemerkt. »Ich hatte die Bilder aus den Nachrichten im Kopf, wie manche da den Hitlergruß zeigen oder ›Sieg Heil‹ rufen und dachte nur, ›Natürlich sind das Nazis! Was denn sonst?‹«, erinnert sich Neumeyer. Andere Mitschüler seien noch deutlicher geworden. Einer habe offen erzählt, dass er ein Parteifest der NPD besucht habe, und soll in den Gemeinschaftsräumen Lieder der Rechtsrockband »Sturmwehr« gesungen haben. Am deutlichsten ist Simon Neumeyer im Gedächtnis geblieben, wie allein er sich mit seiner Einstellung in der Polizeischule gefühlt hat. An seine Ausbilder wollte er sich nicht wenden, denn auch Lehrer seien durch rassistische Einstellungen aufgefallen, sagt er. Ein Schießlehrer habe angemerkt, die angehenden Polizisten müssten wieder lernen, besser zu schießen, weil so viele Geflüchtete nach Deutschland kämen. Selbst der stellvertretende Schulleiter habe sich im Ethikunterricht beklagt, wie unwohl er sich angesichts »feiernder Ausländer« fühle. »Für mich bedeutete der Polizeiberuf immer, für Recht und Gesetz einzustehen und Verantwortung zu übernehmen und Menschen zu helfen«, sagt der ehemalige Polizeischüler Neumeyer. Doch im Kopf geblieben sei ihm aus seiner Zeit an der Polizeischule vor allem eine vollkommene Gleichgültigkeit vieler Polizisten und Ausbilder.

Politische Bildung in der Polizei

1996 erhielt der Erziehungswissenschaftler Klaus Ahlheim den Auftrag, die politische Aus- und Fortbildung der Polizei zu überprüfen. Nach den negativen Schlagzeilen der Neunzigerjahre über rassistische Gewaltexzesse durch Polizisten sollte sich vieles ändern. Ahlheim entwickelte einen Leitfaden für die politische Bildung der Polizei zum Thema »Vorurteile und Fremdenfeindlichkeit« und entwarf Unterrichtseinheiten für Polizeischulen: In fünf Lerneinheiten sollten Polizisten dem Konzept zufolge über das Wesen von Vorurteilen aufgeklärt und mit ihren eigenen Anschauungen konfrontiert werden, am besten in Gruppenarbeit. Zeitungsbeiträge und einprägsame Zitate als Argumentationshilfe für die Beamten sollten einen langfristigen Effekt des Lernprogramms sicherstellen. »Statt auf Ausländer zu zeigen, sollten deutsche Männer lieber sich selbst im Spiegel betrachten. Auf eine straffällig gewordene Frau kommen fünf deutsche Männer«, lautet etwa ein solcher Merksatz für angehende Polizisten, der aus einem Kommentar der *Frankfurter Rundschau* von 1997 stammt.

Auch wenn die genaue Umsetzung in den einzelnen Bundesländern variiert, ist die politische Bildung zu Diskriminierung und Extremismus in den Lehrplänen der Polizei seitdem fest verankert. In Antidiskriminierungsworkshops in Schleswig-Holstein erfahren Polizeischüler, wie es sich anfühlt, wenn man ohne erkennbaren Grund aus einer Gruppe ausgeschlossen wird. In Sachsen sollen externe Ausbilder in gesonderten Unterrichtseinheiten ein sachliches Bild vom Islam vermitteln und interkulturelle Kompetenzen fördern. Und in der Gedenkstätte des ehemaligen Konzentrationslagers Mittelbau-Dora in Thüringen reflektieren angehende Polizistinnen und Polizisten die Rolle der Sicherheitsbehörden im Nationalsozialismus, als jeder, der in einem KZ landete, vorher durch die Hände der Polizei ging. Anscheinend zeigen derartige Maßnahmen einen messbaren Erfolg: Die Untersuchung unter Kommissaranwärtern in Köln ergab deutliche Hinweise, dass fremdenfeindliche Einstellungsmuster bei den Befragten im Laufe des Studiums abnahmen. Ob diese Ergebnisse angesichts föderaler Unterschiede und verschiedener Ausbildungslaufbahnen auf die gesamte Polizeiausbildung übertragen werden können, ist jedoch nicht eindeutig.

Ein verregneter Vormittag im Oktober 2019: Bei einem Besuch in der Polizeischule am nördlichen Stadtrand von Leipzig ist von dem Rassismus, den ihr ehemaliger Schüler Simon Neumeyer beklagt, zumindest auf den ersten Blick nicht viel zu sehen. Auf den Tischen eines kargen Klassenraums stapeln sich Lehrbücher und Gesetzessammlungen vor mehr als zwei Dutzend Schülern und wenigen Schülerinnen in Uniform. Rechtliche Grundlagen der Polizeiarbeit nehmen seit Jahren den größten Teil der theoretischen Ausbildung ein. Bei Fragen zum Verkehrsrecht schwirren lange Zahlenreihen mit Paragrafen und Vorschriften durch den Klassenraum. Weniger theoretisch wird es wenig später bei einem kurzen Exkurs zum Aufenthaltsrecht. Zentral zu klären sei stets »Wen habe ich vor mir? Also, wo kommt der her?« und »Darf der hier sein? Also, was macht der hier?«, fasst der Ausbilder zusammen.

Die Pressesprecherin der Polizeischule ist während des gesamten Besuchstags stets dabei. Aussagen aus den an diesem Tag aufgezeichneten Interviews sollen vor einer Veröffentlichung von ihr freigegeben werden. Spricht man Ausbilder und Schüler auf die Schilderungen von Simon Neumeyer an, verweisen sie nahezu wortgleich auf »schwarze Schafe« und »Einzelfälle«. »Wir reden darüber und sagen uns: ›So geht's natürlich überhaupt nicht!‹«, sagt Polizeischüler Stephan P., der ein Jahr nach Neumeyer die Ausbildung in Leipzig begann. Zugleich sei nicht alles, was jemand ausspricht, auch so gemeint, fügt er hinzu. Um spätere Einsatzmöglichkeiten nicht zu gefährden, darf der volle Name des angehenden Polizisten nicht veröffentlicht werden. Das Kritikwürdigste, was P. selbst in seinen zweieinhalb Jahren an der Schule mitbekommen habe, seien Mitschüler, die unter ihren Hemden T-Shirts tragen; ein klarer Verstoß gegen Kleidungsvorschriften.

Doch auch wenn Stephan P. hinsichtlich rechter Tendenzen in der Polizei keine Probleme unter seinen Mitschülern sehe, wünsche er sich mehr Präventionsarbeit, sagt er. Einen Tag vor dem Gespräch referierte der Leiter der Leipziger Polizeischule über seine Ermittlungsarbeit im Zusammenhang mit dem Nationalsozialistischen Untergrund (NSU). »Da ist vielen Leuten bei uns in der Klasse ein Licht aufgegangen. Das Ausmaß mitzubekommen war schon ein großer Brocken, gerade für die Jüngeren«, führt Polizeischüler P. aus. Der aktuelle Lehrplan für den mittleren Polizeidienst in Sachsen sieht seit 2009 vor, dass Polizeischüler in den Fächern Gesellschaftslehre, Berufsethik und im Besonderen Polizeirecht den »verantwortungsvollen Umgang mit gesellschaftlichen Problemfeldern wie z. B. Extremismus und Ausländerfeindlichkeit« lernen. Der Begriff »Racial Profiling« befindet sich nicht explizit im Ausbildungsplan. Fragt man Simon Neumeyer, wie präsent Themen wie Antidiskriminierung, Racial Profiling und Rassismus während seiner Ausbildung waren, muss er lachen. »Es kann natürlich sein, dass da später noch was zu gemacht wurde, nachdem ich abgebrochen hatte. Aber in meiner Zeit war das kein einziges Mal ein Thema«, sagt er.

Fortschreitende Akademisierung vs. mangelnder Nachwuchs

Die Leipziger Polizeischule ist eine von drei Ausbildungsstätten für die mittlere Laufbahn im sächsischen Polizeivollzugsdienst. Wer in Sachsen zur Polizei gehen möchte, muss mindestens einen Realschulabschluss oder einen Hauptschulabschluss mit abgeschlossener Berufsausbildung vorweisen. Ähnliche Zugangsvoraussetzungen für den Polizeiberuf gelten bei insgesamt zehn Landespolizeien und der Bundespolizei. Für das Studium an einer Polizeihochschule, das den Einstieg in den höheren Dienst ermöglicht, ist die Fachhochschulreife Voraussetzung. »Viele Abiturienten greift sich die freie Wirtschaft, das war früher anders«, beklagt jedoch ein Ausbilder der Leipziger Polizeischule.

In Ländern wie Nordrhein-Westfalen oder Niedersachsen ist das Abitur oder die Fachhochschulreife seit Jahren sogar Voraussetzung, um bei der Polizei den Fuß in die Tür zu bekommen. Dort wurde der Einstieg in den mittleren Dienst vollständig abgeschafft – mit der Begründung, Polizisten besser auszubilden und zugleich grundsätzlich besser zu bezahlen. Seit der Jahrtausendwende hat sich die Polizeiausbildung dadurch zunehmend akademisiert. Nicht nur an den Polizeihochschulen nehmen Theorie und Rechtsgrundlagen den größten Raum in der Ausbildung ein.

Zugleich sanken jedoch in vielen Fällen die Anforderungen, die in Aufnahmeprüfungen für die Ausbildung zum Polizeidienst gestellt wurden. 2016 schaffte die Berliner Polizeiakademie ein verpflichtendes Diktat im ersten Semester ab, bei dem vormals rund 63 Prozent der Schüler die Note Ungenügend erhielten. Im Januar 2020 wandelte die Bundespolizei ihre Anforderungen für Bewerber ab: Bei einem Text mit rund 180 Wörtern sind seitdem bis zu 24 Fehler zulässig. Rund jedes siebte Wort darf demnach falsch geschrieben werden. Es müsse »verständlich sein, dass eine Diskussion über die zukünftige Rolle der Polizei, hin zu einer Elite im politischen System der Bundesrepublik Deutschland, im positiven Sinne nicht geführt werden kann, wenn deren Polizeibeamtinnen und Polizeibeamte dafür Defizite haben«, kritisiert Polizeihauptkommissar Andreas Beier diese Entwicklung in einem 2020 veröffentlichten Aufsatz über eine Entwicklung zwischen Akademisierung und Verblödung.[100] Beier lehrt Politikwissenschaft an der Hochschule für Polizei Baden-Württemberg und merkt an, dass solche sinkenden Zugangsvoraussetzungen und die damit einhergehenden Entwicklungen eine »Akademisierung oder Elitendiskussion« in der Polizei in den nächsten zehn Jahren obsolet machen könnten.

Erste Schritte in einem geschlossenen System

In welche Richtung sich die Polizei angesichts der aktuellen Ausbildungssituation bewegt, scheint also nicht eindeutig. Für die Frage, wie man rassistischen Tendenzen entgegenwirken und interkulturelle Kompetenzen stärken könnte, scheint zudem ein anderer Faktor weit entscheidender. Obwohl sich manche angehenden Polizisten mittlerweile mehr und mehr als klassische Studenten verstehen, gibt es ein entscheidendes Element, das die Ausbildung in fast allen Bundesländern und über die unterschiedlichen Laufbahnen hinweg eint: Mit dem Beginn der Ausbildung wird die Polizei für viele zur zentralen und oft einzigen Bezugsgruppe.

Ob an Polizeihochschulen oder an Polizeiakademien – fast überall bleiben angehende Polizisten unter sich. Zwar ist die Trennung zur Zivilgesellschaft längst nicht mehr so groß wie in Zeiten, in denen Polizeischüler noch in Kasernen auf dem Schulgelände einquartiert waren. Auch gibt es an jeder Lehreinrichtung externe Dozenten und Ausbilder ohne beruflichen Hintergrund in der Polizei. Und doch bleiben die polizeilichen Ausbildungsstätten oft eine in sich geschlossene Institution.

Auch bei dem Besuch in der Leipziger Polizeischule betonen Lehrer und Schüler im Chor das starke Gemeinschaftsgefühl, das alle Personen auf dem weitläufigen Areal miteinander verbinde. Das habe konkrete Folgen für den Umgang untereinander, sagt Simon Neumeyer: »In einem vielfältigen Umfeld wäre es doch undenkbar, dass es unkommentiert bleibt, wenn jemand offen erzählt, dass er auf einem NPD-Parteifest war. Das hat in der Polizeischule aber keinen interessiert.«

Dass es anders geht, zeigt sich an der Hochschule für Wirtschaft und Recht (HWR) in Berlin. Dort studieren Polizeianwärter für den gehobenen Dienst – in zivil und gemeinsam mit Studentinnen und Studenten von insgesamt 55 verschiedenen Studiengängen. Der Fachbereich »Polizei und Sicherheitsmanagement« an der HWR gilt im Bundesvergleich als ausgesprochen fortschrittlich. Auch das wissenschaftliche Lehrpersonal hat hier nur in Ausnahmefällen eine berufliche Historie in der Polizei. Dozenten wie der Staats- und Verwaltungsrechtsprofessor Clemens

Arzt vertreten in Publikationen und Interviews liberale und zuweilen auch deutlich polizeikritische Positionen. Mit Amnesty International unterhält der Fachbereich laut eigenen Angaben eine Kooperationspartnerschaft. Grund- und Menschenrechte nehmen viel Raum im Stundenplan angehender Polizisten ein. Konkrete Pläne dafür, die Polizeiausbildung auch bundesweit über die Grenzen der eigenen Institution zu öffnen, gibt es aktuell jedoch nicht.

Problematische Lehrer und problematische Lehrinhalte

Vor allem in praxisorientierten Bereichen sind es noch immer vorwiegend Polizisten, die Polizisten ausbilden. Und nicht immer sind es Polizisten, deren Weltanschauung mit ihrer Vorbildfunktion für zukünftige Bewahrer des demokratischen Rechtsstaats im Einklang steht. An der Polizeischule Leipzig lehrt seit mehreren Jahren der ehemalige Bereitschaftspolizist Fernando V., der 2015 mit einem bundesweit vernetzten Neonazikader im Dienst Nachrichten über »marodierende Gutmenschen« und eine angebliche jüdische Weltverschwörung austauschte. Ein Disziplinarverfahren gegen V. wurde eingestellt, auf eigenen Wunsch wurde er an die Polizeischule versetzt. Auch der AfD-Bundestagsabgeordnete und Polizist Martin Hess, der dafür wirbt, die Polizei auf »maximal robustes Auftreten« zu trimmen, war bis zu seinem Einzug in den Bundestag Polizeiausbilder. Eine angehende Führungskraft der Polizei Baden-Württemberg beklagt, in vielen Fällen würden Beamte zu Ausbildern gemacht, die man im direkten Kontakt auf der Straße nur schwer einsetzen könne. In einigen Fällen entstehe der Eindruck, dass es bei diesen Personalentscheidungen vorrangig darum gehe, Beamte auf eine Position zu versetzen, wo sie dem ersten Anschein nach weniger Schaden anrichten könnten.

Neben solchen Beispielen von problematischem Lehrpersonal sorgen aber auch Fälle von ebenso problematischem Lehrmaterial für angehende Polizisten für Aufruhr. 2019 wies ein Bericht des *Stern* auf ein aktuelles Kriminologie-Lehrbuch für Polizeianwärter des gehobenen Dienstes hin, in dem »NS-Sprech« und rassistische Theorien vermittelt werden.[101] In dem Buch »Kriminologie für Studium und Praxis«, das zuletzt 2016 überarbeitet wurde und das als Standardwerk in der Polizeiausbildung gilt, wurde beispielsweise die längst widerlegte Theorie der »Sippenforschung« ausgeführt. Um den Begriff der Kriminologie zu erläutern, zitierten die Autoren zudem einen früheren SS-Sturmbannführer. Der Kriminologieprofessor Marschel Schöne kritisierte, das Lehrbuch enthalte »veraltete, menschenverachtende, zum Teil sogar rassistische Thesen«.[102] Damit vermittle man jungen Polizisten in der Ausbildung eine Perspektive, die ethisch und verfassungsrechtlich indiskutabel sei. Herausgeber des Werks ist der Verlag Deutsche Polizeiliteratur, eine hundertprozentige Tochterfirma der Gewerkschaft der Polizei (GdP). Nach der öffentlichen Kritik kündigten die Autoren an, bei einer Überarbeitung des Buches in geeigneter Form auf die Zusammenhänge hinzuweisen.

In einem Bericht des *WDR* im Oktober 2020 präsentierten Dozenten der Hochschule für Polizei und öffentliche Verwaltung in Nordrhein-Westfalen das Lehrwerk »Türken und Araber verstehen und vernehmen«. Mit Büchern wie diesem sollen dort zukünftige Polizisten auf den Kontakt mit anderen Kulturen vorbereitet werden.[103] Die Beschreibung des Lehrbuchs auf der Seite des herausgebenden Verlag für Polizeiwissenschaft liest sich jedoch vielmehr wie eine Aneinanderreihung rassistischer Klischees: »Dem an einer schnellen und protokollfähigen Klärung des Sachverhaltes orientierten klar und präzise fragenden deutschen Polizeibeamten sitzt eine Person gegenüber, die lebhaft gestikulierend weit ausholend und ausweichend reagiert vielleicht zur ›Verstärkung‹ Familienmitglieder mitgebracht hat«, heißt es dort.[104] In einem anderen Lehrbuch über die Vernehmung von russischstämmigen Personen werden diese aufgrund ihrer Nationalität zusammenfassend charakterisiert: »Als Beschuldigte unbeugsam und undurchschaubar, als Opfer immens leidensfähig und als Zeugen misstrauisch und ausweichend«.

Bereits 1980 sorgte es für einen Skandal, dass junge Polizeibeamte in Hessen mit Fotografien von nackten Sinti und Roma darauf vorbereitet werden sollten, wie diese sich angeblich bei Verhören verhalten würden. Die Bilder, auf denen unter anderem eine Frau zu sehen war, die vollständig entblößt auf dem Boden kauerte, waren bei polizeilichen Vernehmungen aufgenommen worden. Den Polizeischülern seien die Bilder als Vorsorgemaßnahme gezeigt worden, damit sie lernen, wie sie ausgetrickst werden können, erklärte damals ein Polizeisprecher. Die Lehrpraxis war öffentlich geworden, weil drei Polizeibeamte an einem Volkshochschulkurs über den Umgang mit Minderheiten teilnahmen. Sie empfanden das dort vermittelte Bild über Sinti und Roma als »zu positiv« und brachten deshalb ein eigenes Referat ein, bei dem sie die Fotos der nackten Frauen im Polizeiverhör präsentierten.

Die Polizei sortiert aus

2018 musste Simon Neumeyer bei einem Disziplinarverfahren gegen einen seiner ehemaligen Mitschüler aussagen. Es ging um jenen Polizeischüler, dessen rassistische Chat-Nachrichten Neumeyer öffentlich gemacht hatte. Besonders ambitioniert habe er die internen Ermittlungen jedoch nicht empfunden, sagt Neumeyer zwei Jahre später. Den Schießlehrer, dessen Äußerungen über Geflüchtete Neumeyer kritisiert hatte, habe er den Behörden gegenüber nicht identifizieren sollen. Im Zusammenhang mit den

Äußerungen des ehemaligen Polizeischülers wurden Ermittlungen gegen drei Personen eingeleitet. Zwei davon sind nicht mehr im Polizeidienst, in einem Fall habe sich der Anfangsverdacht nicht bestätigt, sagt eine Sprecherin der Polizei Sachsen.

Im Juli 2019 teilt die Polizeiakademie Hessen sechs Polizeianwärtern mit, dass sie nicht in ein Beamtenverhältnis übernommen werden. Die Polizeischüler stehen im Verdacht, rechtsextreme und antisemitische Sprüche und Bilder verschickt zu haben. | Als ein Polizeischüler aus Brandenburg während einer Übung einen Namen mit dem Funkalphabet buchstabieren soll, benutzt er dafür die Worte »Jude, Untermensch, Nazi, Gaskammer« sowie »Genozid«. Im November 2020 entscheidet das Oberverwaltungsgericht in zweiter Instanz, dass seine umgehende Entlassung wegen Zweifeln an seiner Verfassungstreue und charakterlichen Eignung rechtmäßig war. Bei dem Funkspruch habe es sich nicht um einen einmaligen Vorfall gehandelt, vielmehr habe der Polizeischüler »weitere Auffälligkeiten« gezeigt. | Drei Kommissaranwärter der Hochschule für Polizei in Villingen-Schwenningen teilen in einer Chatgruppe rechtsextremes Gedankengut. Aufgrund der »gezeigten erheblichen charakterlichen Mängel« sei »mit sofortiger Wirkung das Verbot der Führung ihrer Amtsgeschäfte ausgesprochen«, erklärt die Polizeihochschule im November 2020. Auf die Nachrichten stießen Ermittler, als sie im Rahmen eines anderen Ermittlungsverfahrens ein sichergestelltes Mobiltelefon auswerteten. Auch ein weiterer Polizeischüler aus Baden-Württemberg wird freigestellt, nachdem er auf Facebook ein rechtsextremes Bild eingestellt hat.

Tatsächlich sortiert die Polizei in den letzten Jahren strenger aus als zuvor. Im Jahr 2020 wurden bundesweit 33 Polizeischüler wegen mutmaßlich rechtsextremem Verhalten entlassen oder nicht in ein Beamtenverhältnis übernommen. Hier kommt den Behörden erleichternd hinzu, dass es wesentlich geringere Hürden gibt, mutmaßliche Rechtsextreme oder Rassisten zu entlassen, bevor diese in ein dauerhaftes Beamtenverhältnis übernommen werden. Umso wichtiger ist es also, menschenfeindliche Einstellungen frühzeitig zu erkennen.

Aber reicht das?

Neuere Studien weisen allerdings darauf hin, dass es nicht reichen wird, kritische Charaktere in der Ausbildung auszusortieren, um rechte Umtriebe in der Polizei nachhaltig zu bekämpfen. Es sind Ergebnisse, die zu einer ebenso alten wie fest etablierten Diskussion führen: Gehen bevorzugt Rassisten zur Polizei oder entwickeln Menschen bei der Polizei rassistische Einstellungen? Dass in einigen Fällen Menschen mit einem rassistischen Weltbild zur Polizei gehen, ist offenkundig und vielfach belegt – auch wenn dies keineswegs stellvertretend für die gesamte deutsche Polizei verstanden werden kann.

Dass in anderen Fällen rassistische und repressive Einstellungsmuster erst nach der Ausbildung und mit dem Einstieg in den aktiven Polizeidienst ausgeprägt werden, zeigt unter anderem die Langzeitstudie an der Kölner Polizeihochschule. Während die Forscher im Laufe des Studiums eine Abnahme fremdenfeindlicher Einstellungen unter den Kommissaranwärtern feststellten, kam es bereits im ersten halben Jahr nach Ende der Ausbildung zu einem erneuten Anstieg. »Vielleicht führt der Übergang in den Berufsalltag, wo sie mit erheblichen Belastungen konfrontiert werden und wo auch Berufsältere Einfluss nehmen, zu Veränderungen in der Identifikation«, erklärte Studienleiterin Nora Krott in einem Gespräch mit der *Welt.*[105] Ähnliche Hinweise zeigt auch eine aktuelle Studie an der Polizeiakademie Hamburg. Dort wurde die Verbreitung von Vorurteilen und fremdenfeindlichen Einstellungen unter Direkteinsteigern in das Polizeistudium und sogenannten »Aufsteigern« untersucht, die vor dem Studienbeginn bereits mehrere Jahre im mittleren Polizeivollzugsdienst gearbeitet hatten. Die Ergebnisse zeigten deutliche Unterschiede bei der Stärke und Manifestation entsprechender Vorurteile zwischen angehenden und diensterfahrenen Polizisten.[106]

Eine qualitativ hochwertige Polizeiausbildung scheint also allein kein Garant dafür zu sein, langfristig demokratische Grundwerte und ein Empfinden für Diskriminierung zu vermitteln. Viele Dozenten berichten, sie seien immer wieder verwundert, wie verändert ihre Schüler von ihrem ersten Praktikum auf den Polizeiwachen zurückkehren. Wenn es darum geht, wie man rassistische und repressive Denkmuster in der Polizei bekämpft, fällt das Fazit des ehemaligen Polizeischulen-Rektors und Kriminologen Thomas Feltes daher eindeutig aus: Diese Aspekte in der theorieorientierten Ausbildung zu behandeln nütze leider wenig. Wichtig seien vielmehr Fortbildungsmaßnahmen und eine intakte Polizeiführung.[107]

DER FEIND STEHT LINKS – POLIZEILICHE WAHRNEHMUNG RECHTER GEWALT

»Jetzt vergiss erst mal alles, was du auf der Schule gelernt hast; wir zeigen dir jetzt, wie Polizei tatsächlich funktioniert.« Dieser viel zitierte Satz bringe auf den Punkt, wie sich der Übergang in den Polizeialltag für viele angehende Ordnungshüter gestalte, sagt Polizeiforscher und Ausbilder Rafael Behr.[108] Wenn seine Auszubildenden von ihren ersten Praxiseinblicken auf den Polizeiwachen zurückkehren, kämen sie zudem mit einen neuen Weltbild zurück und wirkten um Jahre gealtert, sagt der Dozent der Hamburger Polizeiakademie. »Die müssen oft nur ihre ersten Hospitationstage gehabt haben, über den Hof gelaufen sein oder mit älteren Kollegen gesprochen haben«, sagt Behr. Zusätzlich zu einem neuen und klar abgegrenzten Verständnis von Gut und Böse bringen viele junge Polizisten auch ein neues Feindbild mit, das fortan fest verankert scheint: »Da sitzt dann so ein Junger und sagt, er sei bei so einer Linken-Demo gewesen und dann seien die ›Zecken‹ gekommen. Das Feindbild entsteht unglaublich schnell«, beschreibt Behr diese Entwicklung.[109]

Dezember 2020: Beamte der Bundespolizei wenden sich schriftlich an den Polizeipräsidenten, um ihn auf einen Polizeiausbilder hinzuweisen, der »radikale und polizeifeindliche Beiträge« ver-

breite. Der Dozent hatte auf seinem privaten Twitterprofil den Beitrag einer Seenotrettungsorganisation für Geflüchtete und einen Post der stellvertretenden Parteivorsitzenden der Linkspartei geteilt. »Aus unserer Sicht kann ein solches Verhalten nicht gut für die Bundespolizei sein«, schreiben die Absender. | Im September 2020 postet der Jugendverband der Grünen ein Video, das zeigt, wie Polizeibeamte anscheinend ohne vorherige Ankündigung massiv mit Pfefferspray und Hunden gegen Demonstrierende vorgehen. »Das habt ihr euch verdient«, kommentiert Peter Alexander Meißner den Beitrag, zusammen mit einem lachenden Smiley. Er ist Sachsen-Anhalts Landesvorsitzender der Polizeigewerkschaft Bund Deutscher Kriminalbeamter (BDK). Nach Kritik löscht er erst den Post, dann sein gesamtes Profil. | Als ein Polizeihauptkommissar aus Nordrhein-Westfalen Ende 2020 in sozialen Medien das Foto seines satirischen »Antifa-Mitgliedsausweis« teilt, erhält er zahlreiche Kritik aus den eigenen Reihen. Ein junger Polizeikollege kommentiert: »Wenn man sich selbst so sehr hasst, warum sucht man sich dann nicht einen anderen Beruf?«

Eine aktuelle Untersuchung der US-Polizei zeigt, dass die Wahrscheinlichkeit eines gewaltsamen Polizeieinsatzes gegen linke Proteste dreimal so hoch ist wie gegen rechte.[110] Vergleichbare Erhebungen zu Deutschland fehlen bislang. Doch auch hierzulande gilt »Der Feind steht links« allem Anschein nach für einen nicht unerheblichen Teil der Polizei noch immer als festes Credo. Ob G20-Gegner, Castorproteste oder Klima-Camps: 2019 posierten neun Beamte der Brandenburger Polizei am Rande von Protestaktionen gegen den Braunkohletagebau in der Lausitz vor dem Schriftzug »Stoppt Ende Gelände«, als sei dies für sie Auftrag und Aufforderung zugleich. Das Wandbild wurde später der rechtsextremen Szene von Cottbus zugeschrieben. Das Foto der Beamten kursierte zuerst in rechten Chatgruppen, bevor es eine breitere Öffentlichkeit erreichte und einen Skandal auslöste. »Wenn ich in meiner Einheit offen sagen würde, dass ich mich eher als links verstehe, könnte ich ab da direkt zu Hause bleiben«, sagt ein Polizist aus Baden-Württemberg, der aus diesem Grund auch anonym bleiben will. Zu groß sei die Ablehnung, die er erwartet.

»Die greifen ja nicht uns an« – unterschätzte Gefahr von rechts

Doch wie steht es in einem solchen Klima um die Wahrnehmung rechter Gewalt – und damit zwangsläufig auch um die Verfolgung rechter Straftaten? Dass Polizeiausbilder Rafael Behr mit seinen Schilderungen über Linke als etabliertes Feindbild ein folgenschweres Problem anspricht, zeigen die Stimmen weiterer aktueller Lehrkräfte. »In meinen Seminaren über Rechtsextremismus argumentierten Polizeistudierende, sie fänden es wichtiger, über Linksextremismus zu sprechen, da Rechte sie nicht angreifen würden«, schreibt die Polizeiforscherin und Kriminologin Daniela Hunold im November 2020 auf Twitter.[111] Hunold lehrt als Gastdozentin an der Deutschen Hochschule der Polizei, wo angehende Führungskräfte ausgebildet werden. Auch der Polizeiwissenschaftler Martin Thüne, der in Thüringen Polizisten ausbildet, kommentiert den Beitrag von Hunold. Er habe derartige Reaktionen im Rahmen von Fortbildungen ebenfalls schon mehrfach erlebt. Es sei ein Hohn, wenn man bedenke, »wie viele getötete + schwer verletze Polizeibeamt*innen auf das Konto von Rechtsextremist*innen gehen«, schreibt er.[112] Diese gefährliche Fehleinschätzung müsse dringend korrigiert werden.

Tatsächlich deckt sich die Realität keineswegs mit der Grundannahme, dass Rechtsextreme und Neonazis keine Gefahr für Polizeibeamte darstellen würden. Auch auf rechten Demonstrationen greifen Teilnehmer immer wieder gezielt Polizisten an, die nicht zuletzt jenen demokratischen Staat repräsentieren, den Rechtsextreme abschaffen wollen – ob »Hooligans gegen Salafisten« in Köln, Autonome Nationalisten in Apolda oder rechtsextreme Hooligans in Heidenau. Bereits 2013 warnten Forscher des Moses Mendelssohn Zentrums, dass sich die wachsende Radikalisierung der rechtsextremen Szene auch gegen die Polizei richten werde. Das Innenministerium Brandenburg gab im selben Jahr eine eigens angefertigte Broschüre über das »Feindbild Polizei« in der rechtsextremen Szene heraus und warnte vor zunehmenden Gewaltattacken von Neonazis gegen Beamte. Aus nachvollziehbaren Gründen: In den letzten 25 Jahren haben Rechtsextreme in Deutschland sechs Polizistinnen und Polizisten im Dienst getötet. Der letzte offenkundig linksmotivierte Polizistenmord fand im Jahr 1993 statt und geht auf das Konto der Roten Armee Fraktion (RAF).

Fast drei Jahrzehnte sind seitdem vergangen, und doch scheint in weiten Teilen der deutschen Polizei die Angst vor der Rückkehr einer linken Terrorgruppe weitaus naheliegender, als den seit Jahren vorhandenen rechten Terror konsequent in den Blick zu nehmen. Noch im Juli 2020 widmet die Gewerkschaft der Deutschen Polizei (GdP) einen umfangreichen Teil ihrer Mitgliederzeitschrift dem Thema Linksextremismus, während zu dieser Zeit außerhalb der Polizei vor allem über Rassismus, Polizeigewalt und die »Black Lives Matter«-Proteste diskutiert wird.[113] In einem einleitenden Kommentar argumentiert sich GdP-Vize Dietmar Schilff binnen weniger Absätze vom brutalen Mord an dem Afroamerikaner George Floyd hin zu linken Demonstranten, denen es nur darum gehe, Einsatzkräfte zu attackieren. In der Titelgeschichte sinniert Verfasserin Dorothee Dienstbühl auf acht Seiten ausführlich über eine drohende »Fortführung der RAF mit anderen Mitteln«, schreibt über Studentenstädte, in denen das Leben rund um den

Campus von Linksextremen geprägt sei, und bedient ausgiebig das Klischeebild des linken »Vollzeitdemonstranten«, der während eines ausgedehnten Studiums ein bisschen den vermummten Revoluzzer spiele und aus Spaß den Konflikt mit der Polizei suche. Zugleich gehe aus dieser Richtung eine erhebliche Gefahr bis hin zum Terrorismus aus, behauptet die Verfasserin: »50 Jahre nach RAF-Gründung lebt deren Geist weiter«, schreibt sie.

Dies als singuläre Wahrnehmung einer einzelnen Person zu werten scheint fraglich, denn Dienstbühl ist Professorin an der Hochschule der Polizei Nordrhein-Westfalen – und zudem die Extremismusbeauftragte der Hochschule. Und geradezu milde fällt im Vergleich ihr Blick nach rechts aus. 2017 bewertete sie die Bewegung der sogenannten Reichsbürger als »nicht per se Rechtsextremisten«, ein Jahr zuvor hatte ein Reichsbürger einen Polizisten erschossen. Den rassistischen Anschlag am Olympia-Einkaufszentrum in München 2016 bewertete Dienstbühl als »individuellen Racheakt«, obwohl das Bundesjustizministerium die Tat als rechtsextremistisch motiviert einstuft. Und auch bei dem Rechtsterroristen Anders Breivik, der 77 Menschen tötete, zweifelte Dienstbühl daran, den Täter als Terroristen einzuordnen, sondern sieht ihn eher als »irrationalen Amokläufer«.[114] In ihrem 2019 veröffentlichten Buch »Extremismus und Radikalisierung – Kriminologisches Handbuch zur aktuellen Sicherheitslage« räumt sie dem linken Verein »Rote Hilfe« ebenso viel Platz ein wie den gesamten Ereignissen rund um die größte rechtsterroristische Mordserie in der Geschichte der Bundesrepublik, dem Nationalsozialistischen Untergrund (NSU) – und legt damit zugleich exemplarisch offen, wie schwer der angemessene Blick nach rechts nicht nur einzelnen Beamten fällt, die ihr in der Polizei kultiviertes Feindbild von Linken pflegen.

Der blinde Fleck: rechter Terror in Deutschland

Wie tief in den Strukturen der deutschen Polizei etabliert ist, rechtsextreme Gewalt nicht zu erkennen und angemessen zu verfolgen, hat kein anderer Fall so schmerzlich offengelegt wie die jahrelange Mordserie des rechtsterroristischen Nationalsozialistischen Untergrund (NSU). Bis zu ihrer Selbstenttarnung am 4. November 2011 erschossen die Mitglieder der rechten Terrorgruppe neun Männer mit Migrationshintergrund und eine Polizistin. Außerdem verübten sie mehrere Sprengstoffanschläge: in einem türkischen Café, einem iranischen Lebensmittelgeschäft und auf der vor allem von Türkeistämmigen bevölkerten Kölner Keupstraße.

In allen Fällen, in denen die Opfer nicht weiß waren, konzentrierten sich die Ermittlungen der Polizei schnell auf das direkte Umfeld der Betroffenen. Die Ermittlungsakten dokumentieren, dass Opfer und deren Angehörige mehrmals den Verdacht äußerten, die Taten könnten rassistisch motiviert sein. Diese Hinweise wurden jedoch weitestgehend ignoriert. Auch den Aussagen von Zeugen, die im Umfeld der Taten Menschen beobachtet hatten, die sie äußerlich als »Deutsche« beschrieben, ging die Polizei nur oberflächlich nach. Stattdessen verfolgten die Ermittler fast ausschließlich die These, dass die Täter Migranten oder Mitglieder von Minderheiten und in der organisierten Kriminalität zu suchen seien. »Vor dem Hintergrund, dass die Tötung von Menschen in unserem Kulturraum mit einem hohen Tabu belegt ist, ist abzuleiten, dass der Täter hinsichtlich seines Verhaltenssystems weit außerhalb des hiesigen Normen- und Wertesystem verortet ist«, lautet die Begründung einer Operativen Fallanalyse, die ein Täterprofil entwarf, das nicht dem »deutschen Kulturraum« entstamme.[115] Dass die Opferfamilien zu diesen Vermutungen aus nachvollziehbaren Gründen nichts sagen konnten, werteten die

Ermittler Medien gegenüber als »Mauer des Schweigens«, welche die Aufklärung erschwere. Zeitungen schrieben über die Anschlagsserie als »Döner-Morde«. Später informierte die Polizei über »Ermittlungen im Zigeuner-Milieu« und über eine heiße Spur bei »mobilen sozialen Gruppen wie Sinti und Roma, die doch schwer zu fassen sind«. Dass es sich bei den Tätern um Rechtsextreme handeln könnte, die ihre Opfer aus rassistischen Motiven ausgewählt hatten, schien den Beamten hingegen keine realistische und berichtenswerte Option zu sein.

Stattdessen setzten die Behörden die direkten Angehörigen der Ermordeten unter Druck, hörten in mehreren Fällen ihre Telefone ab, konfrontierten sie mit falschen Verdächtigungen und arbeiteten mit manipulativen Fragen. So versuchten die Ermittler, die Ehefrau des ersten NSU-Mordopfers Enver Şimşek zu einer Aussage über angebliche kriminelle Geschäfte zu bringen, indem sie ihr die frei erfundene Geschichte auftischten, ihr Mann habe eine Affäre gehabt. Zugleich verfolgten sie sogar die These, die Frau habe zwei Berufskiller mit dem Mord an ihrem Mann beauftragt. Hinweise dafür gab es keine. Für die Angehörigen war dieses Vorgehen verheerend. »Elf Jahre durften wir nicht einmal reinen Gewissens Opfer sein«, kritisierte Enver Şimşeks Tochter Semiya.[116] In ihrem Plädoyer im NSU-Prozess wies Nebenklagevertreterin Seda Başay-Yıldız eindrücklich auf die rassistisch geprägten Ermittlungen hin und dass die Familie Şimşek noch immer auf eine Entschuldigung der Polizei warte. »Wahrscheinlich sind diese noch heute der Meinung, dass sie eigentlich nur übliche und ihrer Ansicht nach noch immer richtige Ermittlungsmuster abgearbeitet haben«, kritisierte die Anwältin die verantwortlichen Polizisten.[117] Gründe für diese Einschätzung hatten sich in den 438 Verhandlungstagen des NSU-Prozess immer wieder offenbart. »Jetzt soll man mal nicht so tun, als ob es keine türkische Drogenmafia gibt«, rechtfertigte sich etwa der frühere Leiter einer Münchener

Mordkommission auf Nachfragen zu seinem Ermittlungsfokus.[118] Rechtsradikale Täter habe hingegen niemand vermutet, räumte der Ermittler ein. »Vorurteile beherrschten die Polizeiapparate so, dass sie nur Ermittlungsansätze in Richtung organisierte Kriminalität verfolgten und ein rassistisches Motiv für sie nicht denkbar war«, lautete dementsprechend das vernichtende Fazit der Anwältin Seda Başay-Yıldız vor dem Münchener Oberlandesgericht.[119]

Schon 2013 stellte der NSU-Untersuchungsausschuss des Bundestags in den Ermittlungsunterlagen strukturell rassistische Vorannahmen fest und diagnostizierte »schwere behördliche Versäumnisse und Fehler«.[120] Ein Umdenken in der Polizei sei dringend notwendig, lautete eine zentrale Erkenntnis aus dem Versagen der Behörden. Bis in die letzte Dienststube der Polizei müsse nun endlich das Bewusstsein dringen, dass von Rechtsextremen in Deutschland eine massive Gefahr ausgehe, hieß es damals. Dass die strukturelle Blindheit gegenüber rechtem Terror keineswegs eine neue Entwicklung ist, sondern sich schon Jahrzehnte zuvor in der Bundesrepublik zeigte, verdeutlicht ein Blick in das Jahr 1980.[121]

Am 19. Dezember 1980 drang der Rechtsradikale Uwe Behrendt mit einer Maschinenpistole bewaffnet in die Wohnung Shlomo Lewins, des ehemaligen Vorsitzenden der jüdischen Gemeinde in Erlangen ein, und erschoss Lewin und seine Lebensgefährtin Frida Poeschke. Behrendt war Mitglied der rechtsterroristischen Wehrsportgruppe Hoffmann. Doch statt eine Spur in die Neonaziszene zu verfolgen, waren die Ermittlungen zunächst geprägt von Verdächtigungen gegen die jüdische Gemeinde. Die Getöteten könnten Mitwisser von Straftaten gewesen sein, mutmaßten die Ermittler. In Aktennotizen spekulierten sie, es könne um »finanzielle Unregelmäßigkeiten« in der jüdischen Gemeinde gegangen sein. Selbst ein Attentat durch den israelischen Geheimdienst Mossad schien den Ermittlern naheliegender als eine rechtsmotivierte Gewalttat. Als die Behörden den Blick später doch noch auf die Wehrsportgruppe Hoffmann richteten, war Behrendt von Kameraden längst außer Landes gebracht worden. Verurteilt wurde er daher nie. Vieles an dieser Ermittlung erinnere an den NSU, resümiert der Journalist Ronen Steinke, der sich durch die gesammelten Ermittlungsakten gekämpft hat.[122] Damals schon verfolgten Behörden lieber steile Thesen und rassistische Klischees, als ein Bewusstsein für die rechtsextreme Gefahr in Deutschland zu entwickeln. Und selbst den bis heute größten rechtsextremen Terroranschlag der bundesdeutschen Geschichte, das Oktoberfest-Attentat am 26. September 1980, bei dem der Neonazi Gundolf Köhler zwölf Menschen und sich selbst tötete, stuften die Sicherheitsbehörden damals als »nicht politisch motiviert« ein – obwohl Köhler in der rechtsextremen Wehrsportgruppe Hoffmann und der neonazistischen Wiking-Jugend aktiv war.

Fehlendes Bewusstsein oder befremdliche Nähe?

Am Abend des 24. November 1990 schlagen Neonazis in Eberswalde den Angolaner Amadeu Antonio Kiowa brutal zusammen. Einer der Angreifer springt dem am Boden liegenden Kiowa mit beiden Füßen auf den Kopf. Elf Tage später erliegt der ehemalige Vertragsarbeiter im Krankenhaus seinen Verletzungen. Amadeu Antonio Kiowa ist das erste offiziell erfasste Todesopfer rechter Gewalt im wiedervereinigten Deutschland. Während der Tat sind mehrere Polizisten in direkter Nähe. Am 2. Juni 1994 lehnt das Landgericht Frankfurt/Oder die Anklage wegen fahrlässiger Körperverletzung im Amt mit Todesfolge gegen drei Polizeibeamte ab. Sie hatten dem Angriff tatenlos zugesehen. Die Staatsanwaltschaft legt erfolglos Beschwerde ein. | 12. Juli 1993: Trotz entsprechender Weisungen des brandenburgischen Innenministeriums gehen 100 Polizeibeamte nicht gegen ein Treffen von 900 Neonazis vor. Der zuständige Polizeirat wird daraufhin vom Dienst suspendiert. | Im Oktober 1993 verurteilt ein Gericht zwei Angehörige des Bundesgrenzschutz zu Geldstrafen zwischen 4800 und 15 000 DM. Sie waren im November 1992 auf dem Flughafen Schönefeld gegen rassistisch motivierte Randalierer nicht eingeschritten. | Nach einem Überfall von Rechtsradikalen auf Camper im Juli 1997 leitet die Staatsanwaltschaft Roststock Ermittlungen gegen zwei Polizisten ein. Die Beamten sollen sich vor Ort geweigert haben, Anzeigen aufzunehmen.

An einem realistischen Bewusstsein für die Gefahr von rechts mangelt es vielen Beamten offenkundig seit Jahren – und noch bis heute. Als ein antisemitischer Attentäter am 9. Oktober 2019 versucht, am höchsten jüdischen Feiertag Jom Kippur schwerbewaffnet die Synagoge in Halle zu stürmen, selbstgebaute Handgranaten zündet und zwei Menschen erschießt, schreibt ein Berliner Polizist in einem internen Chat seiner Dienstgruppe nur wenige Stunden später: »Mit rechts hat das nichts zu tun.« Mehrere Kollegen pflichten ihm bei. Bei dem Attentäter handele es sich ihnen zufolge allenfalls um einen »Idiot«. Der gesamte Chatverlauf über mehr als drei Jahre liegt dem Autor exklusiv vor und zeigt mehrfach, wie einige Beamte eine Gefahr von rechts offenbar völlig ignorieren. Im Gegenteil: Sie offenbaren zuweilen sogar eine befremdliche Nähe: Im Zusammenhang mit den Ausschreitungen während des G20-Gipfels in Hamburg schlägt ein Polizist im Chat vor, Neonazis könnten »Verbündete« im Kampf gegen »linke Zecken« sein. So habe man gemeinsam eine »gewaltige Schlagkraft«.

Oktober 2012: Eine Gruppe Neonazis belagert in Hoyerswerda die Wohnung eines Ehepaars, das NPD-Aufkleber entfernt hatte. Die hinzugerufene Polizei stellt keine Personalien der Neonazis fest, dem Paar hingegen rät sie, die Stadt zu verlassen. Dies sei einfacher, als wenn die Polizei eine Gruppe von zehn bis fünfzehn

Neonazis überwachen müsse, erklärt ein Polizeisprecher dem MDR. | Über mehr als ein Jahr lang ermittelt das Brandenburger Polizeipräsidium gegen zwei Polizisten, die Ermittlungen wegen rechtsextremer Propaganda behindert haben sollen. Am 24. September 2015 gibt es bekannt, dass aufgrund dessen drei Spitzenbeamte und eine Polizistin entlassen oder versetzt werden sollen. | Bei einem Großkonzert der rechtsextremen Szene im thüringischen Themar zeigen im Juli 2017 Hunderte Besucher kollektiv den Hitlergruß, von der Bühne brüllen Rechtsrockbands »Sieg Heil« und spielen indizierte Lieder. Polizeibeamte sind auf dem Veranstaltungsgelände vor Ort, schreiten jedoch nicht ein. | Im Februar 2019 ziehen Neonazis mit einem Fackelmarsch über das Reichsparteitagsgelände in Nürnberg. Zwei Polizisten beobachten den Neonazi-Umzug, bleiben jedoch untätig. Bayerns Innenminister räumt einen »nicht sehr glücklichen« Einsatz ein.

In Sachsen-Anhalt beschäftigte die Frage, ob Polizisten die Aufarbeitung rechtsextremer Straftaten sogar gezielt verschleppen, gleich mehrere Jahre lang die Politik. Im Mai 2007 wurden Untersuchungen gegen den Vizepräsidenten der Polizeidirektion Dessau eingeleitet, der Kollegen aufgefordert haben soll, bei rechtsextremen Straftaten nicht so genau hinzusehen. Ausgerechnet in jener Direktion, in der 2005 der Sierra-Leoner Oury Jalloh unter ungeklärten Umständen in einer Polizeizelle verbrannte. Vier Monate später beschließt Sachsen-Anhalts Landtag, einen Untersuchungsausschuss zu passivem und begünstigendem Verhalten der Landespolizei gegenüber »Vorfällen mit rechtsextremistischem oder fremdenfeindlichem Hintergrund« einzurichten. Im November desselben Jahres machen journalistische Recherchen öffentlich, dass das Landeskriminalamt Sachsen-Anhalt Straftaten mit rechtsextremistischem Hintergrund, deren Täter nicht bekannt sind, als politisch uneindeutige Straftaten zählte. Durch diese neue Zählweise war die Zahl der politisch motivierten Straftaten gegenüber dem Vorjahr halbiert worden. Einen Tag nach der Enthüllung trat der Direktor des LKA zurück. Im Januar 2011 legte der parlamentarische Untersuchungsausschuss nach mehr als drei Jahren Arbeit schließlich einen heftig kritisierten Bericht vor, in dem er die Vorwürfe gegen die Polizei für unbegründet erklärte: »Besonders die Annahme, Vorgängen mit rechtsextremistischem oder fremdenfeindlichem Hintergrund sei im Verantwortungsbereich der Polizei unzureichend oder gar nicht entgegengetreten worden, ist falsch. Erst recht nicht wurden rechtsextremistische oder fremdenfeindliche Aktivitäten begünstigt.«[123] Vier Wochen später wies die Mobile Opferberatung Sachsen-Anhalt, die Geschädigte von rechtsextremen und rassistischen Straftaten betreut, darauf hin, dass es erhebliche Diskrepanzen zwischen ihren Zahlen und der offiziellen Polizeistatistik über rassistisch motivierte Gewalttaten gebe.

Die strukturelle Blindheit

Tatsächlich scheint vor allem die statistische Erfassung rechter Gewalt durch die Polizei ein zentrales Problem zu sein – und das bereits seit Jahrzehnten. Ein ebenso bemerkenswertes wie offensichtliches »polizeiinternes Informationsdefizit über fremdenfeindliche Straftaten« stellte der Soziologe Hans-Gerd Jaschke bereits 1994 fest, als er der Frage nachging, wie weit verbreitet rassistische Einstellungen unter Polizisten sind. Damals wussten zwei Drittel der befragten Polizeibeamten nicht, nach welchen Kriterien eine Straftat überhaupt als »fremdenfeindliches Delikt« einzustufen ist.[124]

Dass es sich bei der mangelhaften statistischen Einordnung von rechtsextremen Straftaten keineswegs um einige wenige Fälle handelt, in denen schlecht ausgebildete oder zumindest unaufmerksame Beamte das Offensichtliche nicht erkennen, wurde spätestens im September 2000 offensichtlich: Der *Tagesspiegel* und die *Frankfurter Rundschau* veröffentlichten damals nach aufwendiger Recherche eine Liste mit rechtsmotivierten Tötungsdelikten seit der Wiedervereinigung. Die Liste führte 117 Fälle auf; die offizielle Zählung der Bundesregierung, die sich auf die Statistiken der Polizei berief, nannte zu dem Zeitpunkt gerade einmal 24 Fälle. Daraufhin reformierte die Polizei grundlegend, wie sie politische Straftaten zählt, und erhielt das Definitionssystem für politisch motivierte Kriminalität (PMK), das zuletzt 2017 reformiert wurde. Doch zwei Jahrzehnte später klafft noch immer eine offensichtliche Lücke bei der Erfassung rechtsmotivierter Delikte. Während laut offizieller Zählung zwischen 1990 und 2020 Rechtsextreme insgesamt 109 Tötungsdelikte begingen, kommt die Folgerecherche des *Tagesspiegel* gemeinsam mit der *Zeit* auf mindestens 187 Menschen, die rechter Gewalt zum Opfer fielen. Auch der Kriminologe Tobias Singelnstein geht davon aus, dass die tatsächliche Opferzahl etwa doppelt so hoch ist wie die offizielle Erfassung.[125]

Bei dem offenkundigen Versagen der Ermittlungsbehörden im Falle des NSU lässt sich die mangelnde Ausrichtung nach rechts gleichfalls nicht ausschließlich mit einem verzerrten Blick einzelner Ermittler erklären. Sie ist vielmehr auch eine Folge der mangelhaften Analyse und Erfassung rechter Gewalt. »Nach den Feststellungen des Ausschusses wurde die Gefahr des Rechtsextremismus und Rechtsterrorismus auch vom polizeilichen Staatsschutz völlig falsch eingeschätzt. Die polizeiliche Analyse rechtsextremistischer Gewalt war fehlerhaft, das Lagebild dadurch unzutreffend«, lautete ein bitteres Fazit im Abschlussbericht des Parlamentarischen Untersuchungsausschusses zum NSU.[126]

Über Jahrzehnte hinweg basierte Polizeiarbeit also auf einem falschen Lagebild, die Sicherheitsbehörden nahmen rechtsextreme Gewalt nur bruchstückweise zur Kenntnis und ignorierten offenkundig neue Entwicklungen. Hinzu kommt, dass viele Betroffene von rechten Straftaten der Polizei nicht oder nicht mehr vertrauen, weil sie schlechte Erfahrungen gemacht haben. Zu dem Schluss, dass vor allem für Menschen mit Migrationshintergrund nach einem rassistischen Angriff eine erhebliche Gefahr bestehe, durch die Polizei vom Opfer zum Täter gemacht zu werden, kamen 2014 sowohl eine Untersuchung einer Polizeischule in Sachsen-Anhalt als auch eine Studie in Thüringen, die die Perspektive der Betroffenen in den Blick nahm. Schon 2005 wies eine Vergleichsuntersuchung der Europäischen Union in 15 Mitgliedsstaaten auf die drohende Gefahr einer »wiederholten Viktimisierung« bei der polizeilichen Verfolgung rassistisch motivierter Straftaten hin. Welche tiefen Spuren nicht nur Rassismus und rechte Gewalt, sondern auch der Umgang der Polizei damit in der migrantischen Community hinterlassen, offenbart ein Sammelband mit entsprechenden Berichten bereits im Titel: »Die haben gedacht, wir waren das«.[127] Die Folgen von fehlendem Vertrauen und wiederholter Viktimisierungserfahrung: Viele Betroffene gehen gar nicht erst zur Polizei, viele rechte Delikte werden somit nicht erfasst, und das verzerrte Bild über rechte Gewalt in den Sicherheitsbehörden verschiebt sich weiterhin.

Dabei soll keineswegs ausgeblendet werden, dass seit Jahrzehnten vor allem spezialisierte Einheiten wie die Mobile Einsatzeinheit gegen Gewalt und Ausländerfeindlichkeit (MEGA) in Brandenburg konsequent und ambitioniert gegen rechtsextreme Akteure ermitteln. Doch neben eindeutigen Fällen, in denen Polizeibeamte nur mit sehr geringem Eifer gegen Rechtsextreme vorgingen, und hochrangigen Stellen in der Polizei, die ihren Blick für Gefahren weitaus gründlicher nach links als nach rechts richten, sind es offenkundig auch – und noch immer – strukturelle Schwächen in der Institution, die dafür sorgen, dass die Polizei in Deutschland rechtsextreme und rassistische Gewalt nicht immer angemessen wahrnimmt und verfolgt.

4.

WARUM SICH RECHTS-EXTREME UND RASSISTEN IN DER POLIZEI VIEL ZU SICHER FÜHLEN KÖNNEN

DIE BLAUE MAUER DES SCHWEIGENS

Ein Mittwochnachmittag Ende September 2020 in einer Drei-Zimmer-Wohnung irgendwo in Berlin. Im Wohnzimmer sitzen sich vier Personen gegenüber: zwei Polizeibeamte, zwei Journalist:innen. Selbst den Stadtteil zu nennen, in dem das Treffen stattfindet, wäre womöglich zu viel gesagt. »Berliner Polizisten packen aus« wird das *ARD*-Magazin *Monitor* acht Tage später seine Sendung einleiten. Die Szenen im Beitrag zeigen Ausschnitte aus dem Gespräch im Wohnzimmer, doch die Bilder sind mit Statisten nachgestellt. Professionelle Sprecher zitieren, was die beiden Polizisten an jenem Mittwochnachmittag erzählen. Die beiden Beamten sollen um jeden Preis anonym bleiben, zu groß ist ihre Angst vor dienstlichen Konsequenzen und Anfeindungen von Kollegen. »Ich komme mir vor wie in einem Agentenfilm« kommentiert einer der Polizisten den Rat, vor Ausstrahlung der Sendung alle Nachrichten, die auf das Treffen hindeuten könnten, von seinem Telefon zu löschen.

Die beiden Polizisten haben weder Vorschriften gebrochen noch gezielt gegen Gesetze verstoßen, und doch möchten sie keinesfalls, dass ihre Kollegen oder Vorgesetzten davon erfahren, was sie in diesem Moment tun. Sie berichten von einem tief verwurzelten Rassismus unter ihren Kollegen, gegen den sie gerne etwas unternehmen würden. Das Problem offenbare sich bereits in der alltäglichen Kommunikation im Dienst. »Das sind dann halt nicht die People of Color, das sind dann die Neger, der Mohr oder halt Kanake, Ölauge, Schwuchtel, Transe. Das ist einfach sehr herabwürdigend«, erzählt einer der Beamten. Innerhalb der Berliner Polizei sei dieser Umgangston weit verbreitet, bekräftigt sein Kollege: »Ich habe jetzt schon ein paar Dienststellen durch, und wenn du Sachen wie ›Kanake‹ gesagt hast, warst du aufgenommen und im normalen Kreis drin.« Vieles werde stillschweigend hingenommen und geduldet. »Das ist ja immer eher ein positives Feedback für die, die sich so artikulieren«, sagt der Polizist.

Die Beamten zeigen den Journalist:innen auch den WhatsApp-Chat einer Dienstgruppe der Polizei Berlin. Muslime werden dort mit Affen verglichen und als »fanatische Primatenkultur« bezeichnet, Geflüchtete mit Vergewaltigern oder Ratten gleichgesetzt. Über den antisemitischen Attentäter von Halle heißt es hingegen: »Mit rechts hat das nix zu tun«. Mehr als 25 Polizisten schrieben sich im Chat Nachrichten über mehr als drei Jahre hinweg. Zwischen Alltäglichem wie Brötchenbestellungen für das gemeinsame Frühstück und Verabredungen zum Sport finden sich regelmäßig rassistische Inhalte, Hass auf Andersdenkende und offene Gewaltfantasien. Vor allem sieben Beamte äußern sich in den Chats immer wieder rassistisch, häufig in Form von vermeintlichen Witzen. Von den Kollegen erhalten sie dafür oft Zustimmung. Widerspruch bekommen die Polizisten, die sich rassistisch äußern, dagegen kaum.

»Blue Wall of Silence«, die blaue Mauer des Schweigens – mit diesem Begriff beschreibt die Polizeiforschung ein Phänomen, das sie seit Jahrzehnten beobachtet: eine klare Linie, die Gesamtgesellschaft und »Blaue« trennt. »Alles, was ich als Polizist an Fehlern meiner Kolleginnen und Kollegen sehe, halte ich innerhalb der Mauer – und manchmal verschweige ich es sogar gegenüber den

Vorgesetzten«, erläutert Soziologe und Kriminologe Joachim Kersten den Begriff.[128] Polizisten zeigen Straftaten von Kollegen nicht an, ignorieren rassistische Aussagen und sehen bei Übergriffen weg. Beispiele dafür gibt es viele. Aber warum schweigen so viele Polizisten, wenn sie reden sollten?

Die »Polizeifamilie« als Schicksalsgemeinschaft

Für ein »selbstverordnetes, kulturell gefordertes und strukturell gebilligtes Schweigen« in der Polizei gebe es gleich mehrere Gründe, schreibt Polizeiwissenschaftler und Ausbilder Rafael Behr in einem Essay mit dem vielsagenden Titel »Warum Polizisten schweigen, wenn sie reden sollten«.[129] Nicht ob Polizisten zu oft schweigen stehe also zur Diskussion. Allein die Frage nach dem »Warum« stelle sich. Behr hat über Jahrzehnte zum Verhalten innerhalb der Polizei geforscht und dabei eine ganz eigene Kultur innerhalb der Beamtenschaft diagnostiziert: »Cop Culture«.[130] Zentrale Grundsätze dieser Binnenkultur seien: »Kollegen werden nicht verraten« und »Es wird nicht lange darüber diskutiert, was getan wird«.[131] Vor allem zwei gruppendynamische Elemente spielen ihm zufolge eine Rolle für dieses fest etablierte Verhalten innerhalb der Polizeistrukturen: Die Gruppe empfinde sich als Gefahrengemeinschaft, und es gebe eine gewisse Angst, sich aus dieser Gruppe zu lösen. Das führe dazu, dass Beamte oft lange stillhalten, obwohl sie vielleicht ein schlechtes Gefühl haben mit dem, was ein oder mehrere Kollegen sagen oder tun.

Polizeiarbeit bedeutet in ihrem Wesenskern, dass man sich zumindest theoretisch täglich in mitunter sogar tödliche Gefahr begeben kann – gemeinsam mit seinen Kolleginnen und Kollegen. Auch wenn dies keineswegs die alltägliche Realität in vielen Dienstbereichen widerspiegelt und das Verletzungs- oder Todesrisiko in einigen anderen Berufen weitaus höher ist, scheint dies eine grundlegende Selbstwahrnehmung innerhalb der Polizei zu sein: Eine Schicksalsgemeinschaft, vereint gegen das Böse einer Welt, in der jeder jenseits der blauen Linie – das sogenannte »polizeiliche Gegenüber« – stets als potenzielle Bedrohung mitbedacht werden muss. Unbedingter Zusammenhalt, ohne Entscheidungen von Kollegen zu hinterfragen, verhindert zudem Unklarheiten, schafft schnelles und im besten Falle effizientes Handeln. Der Vertrauensvorschuss gegenüber den eigenen »Blauen« hat also durchaus nachvollziehbare Gründe für eine auf Eigenschutz und Effektivität ausgerichtete Polizeiarbeit.

Dass es wichtiger sei, den Kollegen beizustehen, statt sich den Raum für eine eigene Entscheidung zu nehmen, ist jedoch längst nicht nur auf Gefahrensituationen beschränkt, in denen dies notwendig scheint. Es wirkt zuweilen so, als sei es der herrschende Dauerzustand einer Institution, die sich als abgeschlossener Zirkel empfindet. Kaum ein anderes Wort bringt diese Abschottung deutlicher auf den Punkt als der Begriff »Polizeifamilie«. Als Hashtag in sozialen Medien verbreiten auch offizielle Behörden-Accounts den Ausdruck. Auf Instagram geben Polizeibeamte inszenierte Einblicke in ihren Arbeitsalltag und stellen sich als geschlossene Einheit einer Gruppe dar, deren größten Teil sie weder persönlich kennen noch je im Einsatz erlebt haben und dem sie doch anscheinend rückhaltlos vertrauen. Die Folge ist eine emotionale Gemeinschaft, in der manch einem der entfernteste Kollege noch näher steht als der naheste Nicht-Kollege. Der Berliner Kriminalhauptkommissar Oliver von Dobrowolski nennt »Polizeifamilie« daher ein Unwort. »Der Begriff Familie hat ja eine Bedeutung: Gegen meinen Bruder, gegen meine Schwester muss ich nicht aussagen – ich habe Zeugnisverweigerungsrecht«, erläutert er seine Ablehnung.[132] Diese Wahrnehmung der Polizei als Familie bringe die Beamten niederschwellig zu dem Entschluss, Kollegen nicht zu melden, selbst wenn sie zum Beispiel jemanden verprügelt haben.

Neben dem hohen Identifikationspotenzial des Polizeiberufs kommt in vielen Fällen hinzu, dass sich der Kollegenkreis schnell zur einzigen Bezugsgruppe entwickelt. »Das hängt auch viel mit dem Schichtdienst zusammen. Da brechen andere Freundschaften mit der Zeit häufig weg, und man verbringt auch seine Freizeit nur noch mit Polizisten«, sagt eine Führungskraft der Polizei Nordrhein-Westfalen. Umso größer sei die Angst vor der Ausgrenzung im Kollegenkreis. Und umso wahrscheinlicher wird es, dass Polizisten Schweigen zum Normalzustand erheben. Denn wer Handlungen kritisch hinterfragt oder Fehlverhalten meldet, verlasse damit die »selbstverständliche Normalität« unter Kollegen, schreibt Polizeiforscher Rafael Behr.[133] Man gehöre nicht mehr zum guten Teil der »Familie«. Deshalb sei es weit verbreitet, selbst Offensichtliches nicht sehen zu wollen.

Am 14. Februar 2020 nehmen Beamte einer Spezialeinheit Thorsten W. in seiner Wohnung in Westfalen fest. Die Bundesanwaltschaft wirft ihm vor, Unterstützer einer rechtsterroristischen Gruppe zu sein, die Mordanschläge auf Muslime und Politiker geplant haben soll. Wenig später durchsuchen Ermittler W.s Büro – in der Polizeiwache Bockum/Hövel. Auf seinem Schreibtisch steht eine Tasse der rechten Zeitung Junge Freiheit, unter der Schreibtischauflage liegt ein Katalog der extrem rechten Marke Thor Steinar. Auch Zeitschriften, die vom Verfassungsschutz als rechtsextremistisch eingestuft werden, liegen stapelweise in dem Büro, das sich Thorsten W. mit einem Kollegen teilt. Vorgesetzte hätten »versäumt, eindeutige Anhaltspunkte für die rechtsextreme Gesinnung ausreichend zu würdigen«, kommentiert das Innenministerium NRW den Fall später. Im Zuge der internen Ermittlungen stößt die Polizei Hamm auf zwei weitere mutmaßlich rechte Polizeibedienstete, mit denen Thorsten W. in einem Chat mehrere tausend Nachrichten ausgetauscht haben soll: Sie begrüßten sich mit »Heil«, schickten SS-Bilder und Hakenkreuz-Emojis.

»Widerstandsbeamte« und strategisches Nichtwissen

In den Chat-Nachrichten, die die beiden Berliner Polizisten gegenüber *Monitor* offenlegen, finden sich auch zahlreiche offene Gewaltfantasien. Damit sich die Polizei bei Migranten Respekt verschaffe, müsse in Deutschland »jeden Tag einer ins Jenseits«, heißt es dort etwa. In Dutzenden verschickten »Witzen« über Asylbewerber oder Schwarze Menschen ist die Pointe, dass diese Personen am Ende getötet werden. Die rassistische Gesinnung und Gewaltaffinität mancher Kollegen zeige sich immer wieder auch in der täglichen Arbeit, schildern die Berliner Polizisten. Sie erzählen von rassistischen Polizeikontrollen, bei denen kein Zweifel an der Unrechtmäßigkeit der Maßnahmen bestanden habe. Sie berichten von einem Kollegen, der einen Tatverdächtigen erst fliehen lässt, um ihn dann erneut gewaltsam festzunehmen. Sie zitieren Kollegen, die damit prahlen, zwei Osteuropäern, die in ihrem Auto wild kampierten, mit Pfefferspray »eine Lektion« erteilt zu haben. Nicht alle ihre Schilderungen lassen sich verifizieren, ohne die Identität der beiden Polizisten zu gefährden.

Mehrmals fällt an diesem Nachmittag in Berlin ein Begriff, den vermutlich jeder Mensch in der Polizei kennt: »Widerstandsbeamter«. Nahezu jeder einzelne Gesprächspartner für dieses Buch verwendete ihn; meist ungefragt. So allgegenwärtig scheint das Phänomen. »In jeder Einheit gibt es mindestens einen, bei dem weißt du genau, was passiert ist, wenn er eine Anzeige wegen Widerstand schreibt«, erklärt einer der Berliner Polizisten. Es sei ein etabliertes Muster, sagt er: Den eigenen gewaltsamen Übergriff deuten Polizisten nachträglich zur Reaktion auf eine angebliche Widerstandshandlung um. Für das Opfer folgt ein Ermittlungsverfahren wegen Widerstands gegen Vollstreckungsbeamte. Anwesende Kollegen stützen die Aussage des Beamten oder schweigen. Diese Praxis hat eine lange Tradition in der deutschen Polizei.

»Ich möchte gar nicht wissen, wie viele Unschuldige ich verurteilt habe, nur weil Beamte Anzeige erstattet haben, um eigene Übergriffe zu vertuschen«, erklärt eine Richterin am Amtsgericht München nach dem Urteil gegen fünf Polizeibeamte im Juli 2000. | Nach 108 Verhandlungstagen werden im Juli 1998 drei Polizisten aus Bernau verurteilt, die in 13 Fällen vietnamesische Zigarettenhändler geschlagen und getreten hatten. In der Urteilsbegründung stellt die Strafkammer ein »gewichtiges Führungsproblem der Polizei« fest. »Mehrere polizeiliche Zeugen haben gelogen«, erklärt der Richter. Bei den Kollegen der Angeklagten sei das Gericht auf eine Mauer des Schweigens gestoßen.

Jeder weiß es, keiner sagt etwas. Und im Zweifelsfall wird lieber vor Gericht gelogen, als einen Kollegen zu belasten. Kritische Stimmen vergleichen die blaue Schweigepraxis zuweilen mit der Omertà, dem »Gesetz des Schweigens« in kriminellen Organisationen wie der Mafia; auf Podien diskutieren sie über »Omertà in Uniform« oder schreiben in Artikeln und Aufsätzen über »dienstliche Omertà«. Ihr zentraler Vorwurf: Selbst bei eindeutigen Straftaten von Kollegen würden Polizisten gezielt wegschauen und durch ihr Schweigen die Aufklärung behindern.

Polizeibeamte sollen jede potenzielle Straftat verfolgen, die ihnen bekannt wird, nicht sie vertuschen. Das ist in Deutschland in Paragraph 163 der Strafprozessordnung festgeschrieben: »Die Behörden und Beamten des Polizeidienstes haben Straftaten zu erforschen und alle keinen Aufschub gestattenden Anordnungen zu treffen, um die Verdunkelung der Sache zu verhüten.« Doch viele Polizisten würden Straftaten ihrer Kollegen verschweigen, nicht obwohl sie zur restriktiven Strafverfolgung verpflichtet sind, sondern gerade erst deswegen, sagen Experten wie Rafael Behr. Es wirkt wie ein absurder Widerspruch und hängt doch klar mit der Struktur der Polizei und ihrer Arbeit zusammen: Jeder Polizeieinsatz ist eine Handlung an der Schwelle zum Gesetzbruch. Und weil viele Praktiken im Polizeialltag in einem rechtlichen Graubereich liegen, wird vieles im Alltag meist stillschweigend geduldet. Schließlich könnte man selbst ebenso schnell in die gleiche Situation geraten wie der Kollege oder die Kollegin.

Zudem schmiede das Wissen der Nichtanzeige die Kollegen zusammen. Nicht nur moralisch, sondern auch juristisch. Ein Polizist, der eine mögliche strafbare Handlung eines Kollegen nicht anzeigt, macht sich seinerseits wegen Strafvereitelung strafbar. Im Zweifelsfall würde also nicht nur der Beamte vor Gericht landen, der möglicherweise etwas falsch gemacht hat, sondern auch stets alle Kollegen, die den Vorfall nicht sofort verfolgt haben, obwohl sie davon wussten. Schweigen als Ausweg wird somit zur strukturellen Praxis. Werden Verfehlungen bekannt oder landet ein Polizist vor Gericht, zeigt sich das blaue Schweigen als »strategisches Nichtwissen«.[134] Mit eingesetzte Kollegen haben nichts gesehen und nichts gehört, hatten einen Black-out, haben in jenem Moment in eine andere Richtung geguckt oder waren in ein Gespräch vertieft.

»Wehr dich, es ist dein Land« steht auf einem Aufkleber der rechtsextremen Identitären Bewegung, der am 1. Mai 2019 auf der Sonnenblende eines Mannschaftswagen der Bereitschaftspolizei Nordrhein-Westfalen prangt – am Rande einer Neonazi-Demonstration. Wer den Aufkleber im Inneren des Polizeiautos angebracht hat, bleibt ungeklärt. »Die Kollegen sagten hinterher:

ja, das ist uns aufgefallen, wir konnten damit aber nichts anfangen«, erklärt der Inspekteur der Polizei NRW. | Im August 2019 beleidigt ein betrunkener Mann mehrere Gäste in einem Café in der Augsburger Innenstadt, ruft: »Drecks Schwarzafrikaner« und »alle Schwarzafrikaner sind scheiße«. Als Gäste ihn auffordern, das Lokal zu verlassen und mit der Polizei drohen, zieht der Mann seinen Dienstausweis. Er fordert die Anwesenden auf, ruhig seine Kollegen zu rufen, da er von diesen als Polizist sowieso nichts zu befürchten habe. | September 2016: Ein Polizeioberkommissar aus Baden-Württemberg drückt einem Senegalesen einen angebissenen Hamburger an die Schläfe, ruft »Black man, go home« und schlägt dem Mann mit der Faust ins Gesicht. Ein Kollege attackiert und beleidigt den Senegalesen ebenfalls. Vier weitere Polizeibeamte sind mit vor Ort, später können sie sich vor Gericht an nichts erinnern.

Wer das Schweigen bricht, ist raus

Sich intern klar gegen Kollegen zu stellen, sei mit einem großen Risiko verbunden, schildern die Berliner Polizisten. »Ich weiß ja, wenn ich das denen direkt sagen würde, kann ich meine Sachen packen und gehen«, sagt einer der beiden und fügt hinzu: »Das Risiko möchte ich ja auch nicht eingehen, ich habe für mich ja auch eine Motivation, diesen Job zu machen.« Weil ihm die Grundstimmung auf seiner Dienststelle so zusetzt, ist er seit Monaten regelmäßig krankgeschrieben. Er sei Polizist geworden, um Menschen zu helfen, sagt er. Doch das Geflecht, in dem er sich derzeit sehe, sei nichts, worauf man stolz sein könne. Während die beiden Beamten darüber sprechen, aus welchen sozialen Motiven sie zur Polizei gegangen sind, wird den Anwesenden bewusst, wie absurd die Situation in dem Berliner Wohnzimmer ist: ein Treffen im Geheimen, damit jene, die den Rechtsstaat schützen sollen, demokratische Selbstverständlichkeiten formulieren können, ohne sich vor Konsequenzen durch Kollegen oder Vorgesetzte fürchten zu müssen. Es ist ein Muster, das sich durch die gesamte Recherche für dieses Buch zieht. Aus Gesprächen mit mehr als einem Dutzend Polizistinnen und Polizisten darf entweder gar nicht zitiert werden, oder nur unter der Wahrung absoluter Anonymität.

Die Sorgen der Polizisten scheinen keineswegs unbegründet. »Kollegialität geht immer mehr flöten« kritisiert ein Berliner Polizeischüler im Herbst 2020 in einem internen Chat den Umstand, dass Mitschüler rechtsextreme und rassistische Inhalte in einem anderen Klassenchat an der gleichen Hochschule gemeldet hatten. Polizeiaussteiger Simon Neumeyer, der die rassistischen Nachrichten seiner Mitschüler an der Polizeischule Leipzig öffentlich gemacht und mehrere Ausbilder kritisiert hat, wird seitdem von Polizisten im Netz attackiert. »Wie erbärmlich kann ein Mensch sein, der seine Kollegen verpfeift«, heißt es dort. Ein Polizeioberrat aus Dessau, wo der Sierra-Leoner Oury Jalloh in einer Polizeizelle verbrannte, wandte sich 2005 an den Polizeipräsidenten, weil ein leitender Kollege geäußert hatte, »Schwarze brennen nun mal länger«. Konsequenzen folgten nicht, doch der aufmerksame Beamte wurde danach so lange gemobbt, bis er um seine Versetzung bat.

Bereits im Fall des Hamburger Polizeiskandals in den Neunzigerjahren sah sich Whistleblower Uwe Chrobok erheblichen Anfeindungen ausgesetzt, nachdem er von massiver Polizeigewalt gegen Schwarze bis hin zu Scheinhinrichtungen durch seine Kollegen berichtet hatte. Mit der Dienstpost erhielt er Morddrohungen. Chrobok sprach von »regelrechtem Terror«,[135] dem er ausgesetzt sei. Der Fall machte schon damals ein zentrales Problem evident: Verantwortlich für Aggressionen und rassistische Übergriffe waren laut Chrobok acht von 120 Polizeibeamten der Hamburger Wache 11. »Der größte Teil hat seinen Dienst korrekt gemacht«, stellte Chrobok 1995 in einem Interview mit dem *Stern* fest.[136] Neben den Anfeindungen und Bedrohungen habe er auch positive Resonanz von Kollegen bekommen, die ebenfalls von der Wache weg sind, berichtete Chrobok: »Die sagen, es wurde Zeit, dass mal einer auspackt.« Doch ausgepackt hatte nur einer. Einer von 120.

Schweigen macht keinen zum Rassisten, Schweigen normalisiert Rassismus

Wenn Polizisten über Fehlverhalten von Kollegen hinwegsehen und schweigen, macht sie das natürlich nicht automatisch zu Rassisten oder gar Rechtsextremen. Und doch ist dieser Punkt von entscheidender Bedeutung für die Dimension des Problems. Das strukturelle Schweigen ist einer der zentralen Gründe dafür, dass sich Rechtsextreme mit ihren Ansichten in einer Institution wie der Polizei so sicher fühlen können und viel zu oft davon ausgehen dürfen, dass selbst Taten ohne Konsequenzen bleiben. Es ist ein klassischer Normalisierungsprozess: Wenn rassistische Aussagen unwidersprochen bleiben, wird Rassismus salonfähig und damit möglicherweise auch anschlussfähig. Wer gegen Rechtsextreme und Rassisten in den Reihen der Polizei vorgehen möchte, sollte also vor allem versuchen, die blaue Mauer des Schweigens der Kollegen einzureißen.

Nachdem ab 2018 erstmals größere rechtsextreme Verbindungen innerhalb der Polizei Hessen publik geworden waren, lud die Hessische Hochschule für Polizei und Verwaltung im März 2019 zu einem Antidiskriminierungstraining. Rund 170 Streifenpolizisten und Verwaltungsbeamte kamen. Und eine Journalistin der *Zeit*, die zumindest Teile des Geschehens verfolgen durfte.[137] Ihr gegenüber erklärte der Leiter des Workshops, er habe gar nicht den Plan, die Radikalisierten unter den Beamten zu erreichen. Die einzige Möglichkeit zur Prävention seien die Kolleginnen und Kollegen. Rassistische Sprüche und Herabwürdigungen dürften eben nicht toleriert werden. »Radikalisierte Strukturen bauen sich immer nur in einem bestimmten Umfeld auf«, zitiert ihn die Zeitung.

Auch in der Aufarbeitung des 2020 aufgekommenen Skandals um rechtsextreme Chats in Nordrhein-Westfalen rückten im Nachhinein die Kollegen in den Fokus, die es mit ermöglicht hatten, dass Polizisten sich über Jahre hinweg Hitlerbilder und rassistische Nachrichten schickten – indem sie schwiegen. Dass seit 2012 keiner der Beamten angeprangert hatte, welches Gedankengut Polizisten in internen Dienstgruppen verbreiteten, sei »das eigentliche Problem«, sagte NRW-Innenminister Herbert Reul. Wer schweigt, sei mitschuldig.[138] Doch Schweigen statt Aufklärung scheint noch immer fest etabliert in der Kultur der Polizei – auch auf der Führungsebene.

FEHLENDE FEHLERKULTUR

»Wir brauchen endlich eine Fehlerkultur in der Polizei«, sagte Herbert Reul der *Welt* am 22. September 2020.[139] Nachdem innerhalb weniger Wochen Dutzende seiner Polizeibeamten suspendiert wurden, weil Ermittler auf ihren Handys Nachrichten mit rechtsextremen Inhalten gefunden hatten, reichte es Nordrhein-Westfalens Innenminister offenkundig. Reul räumte damit indirekt eines der zentralen Probleme in der deutschen Polizei ein: Die Polizei braucht eine Fehlerkultur, weil sie keine Fehlerkultur hat.

Polizisten auf der Straße verschweigen die Straftaten ihrer Kollegen, »Widerstandsbeamte« lassen ihre Übergriffe nachträglich durch Falschaussagen legitimieren – »Wir schreiben das gerade« lautet ein oft zitierter Satz –, und Führungskräfte stellen sich schützend vor ihre Beamten. Eine vorbehaltlose Aufklärung scheint hingegen oft unerwünscht. Ebenso wie es innerhalb der Polizei keine Strukturen gibt, die Rassismus aktiv verhindern, fehlt es an einer Kultur, die es zulässt, Fehler aufzuarbeiten und aus ihnen zu lernen. Wenn Skandalträchtiges bekannt wird, steht das Ergebnis der anstehenden Aufklärung oft schon vorher fest: Der Großteil der Polizisten und Polizistinnen hat mit dem Problem nichts zu tun.

Nachdem das ARD-Magazin Monitor am 1. Oktober 2020 Auszüge aus dem Gruppenchat einer Berliner Polizeidienstgruppe veröffentlichte, in der sich Beamte über Jahre hinweg rassistische Nachrichten, Bilder und offene Gewaltfantasien schickten, leitet das Landeskriminalamt Berlin umgehend Ermittlungen ein. Bereits wenige Stunden nach den ersten Ankündigungen des Berichts ruft ein Berliner Ermittler in der Monitor-Redaktion an. Das Signal scheint klar: Man nehme das Problem sehr ernst. In die Berliner Polizei sendet der ermittelnde LKA-Beamte jedoch eine deutlich andere Botschaft: Seine Aufgabe sei es, »belastende als auch entlastende Beweiserhebungen durchzuführen, um den untragbaren Generalverdacht gegen die Gesamtheit der Berliner Polizei schnellstmöglich ausräumen zu können«, schreibt er acht Tage später in einer Nachricht an alle Berliner Polizisten. | »Erstmal sei gesagt, dass 99,9 Prozent der Kollegen mit beiden Beinen auf dem Sockel des Grundgesetzes stehen«, erklärt der neue Direktor des Landeskriminalamts NRW nur drei Tage, nachdem Innenminister Herbert Reul erstmals eine fehlende Fehlerkultur einräumte.[140] | Im Sommer 2020 geht eine schriftliche Beschwerde bei der Berliner Polizei ein, in der auf die rechtsextreme Vergangenheit des Berliner Polizisten und Polizeigewerkschaftlers Bodo Pfalzgraf hingewiesen wird. Sechs Monate später wird bekannt, dass die Behörde daraufhin keine Untersuchungen zu den angeführten Punkten einleitete, jedoch das Beschwerdeschreiben mit der Privatadresse des Beschwerdestellers an Pfalzgraf schickte.

Von Ausnahmen abgesehen, tut sich die Polizei offenkundig schwer mit selbstkritischen Debatten. Kritik von außen wird hingegen in einem Sinne von »Alle sind gegen uns, egal was wir machen« verstanden. Entsprechend klärt die Polizei ihre Probleme bevorzugt intern und stößt dabei schnell an Grenzen.

»Wir sind doch die Guten« – Fehlerkultur zwischen Anspruch und Wirklichkeit

Ein offensichtlicher Grund für die katastrophale Fehlerkultur der Polizei: Sie scheitert vor allem an ihren eigenen Ansprüchen. »Problematisch erscheint mir, dass die Polizei für sich selbst in Anspruch nimmt, ausnahmslos und zu jeder Zeit professionell und einwandfrei zu arbeiten«, schreibt der 22-jährige Kommissaranwärter Julian Nafe aus Nordrhein-Westfalen im Juli 2020 in einem Gastbeitrag in der *Zeit*.[141] Das sei ein ehrenwerter Anspruch, sagt er, könne aber in der Realität nicht gelingen.

Nafe zeigt damit ein Grundproblem einer Organisation auf, die zugleich eine hochmoralische Institution ist: die Polizei als Kämpfer gegen das Böse; Polizistinnen und Polizisten als Gesetzeshüter, die das Recht schützen und durchsetzen sollen – nicht dagegen verstoßen. Dass auch Menschen innerhalb dieser Institution Rechtsvorschriften verletzen, ist ein Widerspruch, der anscheinend vom Streifenpolizisten bis zum Polizeipräsidenten nur schwer auszuhalten ist. Werden Fehler bekannt, beschmutzen diese das in der Selbstwahrnehmung makellose und perfekte Ansehen. Dass seit einigen Jahren verstärkt auch kleinere Verfehlungen von Polizeibeamten zum medialen Skandal werden, eben weil Polizisten sich aufgrund ihrer Machtposition an anderen Standards messen lassen müssen, verstärkt den Eindruck vieler Polizisten, man müsse die Polizei als Ganzes verteidigen, anstatt Fehler aufzuklären. »Dementsprechend verfallen Individuen und Organisationen gern einer schnellen Bewertung des Fehlers als einen bedauerlichen Einzelfall oder versuchen, diesen zu vertuschen«, erklärt Kai Seidensticker, Kriminaloberkommissar in der Kriminalistisch-Kriminologischen Forschungsstelle des Landeskriminalamtes Nordrhein-Westfalen.[142] Beispiele dafür gibt es zuhauf. »Wir haben jetzt sechzehn weitere Einzelfälle«, verkündete Herbert Reul noch zwei Tage nachdem er eingeräumt hatte, dass es in der Polizei bisher keine funktionierende Fehlerkultur gibt.[143]

Es ist ein ebenso eindeutiges wie ritualisiertes Prinzip: Statt auf Ursachen von Fehlern abzuzielen, werden die Verursacher als »schwarze Schafe« etikettiert, die man aus einer sonst fehlerfrei funktionierenden Organisation ausgrenzen müsse. So beschreibt es auch Polizeiforscher Seidensticker, der sich 2019 in dem Aufsatz »Fehlerkultur der Polizei – Die Wirkung von Organisationsstruktur und Männlichkeitskonstruktionen auf den Umgang mit Fehlern« mit dieser problematischen Polizeikultur auseinandergesetzt hat. Dass beim Bekanntwerden von Fehlern stets die Ausgrenzung aus der ansonsten als makellos wahrgenommenen Gruppe drohe, trage zusätzlich dazu bei, dass Fehler innerhalb der Polizei als »negative und um jeden Preis zu vermeidende Ereignisse« begriffen würden, schreibt er.

Im September 1998 führt der Sozialwissenschaftler Wolfgang Schulte an der Polizei-Führungsakademie ein Seminar mit 24 Anwärterinnen und Anwärtern für den höheren Polizeivollzugsdienst durch. Alle Teilnehmer bewerten »Fremdenfeindlichkeit« als wichtiges Thema. Zugleich herrscht unter den Polizisten große Einigkeit, dass dem Thema öffentlich zu viel Raum gegeben werde, man selbst nicht davon betroffen sei und man von entsprechenden Seminaren nicht viel erwarte. Schulte beschreibt dies als gängiges Deutungsmuster, »demzufolge Fremdenfeindlichkeit und Rechtsradikalismus in der Polizei als Medienkonstrukt betrachtet werden«.[144]

Dass es innerhalb der Institution äußerst schwerfalle, einzugestehen oder es überhaupt als normal anzusehen, dass Fehler möglich sind, sieht auch Polizeiausbilder und -forscher Rafael Behr. Er führt dafür einen weiteren Grund an, der bereits fest in der Struktur der Polizei verankert ist: Die deutsche Polizei arbeite in einer »ziemlich durchgängigen Dichotomie von Gut und Böse, Recht und Unrecht, Richtig und Falsch«, sagt er.[145] Diese klare Trennung bestimme bereits die Ausbildung und die dort vermittelten rechtlichen Normen, die zumindest auf dem Papier nur eine klare Linie zwischen richtig und falsch kennen. Auf welcher Seite dieser Linie die Polizei konsequent stehen müsste, ist offensichtlich. Entsprechend schwer falle es der Polizei, Spannungen auszuhalten. Im Alltag schlage sich dies in einer »defensiven Solidarität« unter Polizisten und Polizistinnen nieder, die sich hinter die blaue Mauer des Schweigens zurückziehen. Auf institutioneller Ebene werde gleichzeitig an der Fiktion einer »sauberen Polizeiarbeit« festgehalten, die in der Praxis per se vorurteilsfrei, diskriminierungsfrei und rechtsstaatlich ablaufe.

Problematische Problemlösung: »Wir regeln das intern«

Wie schwer der Umgang mit Fehlern in vielen Polizeibehörden tatsächlich ist, bleibt zudem oft im Dunkeln. Eine systematische und vor allem transparente Erfassung insbesondere von rechtsextremen und rassistischen Vorfällen in der Polizei fehlt bis heute. Disziplinarverfahren wegen mutmaßlich rassistischer Vorfälle werden beispielsweise in der Bundespolizei schlicht unter der Kennziffer 800 für »Sonstige« geführt. Statt einer klaren Erfassung und eines transparenten Umgangs mit Problemen verschleppen Behörden oft die öffentliche Aufklärung rechtsextremer Vorfälle und verhindern die Berichterstattung. Selbst als ein Forschungsprojekt der Universität Freiburg in Kooperation mit der Deutschen Hochschule der Polizei eine Anfrage zum Stand verschiedener Disziplinarverfahren stellte, die aus Medienberichten bereits bekannt waren, ließen diese im Sommer 2020 acht Bundesländer unbeantwortet. Die restlichen Länder beriefen sich auf laufende Verfahren oder Datenschutzgründe und verweigerten die Auskunft, ob bestimmte Polizeibeamte noch im Dienst seien.[146]

Im September 2017 verurteilt das Amtsgericht Dresden den Polizeihauptmeister Roland G. wegen Volksverhetzung zu einer Geldstrafe. G. schrieb auf seinem öffentlichen Profil vom »letzten Abschaum aus muslimischen und afrikanischen Ländern« und verbreitete das Narrativ eines bevorstehenden Bevölkerungsaustauschs: »In schwer bewaffneten Horden werden die art- und wesensfremden Ausländer (in der Mehrzahl muslimischen Glaubens) aus ihren Ghettos ausbrechen, die Kontrolle über europäische Großstädte übernehmen und auf bestialische Weise alles ausplündern«, heißt es in seinem Posting. Zum Zeitpunkt des Urteils war der Polizist bereits seit einem Jahr vom Dienst suspendiert, ein Disziplinarverfahren lief. Ein Journalist des Spiegel fragt im Sommer 2018 beim Polizeiverwaltungsamt Dresden, wo G. beschäftigt war, nach Details des Falls. So will der Journalist etwa wissen, wie das Disziplinarverfahren ausgegangen ist. Es müssen »Grenzen der Auskunftspflicht bestehen«, erklärt das Polizeiverwaltungsamt und verweigert die Informationen. Nach einer Klage des Spiegel vor dem Verwaltungsgericht Dresden muss G.s Dienstherr zunächst mitteilen, dass der verurteilte Beamte weiterhin im Polizeidienst arbeitet. Weitere Details müssten nicht veröffentlicht werden, entscheidet das Verwaltungsgericht. Der Spiegel legt Beschwerde ein. Später teilt ein Polizeisprecher mit, dass das Disziplinarverfahren gegen G. eingestellt wurde.

Spätestens seit den Polizeiskandalen in Hessen und Nordrhein-Westfalen und der besonderen Sensibilität für rechte Vorfälle in der Polizei zeichnet sich ein leichter Kurswechsel in der Öffentlichkeitsarbeit der Polizei ab. Pressestellen melden vermehrt eigeninitiativ Fälle, die für Aufruhr sorgen könnten, und kommen damit kritischen Berichten zuvor. Die Meldungen sollen zudem verdeutlichen, dass die Polizeiführung bereits reagiert hat: Die fraglichen Beamten wurden zumeist bereits suspendiert, ein internes Disziplinarverfahren wurde ebenfalls eingeleitet. Doch aufzuzeigen, welche Konsequenzen tatsächlich folgen, ist oft noch immer die Arbeit von Journalistinnen und Journalisten.

Das Disziplinarrecht ist kein scharfes Schwert

Dass ein Polizist keine oder zumindest keine schwerwiegenden disziplinarrechtlichen Konsequenzen tragen muss, obwohl er nachweislich genau das getan hat, was ihm vorgeworfen wurde, ist keineswegs eine Ausnahme. Tatsächlich ist das Disziplinarrecht alles andere als ein scharfes Schwert. Bis ein Polizeibeamter aus dem Dienst entfernt werden kann, muss viel passieren. Oft drohen hingegen kaum Konsequenzen.

> *Zwei Beamte der Sächsischen Bereitschaftspolizei posieren am 29. Juli 2018 vor einer Kneipe in der Leipziger Innenstadt gemeinsam mit dem Rest ihrer kleinen Reisegruppe. Sie sind auf dem Weg zu einem Musikfestival. Mit den Beamten lächeln stadtbekannte rechte Kampfsportler und Hooligans in die Kamera, darunter mehrere, die 2016 am Neonaziangriff auf den Leipziger Stadtteil Connewitz beteiligt waren. Ein Jahr später ist das Bild Thema einer Landtagsanfrage. Die Beamten seien aufgrund des Fotos mündlich auf ihre beamtenrechtlichen Pflichten hingewiesen worden, erklärt der Innenminister dort. Später erfolgt der Hinweis noch einmal schriftlich. Anfang März postet ein User bei Instagram ein Foto einer Geburtstagsrunde. Erneut sitzt einer der beiden Polizisten inmitten der rechten Kampfsportler*

und verurteilten Straftäter, neben denen er schon einmal zu sehen war. Sein Dienstherr spricht ihm eine »aktenkundige Pflichtenmahnung« aus. Dies gilt als mildeste Form der Sanktionen und zählt noch nicht als Disziplinarmaßnahme.

Kaum ein anderer Fall macht so deutlich, wie schwach das Disziplinarrecht im Kampf gegen rechte Umtriebe in der Polizei ist, wie der Fall eines Berliner Kommissars, der seine Behörde über mehr als ein Jahrzehnt hinweg juristisch vorführte. »Am halben Körper trägt er Runen-Tattoos, wie Neonazis sie lieben, zu Hause fanden sich Nazi-Hefte, Nazi-Bilder, er besuchte Neonazi-Konzerte, hob – dokumentiert – den Arm zum Nazi-Gruß und, nun ja, küsst eine Neonazi-Braut. All das genügte nicht, um den Mann per Disziplinarklage aus dem Dienst zu entfernen«, fasste der *Tagesspiegel* den Fall im Sommer 2017 zusammen.[147]

Zehn Jahre zuvor war der Polizist, der auch die Noten des Horst-Wessel-Lieds auf seinem Körper tätowiert hat, vom Dienst suspendiert worden, nachdem verschiedene Vorwürfe gegen ihn laut geworden waren. Er soll mehrfach den Hitlergruß gezeigt und sich mit einer Hakenkreuzfahne fotografiert haben. Bei einer Durchsuchung fanden sich in seiner Wohnung zahlreiche Neonazi-CDs und ein gerahmtes Bild von Adolf Hitler mit der Aufschrift »one day the world will know Adolf Hitler was right«. Doch es brauchte Gerichtsverhandlungen in drei Instanzen, bis der Mann, der Nazi-Devotionalien sammelte und SS-Runen tätowiert hatte, aus dem Beamtenverhältnis entlassen wurde. Strafrechtliche Ermittlungsverfahren wurden eingestellt, weil Hitlerbilder und Nazi-Dekoration in den eigenen vier Wänden oder rechtsextreme Tattoos unter dem T-Shirt nicht strafbar sind, solange sie nicht öffentlich zur Schau gestellt werden. In der anschließend erhobenen Disziplinarklage konnte das Land Berlin weder in der ersten noch in der zweiten Instanz die Gerichte davon überzeugen, dass kein Weg an einer Entlassung aus dem Beamtenverhältnis vorbeiführt. Erst das Bundesverwaltungsgericht in Leipzig sah auf Basis einer »Gesamtwürdigung« des Verhaltens die besondere Pflicht zur Verfassungstreue des Beamten verletzt. Vor der Verhandlung hatte der Anwalt des Polizisten noch erklärt, sein Mandant habe großes Interesse daran, in den aktiven Polizeidienst zurückzukehren: »Seinen Beruf hat er leidenschaftlich gemacht.«

Am 9. Juni 2015 bestätigt das Polizeipräsidium Ulm, dass das Disziplinarverfahren gegen einen Beamten mit einer Geldbuße abgeschlossen wurde. Der Polizist hatte drei Jahre zuvor mehrere rechtsradikale SMS-Nachrichten an Kollegen verschickt. Er bleibt im Polizeidienst.

Der Fall des Berliner Kommissars mit Neonazi-Tätowierungen zeigt ein zentrales Problem im Umgang der Sicherheitsbehörden mit rechtsextremen und rassistischen Umtrieben in den eigenen Reihen auf: Vieles, was für einen Polizeibeamten, der den demokratischen Rechtsstaat verkörpern soll, tabu sein müsste, ist rein juristisch nicht strafbar. Ob freundschaftliche Chat-Nachrichten mit einem bundesweit bekannten und vernetzten Neonazi, Hitlerbilder in den eigenen vier Wänden oder »Sieg Heil«-Rufe in geschlossener Gesellschaft. All diese Fälle gab es, all diese Beamten sind noch im Polizeidienst. Wohl kaum jemand fühlt sich wohl bei dem Gedanken daran, dass ebendiese Männer mit hoheitlichen Rechten ausgestattet den Rechtsstaat vertreten sollen. Und doch ist es möglich. Denn was juristisch nicht strafbar ist, ist auch in disziplinarrechtlicher Hinsicht keineswegs eindeutig. »Das Disziplinarrecht ist oft allzu nachlässig; das ist bekannt, und das muss nicht so bleiben«, kommentierte der promovierte Jurist und Autor Ronen Steinke anlässlich der Suspendierung von 29

Polizeibeamten aus Nordrhein-Westfalen, die rassistische und den Nationalsozialismus verherrlichende Nachrichten verschickt hatten.[148] Wer »solchen Dreck in sozialen Netzwerken teilt«, von dem müsse sich eine rechtsstaatliche Polizei ohne zu zögern trennen, konstatiert Steinke. Notfalls müsse das Disziplinarrecht geändert werden, fordert er – doch passiert ist in dieser Richtung bisher nichts.

Wenn Konsequenzen an der falschen Stelle folgen

Der unbedingte Wille, den Eindruck einer Polizei zu erhalten, in der Fehler kein Thema sind, schlägt zuweilen auch in das exakte Gegenteil um. Während das Disziplinarrecht oft kaum ausgeschöpft wird und die Aufarbeitung von Problemen auf dem internen Wege noch viel zu häufig auf der Strecke bleibt, folgen immer wieder Konsequenzen an der falschen Stelle: bei jenen, die Probleme öffentlich machen und auf Missstände hinweisen.

Im Herbst 2020 berichtete die *taz* über Zustände innerhalb der Polizeidirektion Weimar und zitierte ein Schreiben von drei Weimarer Polizeibeamten.[149] Sie wünschen sich, dass Fehler, die absichtlich begangen werden, auch Konsequenzen haben, schreiben sie. »Das scheint aber nur möglich, wenn bei Bekanntwerden der Fehler auch ermittelt wird«, heißt es weiter. Doch Fehler würden »nicht einfach nur verschwiegen«, sondern Kollegen, die Probleme und Straftaten ansprächen, zudem »systematisch schikaniert und demontiert«, klagen die Beamten. Mehrere Polizisten ihrer Direktion hatten sich schriftlich an den Polizeichef gewandt und berichteten über einen Kollegen, der immer wieder gewalttätig auffiel, im Dienst die Wohnung seiner Ex-Partnerin durchsuchte und zu Hause Waffen hortete – sogar ein Sturmgewehr samt Munition. Doch statt interner Ermittlungen soll der Polizeichef »massiv Druck« ausgeübt haben, damit dies nicht passiere.

Ein Polizeikommissar, der die Nachricht eines Kollegen mit einem Bild von Adolf Hitler als Weihnachtsmann und der Überschrift »Ho Ho Holocaust« meldet, wird daraufhin versetzt – um ihn zu schützen, sagt man ihm. Der Absender der Nachricht wird lediglich zu einem Gespräch mit Vorgesetzten geladen. Ermittlungen oder ein Disziplinarverfahren gegen ihn folgen nicht.

Am 14. Dezember 2019 veröffentlicht die Lokalzeitung *Badische Neueste Nachrichten* ein Interview mit dem Polizeibeamten Armin Bohnert.[150] Der 53-jährige Bohnert ist ein langjähriger und hochrangiger Polizist, arbeitet als stellvertretender Leiter der Direktion Polizeireviere beim Polizeipräsidium Freiburg. Er ist aber auch Grünen-Mitglied und stellvertretender Vorsitzender der Organisation »Polizei Grün«. Was Bohnert in dem kurzen Gespräch äußert, ist alles andere als eine scharfe Anklage gegenüber seiner Behörde. Vieles liest sich, als würde er Selbstverständliches wiederholen. »Es gibt Fehler, Nachlässigkeiten, aber auch regelrechtes Fehlverhalten«, sagt Bohnert etwa. Er verstehe die Haltung der Polizeigewerkschaften nicht, die sagen, die Polizei handle immer einwandfrei und mache alles richtig. Er spricht über »schwarze Schafe«, verlorenes Vertrauen und davon, dass man Schilderungen von Polizeigewalt nicht einfach abtun könne.

Es sind Aussagen eines Beamten, der betonen will, dass sich die Polizei nicht vor Kritik verschließen dürfe und sich lieber konstruktiv mit Fehlern auseinandersetzen sollte, statt an dem Anspruch festzuhalten, es könne keine Fehler geben, weil es keine Fehler geben darf. Keine der Aussagen ist geeignet, den Eindruck zu erwecken, der Polizist stünde nicht mit voller Überzeugung für den demokratischen Rechtsstaat ein. Und doch führte der tausendfach im Internet geklickte Artikel zu heftigen Reaktionen. Kommentatoren zweifelten die Führungsqualität Bohnerts an, die Deutsche Polizeigewerkschaft (DPolG) erklärte, man müsse sich fragen, ob Herr Bohnert in seiner Funktion und als Angehöriger des höheren Dienstes noch tragbar sei. Der Vorsitzende der DPolG Baden-Württemberg schrieb in der Gewerkschaftszeitung über Bohnert, »man könnte durchaus die Frage nach einer charakterlichen Eignung stellen«.[151] Dass sah offenkundig auch die Polizei Baden-Württemberg ähnlich und leitete dienstrechtliche Prüfungen ein, ob Bohnert mit dem Interview gegen das beamtenrechtliche Mäßigungsgebot verstoßen habe. Zweifel an der Führungsqualität eines Polizeibeamten, weil er offen thematisiert hat, wie weltfremd es ist zu glauben, dass in einer Institution mit knapp 300 000 Beschäftigten keine Fehler passieren?

Doch es geht auch weit weniger kritisch: Im Herbst 2020 sah sich Essens Polizeipräsident Frank Richter unter heftigem Beschuss von Presse und Opposition. Dutzende seiner Beamten waren wegen rechtsextremer Chat-Nachrichten suspendiert. Verschiedene Medien rückten eine rassistische Broschüre über Clan-Kriminalität in die Öffentlichkeit, die von Richters Behörde publiziert worden war. Fotos zeigten einen Essener Polizisten, der in Uniform mit der Neonazigruppe »Steeler Jungs« posierte. Und auch dass die von ihm ernannte Extremismusbeauftragte, die all diese Umtriebe im Blick hätte haben sollen, seine Ehefrau ist, spannte die Lage zusätzlich an. Der SPD-Landtagsabgeordnete Serdar Yüksel forderte die Abberufung des Polizeipräsidenten. Innenminister Herbert Reul wäre gut beraten, eine Personalentscheidung zu treffen, die zu einem »Neuanfang« bei der Polizei in Essen führe.

Reul sah das offenkundig anders. »Der Minister sieht keinen Grund, warum Polizeipräsident Richter sein Amt nicht weiter ausüben sollte«, ließ er durch eine Sprecherin mitteilen. Wenig später schob der Minister persönlich nach, er warne davor, Polizisten unter einen »Generalverdacht« zu stellen.[152] Drei Tage zuvor hatte er verkündet: »Wir brauchen endlich eine Fehlerkultur in der Polizei.«

5.

DIE DEUTSCHE POLIZEI IST AUSSER KONTROLLE

FEHLENDE EXTERNE KONTROLLE DER POLIZEI

> *»Wir reden seit fast einer Stunde über Umsturztendenzen, Morddrohungen und Omertà – nicht in einer kriminellen Organisation, sondern bei der deutschen Polizei. Wer kontrolliert die Polizei eigentlich?«*
> *»Die Polizei.«*
> Interview mit dem Kriminalhauptkommissar Oliver von Dobrowolski[153]

Korpsgeist, die »blaue Mauer des Schweigens« und mangelnde Fehlerkultur innerhalb der Polizei sorgen dafür, dass Rechtsextreme und Rassisten in der Polizei sich oft viel zu sicher fühlen können. Doch nicht nur die internen Kontrollmechanismen versagen offenkundig. Auch von außen scheitert die konsequente Aufarbeitung von Fehlverhalten durch unabhängige Kontrollinstanzen – vor allem, weil es diese fast gar nicht gibt. Keine andere Institution hat es so konsequent geschafft, sich externer Kontrolle zu entziehen, wie die deutsche Polizei. Bis heute wehren sich Polizeigewerkschaften, Innenpolitiker und Polizeiführungen erfolgreich gegen mehr Befugnisse für externe Stellen und einen klaren Blick auf den Zustand unserer Exekutive. Wir belächeln, die laschen Waffengesetze in den USA. Doch eine unabhängige Kontrolle der einzigen Berufsgruppe, die in unserem Land mit Maschinenpistolen durch Wohnviertel laufen darf, gilt als unzulässiger »Generalverdacht« – selbst wenn die dazugehörige Munition plötzlich bei rechten Prepper-Gruppen auftaucht.

»Eine systematische Registrierung findet nicht statt«

Polizisten, die in Uniform den Hitlergruß zeigen, und Polizeibeamte, die bei rassistischen Kontrollen Menschen schikanieren oder gar verletzen – Schilderungen solcher »Einzelfälle« sind flächendeckend bekannt. Doch wie groß ist eigentlich dieses Problem, von dem die ganze Zeit die Rede ist? Eine offizielle Antwort auf diese Frage bekommt man von keiner Stelle. Das Problem der mangelhaften Kontrolle der Polizei fängt nämlich bereits damit an, dass sich Regierungen anscheinend kaum für Fehlverhalten ihrer ausführenden Gewalt interessieren. »Eine systematische Registrierung und Auswertung von Berichten über mutmaßliche rechtswidrige Polizeigewalt findet nicht statt«, antwortet die Bundesregierung im Oktober 2020 knapp auf eine Bundestagsanfrage.[154] Diese Haltung ist keineswegs neu. Schon 2007 teilte die Bundesregierung mit, dass der Aufwand für eine »belastbare Statistik« über Anzeigen und Strafverfahren gegen Beamte der Bundespolizei wegen Körperverletzung im Amt schlicht zu hoch und zudem ungerechtfertigt sei.[155]

Mehr als ein Jahrzehnt ist zwischen diesen beiden Antworten vergangen. Ein Jahrzehnt, in dem auf einer Polizeiwache in Hannover anscheinend Muslime gequält und dabei fotografiert werden, in dem ein Berliner Polizist so heftig auf einen Jugendlichen einprügelt, dass sein Holzschlagstock zerbricht, und in dem Polizeibeamte außerhalb des Dienstes Jagd auf Schwarze machen, die sie für Dealer halten. Doch bis heute hat die Bundesregierung versäumt, sich angemessen mit dem Thema zu beschäftigen und ein

Instrument zu schaffen, mit dem das Fehlverhalten der Polizei systematisch erfasst wird. Denn nur wer weiß, wie es um die Gewalt des Staates überhaupt steht, kann diese Gewalt kontrollieren. Doch es fehlt schlichtweg an Zahlen. Die bundesweiten Statistiken zu »politisch motivierter Kriminalität« (PMK) zählen Übergriffe gegen Polizisten, aber keine Fälle, in denen die Gewalt von den Beamten ausgegangen sein könnte. Allein in den Jahresstatistiken der Staatsanwaltschaft finden sich Angaben zu erledigten Verfahren gegen Polizeibeamte. Diese Zahlen geben jedoch weder Auskunft darüber, in welchem Jahr die angeklagte Tat passiert sein soll, noch lassen sie sich eindeutig den Landespolizeien und der Bundespolizei zuordnen. Der Blick auf die Polizei ist vor allem der Blick auf ein offensichtliches Dunkelfeld. Und an diesem Punkt ist die konkrete Frage nach explizit rassistischen Vorfällen noch nicht einmal gestellt. Keine einzige offizielle Statistik erfasst, wie oft Polizisten Racial Profiling oder rassistische Gewalt vorgeworfen wird oder wie viele Anzeigen aus diesen Gründen gegen Polizisten gestellt werden.

Allein zur Frage nach explizit als »rechtsextrem« erfassten Straftaten in der Polizei liegen seit Oktober 2020 mit dem Lagebild »Rechtsextremisten in Sicherheitsbehörden« erstmals bundesweite Zahlen vor. Zuvor scheiterten journalistische Recherchen zu diesem Thema am Widerstand der Innenministerien. Nur drei Wochen zuvor erklärte das Sächsische Innenministerium gegenüber dem *Tagesspiegel* noch, dass derartige Fälle gar nicht erfasst werden; Hessen wiederum weigerte sich, Zahlen offenzulegen.[156] Nach dem gestiegenen öffentlichen Druck durch die Skandale um den NSU 2.0 und rechtsextreme Chats von nordrhein-westfälischen Polizisten wollen die Behörden nun anscheinend zeigen, dass sie genauer hinsehen. Dabei kamen sie zu dem Ergebnis, dass zwischen Januar 2017 und März 2020 bundesweit 377 Verdachtsfälle auf rechtsextremistisch motivierte Verstöße gegen das Strafgesetzbuch oder dienstrechtliche Pflichten erfasst wurden. Doch selbst der Präsident des Bundesamts für Verfassungsschutz bezweifelt diese Zahlen.[157] Ob Bundesländer mit geringen Zahlen tatsächlich kaum Probleme haben, oder ob Fälle nicht richtig erkannt und erfasst werden, sei nicht eindeutig zu klären. Damit verweist auch dieses Lagebild auf ein klassisches Dilemma: Ob das Fehlverhalten eines Polizisten als rechtsextrem eingestuft und entsprechend gemeldet wird, entscheidet: die Polizei.

Blick ins Dunkelfeld

Wie rassistisch sich Polizisten im Dienst verhalten, wissen wir offensichtlich nicht. Wie oft Polizisten im Dienst unrechtmäßig Gewalt ausüben, hat zumindest ein Forschungsprojekt der Ruhr-Universität Bochum seit 2018 versucht zu erkunden. Dabei ging es auch um die Frage, wie viele Fälle von mutmaßlich illegaler Polizeigewalt gar nicht erst zur Anzeige gebracht werden. Mehr als 3300 Berichte wertete das Team unter der Leitung von Professor Tobias Singelnstein aus und setzte diese mit den statistischen Zahlen der Staatsanwaltschaft ins Verhältnis. Ein erster Zwischenbericht wies darauf hin, dass es ein erhebliches Dunkelfeld bei mutmaßlich illegaler Polizeigewalt gibt. Nur jeder siebte, der sich selbst als Opfer von Polizeigewalt sah, zeigte diese auch an. Das tatsächliche Ausmaß illegaler Polizeigewalt wäre demnach sechsmal so groß, wie es die Zahlen der Justiz suggerieren.

Auch wenn sich diese Zahlen nicht ausdrücklich auf Fälle von rassistischer Polizeigewalt beziehen, lässt sich diese Grundtendenz übertragen, sagt Singelnstein. »Vor allem unter Geflüchteten und Migranten gibt es meist noch größere Hemmnisse, solche Fälle tatsächlich zur Anzeige zu bringen«, sagt der Kriminologe und verweist auf die mögliche Angst um den Aufenthaltsstatus oder mögliche Sprachbarrieren bei Opfern rassistischer Polizeigewalt. Noch drastischer bewertet diese Situation der aktive Berliner Polizist Oliver von Dobrowolski. Die mangelnde Bereitschaft, Polizeigewalt zur Anzeige zu bringen, führe ihm zufolge sogar dazu, dass gegenüber Schwarzen Menschen die Hemmschwellen aufseiten der Polizei oft niedriger seien. »Das wird dann halt auch eiskalt ausgenutzt«, sagt der Kriminalhauptkommissar, der in einer Brennpunkteinheit in Berlin-Mitte arbeitet.[158]

Ermittlungsverfahren ohne Folgen

Weil sich die Bochumer Forscherinnen und Forscher auf eine freiwillige Onlinebefragung stützen, ist ihre Stichprobe nicht repräsentativ. Trotzdem weisen die Ergebnisse auf ein zentrales Problem hin, wie Projektleiter Tobias Singelnstein sagt. Denn die Betroffenen haben den Berichten zufolge vor allem deswegen von einer Anzeige abgesehen, weil sie davon ausgingen, damit keinen Erfolg zu haben. Tatsächlich zeigt die Staatsanwaltschaftsstatistik, dass Anzeigen gegen Polizeibeamte nur in den seltensten Fällen zu einer Anklage führen. Im Jahr 2018 gab es 2126 Ermittlungsverfahren gegen Polizisten wegen rechtswidriger Gewaltausübung. 89 Prozent der Verfahren wurden eingestellt. In gerade einmal 40 Fällen wurde Anklage erhoben oder ein Strafbefehl erteilt.[159] Das sind nicht einmal zwei Prozent der Fälle. In den Vorjahren lag dieser Anteil stellenweise noch niedriger.

Im Oktober 2020 stellt die Staatsanwaltschaft Essen das Verfahren gegen einen Polizisten ein, der eine Anstecknadel mit einem Symbol der SS-Totenkopf-Division an seinem Rucksack geführt haben soll. Laut Strafgesetzbuch ist nur die öffentliche Verwendung von Kennzeichen verfassungswidriger Organisationen strafbar. Der Rucksack sei jedoch nur auf der Wache und gelegentlich in Polizeifahrzeugen genutzt worden, erklärt eine Spre-

cherin. | »Hab den weggeschlagen. Nen Afghanen. Mit Einreiseverbot. Hab dem meine Finger in die Nase gesteckt. Und gewürgt. War witzig.« Mit diesen Worten prahlt ein Bundespolizist aus Hannover im März 2014 in einem WhatsApp-Chat über die Misshandlung eines Geflüchteten. Andere Nachrichten weisen auf weitere mutmaßliche Opfer hin. Als der NDR den Fall publik macht, schweigen die Kollegen der Wache. Die Staatsanwaltschaft stellt ein Verfahren wegen des Verdachts der Körperverletzung im Amt ergebnislos ein. Der Polizist habe das Foto eines gefesselten Migranten »unter Verwendung dummer und unrichtiger Kommentare verwandt, wodurch ein völlig falscher Eindruck entstanden ist«, heißt es im Einstellungsbericht. | Im November 2009 stellt die Staatsanwaltschaft Heidelberg die Ermittlungen gegen drei Bundespolizisten ein. Sechs Monate zuvor erlitt ein Doktorand aus Kamerun nach einer Personalienfeststellung auf der Bahnhofspolizeiwache in Heidelberg eine Gesichtsfraktur. Gegen den Verletzten wurde hingegen ein Verfahren wegen Widerstand gegen die Staatsgewalt eröffnet.

Dass kaum ein Ermittlungsverfahren gegen Polizeibeamte mit einer Verurteilung endet, führen vor allem Polizeigewerkschaftler und Innenpolitiker regelmäßig als Beleg für das vorbildliche Verhalten der Polizei an. Dieser Auslegung widerspricht Tobias Singelnstein deutlich. Schon 2003 kam der Kriminologe in einer Auswertung zu dem Schluss, dass Ermittlungen gegen Polizeibeamte »einer im Verhältnis zu vergleichbaren Verfahren abweichenden Erledigungsstrategie unterliegen«.[160] Daran habe sich bis heute nichts geändert, sagt er.

Zunächst einmal ermitteln Polizisten gegen Polizisten. Auch wenn es nicht immer direkte Kollegen sind, ist der verbindende Charakter der Institution Polizei offenkundig. Die Ermittler kennen die Perspektive der beschuldigten Beamten, sprechen eine gemeinsame Sprache, haben vielleicht Ähnliches selbst erlebt. Hinzu komme ein »besonderes Verhältnis« zwischen Staatsanwaltschaft und Polizei, die täglich zusammenarbeiten und aufeinander angewiesen sind. »Polizeibeamte sind für Staatsanwältinnen und Staatsanwälte besondere Beschuldigte«, sagt Singelnstein. Vor allem in Fällen, in denen Aussage gegen Aussage steht, komme Polizisten zugute, dass sie in der Glaubwürdigkeitshierarchie der Justiz sehr weit oben rangieren. »Dann wird eher den Polizeibeamten Glauben geschenkt als den Anzeigeerstattern«, resümiert Singelnstein. Als Kontrollinstanz für die Polizei sei die Staatsanwaltschaft in seiner Wahrnehmung daher eindeutig »problematisch«.[161]

Beschwerdestellen ohne Befugnisse

Wer schlechte Erfahrungen mit der Polizei gemacht hat, wird sich nur in den seltensten Fällen bei ebendieser Polizei darüber beschweren. Polizeiexperten, Menschenrechtsorganisationen und Oppositionspolitikerinnen sprechen sich daher schon seit Jahren für unabhängige Beschwerdestellen aus, die mögliches Fehlverhalten von Polizisten aufklären sollen. 2016 forderten die Grünen im Bundestag einen unabhängigen Polizeibeauftragten des Bundes, an den sich sowohl Bürger als auch Polizisten wenden können, um auf Probleme in der Polizei aufmerksam zu machen.[162] Der Gesetzentwurf wurde abgelehnt. 2019 brachte die Linkspartei einen ähnlichen Antrag ein und forderte eine »unabhängige Polizeibeschwerdestelle auf Bundesebene«.[163] In der Begründung für die Notwendigkeit einer solchen Stelle verwiesen die Abgeordneten explizit auf Racial Profiling, den bis heute nicht aufgeklärten Tod des Sierra-Leoners Oury Jalloh in einer Dessauer Polizeiwache und die rassistischen Vorannahmen in den Ermittlungen zum NSU. Auch dieser Antrag scheiterte. Und bereits im Abschlussbericht des ersten NSU-Untersuchungsausschusses findet sich die

Forderung nach einer unabhängigen Beschwerdestelle als Erkenntnis aus dem offensichtlichen Versagen der Behörden.[164] Doch passiert ist das seitdem nicht. Auch wenn auf Landesebene in den letzten Jahren in der Hälfte der Bundesländer Stellen geschaffen wurden, an die sich Bürger wenden können, wenn sie ein Problem mit der Polizei sehen, sind diese in den meisten Fällen dem für die Polizei zuständigen Innenministerium oder der Staatskanzlei angeschlossen. Zuletzt richtete Hamburg im September 2020 eine Beschwerdestelle ein, die erst als »unabhängig« angekündigt wurde, nun jedoch von einem hochrangigen Polizisten geleitet wird und dem Polizeipräsidenten unterstellt ist.[165] Dabei wiesen die Sachverständigen im NSU-Ausschuss schon 2013 auf den Kern des Problems hin: Eine Beschwerdestelle innerhalb der Polizei sei »keine zufriedenstellende Lösung«, heißt es in ihrem Abschlussbericht. »Der ›Korpsgeist‹ bei der Polizei« könne zu einer »Abwehrhaltung nach außen führen«, befürchteten die Sachverständigen.[166]

Am Rande der rechtsradikalen Ausschreitungen in Heidenau im August 2015 drängt eine Polizistin einen Pressefotografen ab und hindert ihn an der Arbeit. Als der Fotograf darum bittet, ihren Dienstausweis zu sehen, schwenkt die Polizistin den Ausweis kopfüber vor seinem Gesicht. Er wendet sich an die Beschwerdestelle der Polizei Sachsen, die zu diesem Zeitpunkt dem Innenministerium unterstellt ist.[167] Nach telefonischer Rücksprache schickt er ein Video der Situation. Wenig später zeigt die Polizistin ihn an. Das Video sei ein Verstoß gegen das Kunsturhebergesetz. Auf andere Meldungen an die Sächsische Beschwerdestelle folgen Anzeigen wegen übler Nachrede gegen die Beschwerdeführer. Der Inhalt einer Beschwerde werde für die Betroffenen transparent gemacht, um eine objektive Stellungnahme zu ermöglichen, erklärt das Innenministerium Sachsen. | Das Büro der

Polizeibeauftragten in Rheinland-Pfalz teilt auf Anfrage des Spiegel mit, dass in den Jahren 2018 und 2019 insgesamt nur ein einziger Fall von behaupteter Polizeigewalt gemeldet wurde. Der Beschwerdeführer sei »afroamerikanischer Staatsbürger« gewesen. Aufgrund seiner Beschwerde habe der Mann eine Gegenanzeige erhalten, die zu einem Strafverfahren gegen ihn führte.

Nur in Schleswig-Holstein, Baden-Württemberg, Rheinland-Pfalz und seit 2020 auch in Bremen gibt es unabhängige Polizeibeauftragte, die sich allein dem Parlament gegenüber verantworten müssen. Ob Beschwerden gegen Polizisten berechtigt sind, können sie jedoch trotzdem nur schwer aufklären. Über weitreichende Ermittlungsbefugnisse verfügen sie nicht. Allein in Schleswig-Holstein hat der Polizeibeauftragte ein ausdrückliches Auskunftsrecht, darf Akten einsehen und erhält Zugang zu den Dienststellen, um Vorwürfe gegen Polizisten aufzuklären. Ermittelt die Polizei jedoch bereits selbst gegen ihren Beamten, bleibt dem Polizeibeauftragten nur noch der Auftrag, »in geeigneten Fällen auf eine einvernehmliche Erledigung der Angelegenheit« hinzuwirken.[168] Andernfalls muss er seine Arbeit in dem entsprechenden Fall vorläufig einstellen. Ob ein Polizist etwas falsch gemacht hat, klärt also auch in diesem Fall die Polizei unter sich.

Eine Studie des Deutschen Instituts für Menschenrechte verglich 2017 die bestehenden Kontrollinstanzen für die Polizei in Deutschland mit denen in anderen europäischen Staaten und kam zu dem Fazit: In Deutschland fehlen qualifiziertes Personal, angemessene Ressourcen und umfassende Ermittlungsbefugnisse.[169] Anders sieht es etwa in Dänemark aus, wo sich 34 Ermittler der Unabhängigen Beschwerdestelle um Konflikte zwischen Bürgern und den rund 11 000 dänischen Polizisten kümmern. Zum Vergleich: Allein in Nordrhein-Westfalen sind fast viermal so viele Polizeibeamte im Dienst, externe Ermittler gibt es dort keinen einzigen. In Großbritannien geht bereits seit 2004 die Unabhängige Polizeibeschwerdekommission mit zahlreichen Ermittlern und einem Jahresbudget von rund 85 Millionen Euro Vorwürfen gegen Polizeibeamte nach. Und während in Baden-Württemberg über Jahre ein ehemaliger Vizepolizeipräsident als Bürgerbeauftragter die Beschwerden über Polizisten untersuchen sollte,[170] dürfen die Ermittler in Großbritannien laut Gesetz niemals im Polizeidienst gewesen sein.[171] Zudem setzt die britische Kommission gezielt auf Fachleute aus migrantischen Communitys, um dem Vorwurf rassistischer Polizeiarbeit angemessen nachgehen zu können.

Zwei Drittel der Befragten forderten in einer Umfrage des *WDR* im Oktober 2020, dass auch Deutschland eine unabhängige Beschwerdestelle bekommt, die mögliches Fehlverhalten von Polizisten untersuchen soll.[172] Dieser Forderung erteilte die Gewerkschaft der Polizei (GdP) umgehend eine deutliche Absage. GdP-Vize Dietmar Schilff betonte: »Es gibt interne Institutionen innerhalb der Polizei, die das aufarbeiten.«[173]

SABOTIERTE STUDIEN – WIE RASSISTISCH DIE POLIZEI IST, KANN NIEMAND SAGEN

»Ich bin mir auch nicht sicher, ob das was bringt, wenn Wissenschaftler jetzt einfach mal 'ne Untersuchung machen, sondern ich sage: Wir brauchen Fakten!«
Herbert Reul, Innenminister von Nordrhein-Westfalen[174]

Seit Mitte der Neunzigerjahre ist bei der deutschen Polizei viel passiert. Die alten grünen Uniformen sind dem international üblichen Blau gewichen. Der Bundesgrenzschutz hat sich in Bundespolizei umbenannt. Zahlreiche Bundesländer haben neue Polizeigesetze verabschiedet – samt zahlreicher neuer Befugnisse für die Beamten. So darf die bayerische Polizei seit 2018 auch ohne Hinweise auf eine »konkrete Gefahr« Menschen überwachen. Für sächsische Polizisten ist seit dem 1. Januar 2020 gesetzlich geregelt, unter welchen Umständen sie Maschinengewehre und Handgranaten einsetzen dürfen. Grundsätzlich haben die Polizeibehörden in den letzten Jahrzehnten erheblich aufgerüstet. Schwer gepanzerte Polizisten mit Maschinenpistolen patrouillieren auf Weihnachtsmärkten, Spezialeinheiten präsentieren bei Presseterminen stolz ihre neuen Panzerfahrzeuge – in Sachsen inklusive skandalträchtiger Frakturstickerei auf den Sitzen.

Eines ist jedoch seit mehr als zwanzig Jahren auf der Strecke geblieben: eine umfassende Studie zu rechtsextremen und rassistischen Einstellungen in der Polizei. Über mehr als zwei Jahrzehnte schien es unmöglich, umfassende und repräsentative Einstellungsstudien über brisante Aspekte der Polizeiarbeit durchzuführen. Das Ergebnis: Wir wissen, mit welchen Waffen Polizeibeamte an Bahnhöfen oder in Wohnvierteln patrouillieren dürfen, aber wie verbreitet rassistische oder gar rechtsextreme Einstellungen unter den Beamten sind, wissen wir nicht. Und das soll anscheinend auch so bleiben.

Stand 2020: Sechs Monate Diskussion um eine Rassismusstudie, die keine ist

»Es wird ja eine Studie geben« – als Finanzminister, Vizekanzler und designierter SPD-Kanzlerkandidat Olaf Scholz am 19. Oktober 2020 mit diesen Worten betont beiläufig eine Bombe platzen lässt, muss er selbst breit grinsen. Er ist zu Gast bei einem Podcast von *WDR Cosmo* mit dem Schwerpunkt Rap und Politik und kündigt beinahe nebenbei das an, worüber halb Deutschland zuvor monatelang diskutierte: eine »Rassismusstudie« in der deutschen Polizei. »Wir überlegen noch, wie wir sie nennen«, fügt Scholz fröhlich hinzu, er sei aber »ganz zuversichtlich«, eine Lösung hinzubekommen.

Es ist der vorläufige Höhepunkt einer monatelangen politischen Debatte. Zuvor waren seit Jahresbeginn zahlreiche rechtsextreme Polizeichats öffentlich geworden, in sozialen Medien kursierten Videosequenzen, die rassistische Polizeigewalt belegen sollten, und unter dem Motto »Black Lives Matter« zogen im Sommer 2020 Zehntausende Menschen protestierend durch deutsche Großstädte, um auf allgegenwärtigen Rassismus aufmerksam zu machen – vor allem in den Reihen der deutschen Polizei. In einer Umfrage des *Spiegel* forderte eine deutliche Mehrheit der Bevölkerung eine Untersuchung auf rassistische und rechtsextreme Einstellungen in den Sicherheitsbehörden.[175] Am 6. Oktober beantragte die FDP-Fraktion im Bundestag schriftlich, die Bundesregierung solle eine »Unabhängige Studie zum Rassismus in der Polizei« beauftragen.[176] Zuvor waren ähnliche Forderungen nach Rassismusstudien in der Polizei bereits in mehreren Landesparlamenten eingereicht worden. Doch allen voran Bundesinnenminister Horst Seehofer sperrte sich konsequent gegen eine solche Untersuchung, die er als ungerechtfertigten Generalverdacht gegenüber der gesamten Polizei darstellte. »Wir können nicht jede Woche ein Wünsch-dir-Was spielen«, kanzelte Seehofer die Studiendiskussion ab, während nahezu im Wochentakt neue Fälle von rechtsextremen oder rassistischen Polizisten Schlagzeilen machten.[177]

Entsprechend überrascht und euphorisch fallen im späten Oktober die Reaktionen auf die Aussagen von Olaf Scholz aus. »Danke lieber Olaf Scholz, dass ihr nie nachgelassen habt, sondern den Druck auf Seehofer aufrechterhalten habt, damit er endlich die Studie in Auftrag gibt«, jubelt die Berliner SPD-Politikerin Sawsan Chebli auf Twitter.[178] Auch die *Deutsche Presseagentur* verkündet, der Bundesinnenminister habe seinen Widerstand aufgegeben und den Weg für eine Einstellungsuntersuchung der Polizei freigemacht.[179]

Im Laufe des 20. Oktobers wird Stück für Stück jedoch publik, wie genau diese Studie aussehen wird, von der Olaf Scholz verkündete, man wisse lediglich noch nicht, wie man sie nennen soll. Statt einer expliziten Untersuchung über Rassismus in der Polizei soll sich die Studie mit Alltagserfahrungen von Polizeibeamten befassen, heißt es aus Regierungskreisen. Neben der Erfahrung von Hass und Gewalt gegen Polizisten soll dabei auch untersucht werden, ob die Beamten stets dem Anspruch gerecht werden, dass es für Extremismus, Rassismus und Antisemitismus im öffentlichen Dienst keine Toleranz gebe. Dass dieses Vorhaben mit der ursprünglich geforderten Untersuchung nach rassistischen Einstellungen unter Polizeibeamten nur wenig zu tun hat, bestätigt auch der Bundesinnenminister persönlich – und scheint zufrieden mit dem Ergebnis. »Es wird keine Studie geben, die sich mit Unterstellungen und Vorwürfen gegen die Polizei richtet«, verkündet er noch am selben Tag in einer Pressemitteilung.[180] Sie trägt den Titel »Keine Rassismus-Studie in der Polizei. Bundesregierung einigt sich auf weiteres Vorgehen«.

Am 7. Dezember 2020 schließlich veröffentlicht das Bundesinnenministerium den Entwurf für die Studie, die sie bei der Deutschen Hochschule der Polizei in Auftrag gegeben hat. Das Forschungsprojekt soll drei Themenkomplexe untersuchen: »Motivation der Berufswahl, Berufsalltag und Gewalt gegen Polizisten.« Dass es überhaupt ein Problem mit rechten Einstellungen in der Polizei geben könnte, das es zu untersuchen gilt, scheint erneut abgehakt. »Damit werden die Grenzen des Erforschbaren in der Polizei sichtbar. Welche Aspekte können untersucht, welche Fragen dürfen gestellt werden? Und welche nicht?«, kommentiert Kriminologe Tobias Singelnstein das Studienkonzept.[181] Fragen zu Rassismus und Rechtsextremismus unter Polizisten zählen offenkundig zu denjenigen, die nicht gestellt werden – und gar nicht erst gestellt werden dürfen.

»Kein Bedarf« oder »offensive Erkenntnisverweigerung«?

Somit reiht sich auch dieser Fall ein in eine lange Historie der abgesagten, verwässerten und sabotierten Polizeistudien. Denn es ist bei Weitem nicht das erste Mal, dass eine Untersuchung der Verhältnisse in der deutschen Polizei scheitert. »In dem Bereich gibt es flächendeckend eine offensive Erkenntnisverweigerung«, erklärt Hermann Groß. Der Sozialwissenschaftler lehrt seit 1997 an der Hessischen Hochschule für Polizei und Verwaltung und scheiterte seitdem immer wieder mit Forschungsvorhaben an dem Widerstand in den Reihen der Sicherheitsbehörden. Groß diagnostiziert Polizeibehörden, Innenministerien und Polizeigewerkschaften eine »latente Wissenschaftsfeindlichkeit«. Forschungsergebnisse könnten an dem hohen Selbstbild der Polizei kratzen, denn es könne nicht sein, was nicht sein darf. »Bei einer Studie könnte etwas herauskommen, das unangenehm ist. Etwas, mit dem man sich auseinandersetzen muss. Also verhindert man es lieber«, führt Groß in breitem Hessisch aus.

Dass nicht sein kann, was nicht sein darf, zeigte sich nur wenige Monate vor dem denkwürdigen Auftritt von Olaf Scholz, als das Bundesinnenministerium erst eine geplante Studie zu Racial Profiling verkündete und wenig später wieder absagte: Nach mehrwöchiger öffentlicher Debatte über Rassismus in der deutschen Polizei erklärten im Juni 2020 Sprecher des Bundesinnenministeriums und des Bundesjustizministeriums gemeinsam, man plane bereits eine Untersuchung in der Bundespolizei zu Racial Profiling. Dies sei »ein wichtiger Schritt, um fundierte Erkenntnisse über das Phänomen zu erlangen und darauf aufbauend über mögliche Gegenmaßnahmen zu diskutieren«.[182] Innenminister Seehofer weilte derzeit im Urlaub.

Offiziell einzuräumen, dass dieses Phänomen überhaupt bestehen und eine Untersuchung wert sein könnte, war ein radikaler und ebenso überraschender Kurswechsel. Zuvor hatte die Bundesregierung über Jahrzehnte hinweg immer wieder betont, sie sehe »keine Veranlassung, entsprechende Untersuchungen zu initiieren oder zu finanzieren«.[183] Und genau zu diesem Kurs kehrte das Bundesinnenministerium zurück, als Seehofer nach seinem Urlaub die Dienstgeschäfte wieder aufnahm. Am Samstag, den 4. Juli erklärte der Bundesinnenminister die Untersuchung kurzerhand für abgesagt. Es bestehe »kein Bedarf«, schließlich sei Racial Profiling verboten, begründete er die Entscheidung. »Weder die Polizeigesetze des Bundes noch die einschlägigen Vorschriften und Erlasse erlauben eine solche Ungleichbehandlung von Personen«, heißt es dazu in einer Pressemitteilung.[184] Entsprechende Vorkommnisse seien »absolute Ausnahmefälle«, weshalb eine Studie darüber, wie oft Beamte Racial Profiling anwenden, nicht notwendig sei. Mit anderen Worten: Was nicht erlaubt ist, das gibt es nicht. Deshalb muss es auch nicht untersucht werden. Wissenschaftliche Erkenntnisse stören da anscheinend nur.

Immer wieder das gleiche Muster: verhinderte Studien und verwässerte Fragebögen

Was Polizeiausbilder und Soziologe Hermann Groß als latente Wissenschaftsfeindlichkeit bezeichnet, beobachten auch zahlreiche Forschungskollegen. Vor allem Studien zu rassistischen Einstellungen oder möglicher Polizeigewalt seien nahezu unmöglich. »Das sind natürlich Themen, die bei der Polizei nicht beliebt sind und wo sich die Polizei schwer damit tut, dass das beforscht wird«, sagt der Kriminologe Tobias Singelnstein von der Ruhr-Universität Bochum. Es habe immer wieder Forscher gegeben, die sich damit befassen wollten und dann vor verschlossenen Türen standen, sagt er. Schon in den 1990er-Jahren schilderten Forscherinnen und Forscher den Eindruck, dass die Polizei ihren Fragestellungen nur ein »geringes Interesse« entgegenbringe und stattdessen schnell über ein »Zuviel an Einmischung« klage.[185]

Dass es wichtig wäre, rechtsextreme Einstellungen innerhalb der Polizei fundiert zu untersuchen, ist für Tobias Singelnstein eindeutig. »Bestehende Erkenntnisse deuten darauf hin, dass zwischen fünf und zwanzig Prozent der Beamten ein gefestigtes rechtes Weltbild haben«, sagt er. Das wären bundesweit zwischen

15 000 und 60 000 Polizistinnen und Polizisten mit menschenverachtenden Einstellungen. Genauere und vor allem aktuelle Erkenntnisse fehlen jedoch – und scheinen kaum gewollt. Den Antrag für ein Forschungsprojekt zu »Rassismus und Rechtsextremismus als komplexe Herausforderung für die Polizei«, den Singelnstein gemeinsam mit weiteren Forschern von vier verschiedenen Institutionen eingereicht hatte, lehnte das Bundesministerium für Bildung und Forschung im Dezember 2020 ab.

Sein hessischer Kollege Hermann Groß wiederum erklärt, er habe es in seinen zweieinhalb Jahrzehnten in der Polizeiforschung gar nicht erst versucht, Untersuchungen zu extremistischen Einstellungen zu entwerfen. »Ich habe da von vornherein keine Erfolgschancen gesehen, das überhaupt durchzubringen. Da hat niemand in der Polizei Interesse dran«, sagt Groß. Zugleich sei auch er immer wieder mit Forschungsvorhaben gescheitert, die kritische Ergebnisse mit sich bringen könnten – etwa zur Arbeitszufriedenheit oder zu Suiziden von Polizeibeamten. Wenn man Groß fragt, ob er beziffern kann, wie oft er mit Studienvorhaben am Widerstand der Polizei gescheitert sei, muss er erst laut lachen und dann lange überlegen. Acht bis zehn gescheiterte Versuche seien es in den letzten zwanzig Jahren auf jeden Fall gewesen. »Das ist frustrierend, aber man gewöhnt sich dran«, sagt er mehr amüsiert als verbittert. Untersuchungen zu heiklen Themen gebe es allenfalls, wenn Probleme bekannt geworden sind – um zu beweisen, dass es eigentlich gar kein Problem gebe.

Ein Beispiel dafür zeigte sich in einer Untersuchung der hessischen Polizei im Jahr 2019. Groß nennt sie »eine Art Notfall-Abwehr-Studie«, die das Innenministerium eilig aufgelegt habe, nachdem der Skandal um ein mögliches rechtsextremes Netzwerk in der hessischen Landespolizei nicht mehr zu ignorieren war. Mit der Studie habe man aus politischem Kalkül heraus nachweisen wollen, dass es kein strukturelles Problem mit antidemokratischen Einstellungen in der Polizei gebe, sagt Groß. Tatsächlich verkündete Hessens Innenminister Peter Beuth am 3. Februar 2020 freudig, das Ergebnis der besagten Studie verdeutliche, »dass die Frauen und Männer der hessischen Polizei fest an die Werte unserer freiheitlichen demokratischen Grundordnung glauben und sie auch vertreten«.[186] In der Befragung hatten sich 1,6 Prozent der Beamten selbst als »rechts« bezeichnet, weitere 0,1 Prozent als »ausgeprägt rechts«. Extreme oder extremistische politische Positionen seien der ganz großen Mehrheit der Polizistinnen und Polizisten fremd, und bei rechten Verdachtsfällen in der hessischen Polizei handele es sich um Einzelfälle, folgerte Innenminister Beuth daraus.

Doch diesem Schluss widersprachen ausgerechnet mehrere Mitglieder des wissenschaftlichen Beirats der Untersuchung. Denn bevor die Fragebögen an Polizeibeamte verschickt wurden, hatte das Innenministerium mehrere Fragen zu politischen Einstellungen streichen lassen. Man wolle einen »tragfähigen Kompromiss« zwischen dem wissenschaftlich Wünschenswerten und dem »in die Polizei hinein Vermittelbaren« erreichen, heißt es in einem internen Schreiben. Gestrichen wurden Fragen, ob Polizeibeamte Aussagen zustimmen wie »Es gibt zu viele Ausländer in Deutschland«, »Gegen die vielen Ausländer muss man sich notfalls auch mit Gewalt zur Wehr setzen« oder »Juden haben zu viel Macht auf dieser Welt«. Der in der finalen Fassung verbliebenen Aussage »Alles in allem wird Deutschland, wenn wir nicht aufpassen, ein islamisches Land« stimmten immerhin rund 28 Prozent der teilnehmenden Polizisten zu. Ein vollständiges Bild über die Einstellungen der Befragten erhalte man auf Basis dieser Befragung jedoch nicht mehr, sagt Beiratsmitglied Ursula Birsl, Professorin für Politikwissenschaften. »Die Studie hat ihr Ziel verfehlt«, erklärte sie auch gegenüber dem *Spiegel*.[187]

Dass Fragebögen auf Druck von Innenpolitikern und Polizeigewerkschaften abgeändert werden, ist keineswegs neu und beschränkt sich nicht auf Hessen. »Es gab in der Vergangenheit Studien in der Polizei, die dort relativ kritisch gesehen wurden und wo die Polizeigewerkschaften sich erhebliche Mühe gegeben haben, dass diese Studien abgeändert werden oder gar nicht stattfinden können«, resümiert Kriminologe Tobias Singelnstein im Frühjahr 2020.[188] Ein besonders prominentes Beispiel sorgte 2010 für Schlagzeilen. Damals beauftragte das Bundesinnenministerium gemeinsam mit den Innenministerien der Länder eine große kriminologische Studie, bei der rund 250 000 Polizeibeamte befragt werden sollten. Ziel war es, Umfang und Ursachen von Gewalt gegen Polizeibeamte zu erforschen. Die Studie sollte das renommierte Kriminologische Forschungsinstitut Niedersachsen (KFN) durchführen, das vom ehemaligen Landesjustizminister Christian Pfeiffer geleitet wird. Nach einer ersten Pilotstudie wurden bereits erste Fragen, etwa zur politischen Einstellung, aus dem Fragebogen entfernt, weil sie als problematisch wahrgenommen wurden. Die Deutsche Polizeigewerkschaft (DPolG) erklärte, »mit den skandalösen Fragebögen sollte die politische Gesinnung der Beamten ebenso ausspioniert werden wie deren Auffassung zu Migranten« und forderte, man solle statt des unabhängigen KFN besser die Deutsche Hochschule der Polizei mit einer Untersuchung beauftragen.

Im November 2010 sorgte dann ein bekannt gewordener psychologischer Fragenkorpus der Studie vollends für einen Eklat. Darin waren unter anderem Fragen zur persönlichen Situation und zur Kindheit der Beamten enthalten. Hamburgs damaliger Innensenator Christoph Ahlhaus erklärte, mit der Umfrage würden Opfer zu Tätern gemacht. »Wir brauchen keine Studie mit diskriminierenden Fragestellungen«, sagte er.[189] Obwohl das Forschungsinstitut sich bereit erklärte, auch diese Fragen zu entfernen, stiegen die Bundesländer Hamburg, Sachsen, Nordrhein-Westfalen und auch der Bund aus der Untersuchung aus. Dass gar kein Interesse bestand an einer unabhängigen und erkenntnisoffenen wissenschaftlichen Forschung, deren Ergebnisse öffentlich diskutiert werden können, machte die Bundespolizei sogar offen deutlich. Das Institut habe nicht zugesichert, dass die Behörde Einfluss auf die Veröffentlichung der Daten haben werde, kritisierte eine Polizeisprecherin kurz nach dem verkündeten Ausstieg aus der Studie.

Wie insbesondere die Bundespolizei die Hoheit über mögliche brisante Forschungsergebnisse behalten will, zeigt sich noch heute: Interne Dokumente der Bundespolizeiakademie belegen, dass selbst Studienarbeiten von angehenden Polizisten, die sich mit sensiblen Themen wie Extremismus auseinandersetzen wollen, bereits bei der Prüfungsanmeldung als »Verschlusssache – nur für den Dienstgebrauch« deklariert werden.

Wenn das Forschungsfeld die Forschung bestimmt

Es ist ein wiederkehrendes Muster, über das nahezu alle Polizeiforscher klagen: Unliebsame Studien über skandalträchtige Themen werden entweder gar nicht erst zugelassen oder so lange abgeändert, bis sie mit der ursprünglichen Fragestellung kaum noch etwas gemein haben. Wesentlichen Anteil daran tragen stets die Polizeigewerkschaften. Ohne die Unterstützung der Gewerkschaften sei eine Befragung innerhalb der Polizei von vornherein unmöglich, schildern zahlreiche Polizeiforscher übereinstimmend. Dass die Gewerkschaften ihr Mandat vor allem in Personalräten sehr breit auslegen, habe er mehrfach erfahren müssen, erklärt Forscher Hermann Groß. »Wenn Forschungsanfragen über den Personalrat laufen, dann heißt es ›Ne, da können wir nicht zustimmen, dass hier diese Befragung stattfindet‹. Das ist meine Erfahrung«, sagt er.

Auch bei der 2020 in Auftrag gegebenen Polizeistudie trugen die Polizeivertreter maßgeblichen Anteil daran, dass am Ende eine Untersuchung stand, die keinesfalls als »Rassismusstudie« bezeichnet werden kann. Der Kompromiss orientiere sich an einem Vorschlag der Gewerkschaft der Polizei, verkündete das Bundesinnenministerium offen. GdP-Vize Jörg Radek hatte zuvor eine Forschungsleistung gefordert, »die nicht bereits im Titel ein Problem unterstellt«, sondern positive Fragestellungen formuliert.[190]

Doch wenn Forscher ihre Methoden und Fragebögen vorher bei Polizeigewerkschaften genehmigen lassen müssen, könne man die Forschung gleich lassen, konstatiert auch der Kriminologe und Strafrechtsprofessor Hennig Ernst Müller.[191] Dass ein Forschungsfeld über die Methoden und Fragen bestimmen darf, mit denen es erforscht werden soll, scheint jedenfalls einmalig.

Stand 1996: Was dabei herauskommt, wenn man nach Rassismus in der Polizei sucht

Was dabei herauskommen kann, wenn zugelassen wird, dass Forscher nach rechtsextremen und rassistischen Einstellungen in den Reihen der deutschen Polizei suchen, zeigte sich Mitte der Neunzigerjahre. Nachdem analog zur massiven rechten Gewalt in der neu vereinigten Bundesrepublik zahlreiche Vorwürfe über rassistische Misshandlungen durch Polizeibeamte und Neonazis in Uniform die Schlagzeilen prägten, rückte das Thema auch in den Fokus der Polizeiforschung.

Ein Blick auf die politische und gesellschaftliche Ausgangslage dieser Zeit zeigt bemerkenswerte Parallelen zu der Situation, vor deren Hintergrund mehr als zwei Jahrzehnte später im Sommer 2020 monatelang über eine Polizeistudie gestritten werden wird: Zeitungen und Fernsehmagazine berichteten damals breit über

Misshandlungen von tatverdächtigen Ausländern, vor allem in Hamburg und Berlin. Der Hamburger Innensenator trat 1994 zurück, nachdem er Führungsschwächen im Umgang mit Polizeibeamten eingeräumt hatte, denen rassistische Straftaten vorgeworfen wurden. Allein in Hamburg ermittelte die Staatsanwaltschaft damals gegen 80 Polizeibeamte. Und auch wenn sich die deutsche Polizei seitdem deutlich verändert hat, vielfältiger, weiblicher und demokratischer geworden ist, wiesen die Forschungsergebnisse schon damals auf genau die Aspekte hin, die noch heute die Diskussion um Rassismus in der Polizei beherrschen (siehe auch Seite 32).

> *»Geheime Innenminister-Studie belegt: Polizei-Übergriffe auf Ausländer keine Ausnahme, Selbstjustiz häufig«, berichtet die Tagesschau am 16. Januar 1996 und zitiert Gründe für Übergriffe durch Polizeibeamte: »Überlastung, Fremdheitserfahrungen, Verallgemeinerung negativer Erfahrungen mit Ausländern, Korpsgeist und Gruppendruck«.*

Im Oktober 1994 beauftragte die Innenministerkonferenz die damalige Polizeiführungsakademie und heutige Deutsche Hochschule der Polizei mit einem Forschungsprojekt, das sich mit spezifischen Ursachen und Ausdrucksformen von Rassismus und Fremdenfeindlichkeit in der Polizei befassen sollte. 115 Beamte aus verschiedenen Einsatzbereichen nahmen dafür freiwillig an zweitägigen Workshops teil und führten Interviews mit den Forschern. Die Ergebnisse, die 1996 in der Schriftenreihe der Polizeiführungsakademie unter dem Titel »Fremdenfeindlichkeit in der Polizei?« veröffentlicht wurden, sorgten für sehr widersprüchliche Reaktionen. Einerseits verwiesen die Ergebnisse auf »einen deutlichen Zusammenhang zwischen alltäglichen Belastungen und Überforderungen im Dienst, die die Gefahr von Übergriffen erhöhen«, andererseits ließen sie jedoch keine pauschalen Rückschlüsse zu, um der Polizei strukturell oder systematisch Fremdenfeindlichkeit zu attestieren.[192] In öffentlichen Reaktionen wurde die Studie wahlweise als »weitere pauschale Diffamierung der Polizei« oder aber als »Bagatellisieren polizeilicher Übergriffe« gewertet.

Konkretere Ergebnisse zu rassistischen Einstellungsmustern lieferte eine weitere Studie, die 1996 gemeinsam mit der von der Innenministerkonferenz beauftragten Untersuchung publiziert wurde. 1995 befragte der Sozialwissenschaftler Hans-Gerd Jaschke 547 Polizeibeamte in Rheinland-Pfalz.[193] Das Ergebnis: 66 Prozent der befragten Beamten hielten Asylbewerber für eine »soziale Bedrohung der Gesellschaft«. 16 Prozent sahen diese Bedrohung zudem auch durch gesellschaftlich integrierte Ausländer. »Hier zeigt sich ein bedenkenswertes Potenzial von skeptischen bis ablehnenden Auffassungen, die durchaus offen sein könnten für manifest fremdenfeindliche und rassistische Überzeugungen und Verhaltensweisen«, resümierte Jaschke. Ein ähnliches Belegmuster sah Jaschke auch bei der Befragung und Begleitung von Polizeibeamten in Frankfurt am Main. Grundsätzlich schätzte Jaschke in seinem 1996 veröffentlichten Bericht »Rechtsextremismus und Fremdenfeindlichkeit in der Polizei« das Potenzial fremdenfeindlicher Einstellungen auf 10 bis 15 Prozent. Nicht erfasst wurden jedoch die »subtilen Formen des fremdenfeindlichen Verhaltens«, das heißt also genau das, was Schwarze Menschen in Deutschland immer wieder berichten. Grundsätzlich stellte Jaschke unter den Frankfurter Beamten eine skeptische Einstellung gegenüber als »ausländisch« wahrgenommenen Personen fest.

Für die Entwicklung fremdenfeindlicher Einstellungen in der Polizei ergaben sich aus Jaschkes Beobachtungen drei zentrale Punkte:

> Wenn ein häufiger ritueller Umgang mit der als »ausländisch« wahrgenommenen Klientel das polizeiliche Tätigkeitsfeld beherrscht.
> Wenn ein Betriebsklima herrscht, bei dem diskriminierendes Alltagsverhalten aus Gründen von Kameraderie und Korpsgeist geduldet wird.
> Wenn diese Konflikte auf Führungsebene tabuisiert werden.

Als struktureller Rassismus und Racial Profiling, blaue Mauer des Schweigens und fehlende Fehlerkultur sind diese drei Mechanismen auch heute noch in der Polizei präsent. Die Wirkmacht dieser Mechanismen im Hinblick auf rassistische Einstellungen weiter im Blick zu behalten schien jedoch nicht im Sinne von Polizeiführung und Innenministerien. »Sozialforschung in dem sensiblen Bereich ›Fremdenfeindlichkeit in der Polizei‹ setzt die Bereitschaft voraus, den Blick auf Innenverhältnisse der Institution von außen zuzulassen«, hielt Jaschke bereits 1996 fest. Doch zugelassen wurde dieser Blick auf die Innenverhältnisse über Jahrzehnte kaum noch.

Die Grenzen der Forschung: Was kann eine Studie überhaupt leisten?

Glaubt man den Ankündigungen, die insbesondere durch Stimmen aus der SPD laut geworden sind, sollte 2020 nun Schluss sein mit der offensiven Erkenntnisverweigerung zum Einstellungszustand der deutschen Polizei. SPD-geführte Bundesländer wie Hamburg und Niedersachsen haben eigenständige Forschungsprojekte in ihren Landespolizeien angekündigt. Offensichtlich gebe es immer wieder Glutnester antidemokratischen Verhaltens, die schnell erstickt werden müssten, erklärte etwa Niedersachsens Innenminister Boris Pistorius und kündigte eine qualitative Studie an.

Ob aus diesen Forschungsprojekten allerdings tatsächlich Erkenntnisse abgeleitet werden können, scheint nach monatelanger Diskussion über Rassismus in der Polizei mindestens fraglich. Denn selbst wenn am Ende ein unabhängiges Institut ohne jegliche Einflussnahme von Ministerien oder Gewerkschaften eine Studie durchführen sollte, wird diese Untersuchung schlussendlich unter dem Eindruck der intensiven politischen Debatte stattfinden. Dass unter diesen Bedingungen noch eine unvorbelastete Befragung von Polizisten möglich sein soll, scheint mehr als fraglich. Daran, dass Polizeibeamte sich bereits vorher zu Tätern stigmatisiert sehen könnten, scheiterte in Teilen bereits die Untersuchung zu Gewalt gegen Polizeibeamte im Jahr 2010. Die gefühlte Vorverurteilung wirkt als denkbar schlechteste Motivation für eine Mitwirkung.

Grundsätzlich ist es äußerst problematisch, politische Einstellungen einfach abzufragen. In der Hessen-Studie 2019 ordnete sich jeder fünfte Polizist als »mäßig rechts« ein. Zudem hatten rund 75 Prozent der 17 000 befragten Beamten den Fragebogen gar nicht zurückgeschickt. Nur ein Viertel der Beamten äußerte sich freiwillig über die eigene politische Selbstverortung. Und was es tatsächlich bedeutet, wenn sich Polizisten als »mäßig rechts« oder »rechts« einstuften, blieb den Befragten überlassen. Stets stellt sich die Frage, inwiefern Antworten in dem Bewusstsein gegeben werden, was sozial erwünscht ist und was als Antwort erwartet wird. Kaum ein Polizeibeamter, der nicht den Fokus auf seine Behörde lenken will, wird sich selbst als Rassist oder Rechtsextremer bezeichnen. Kriminologe Thomas Feltes erklärt dementsprechend, es könne bei Untersuchungen nicht darum gehen, rassistische oder fremdenfeindliche Einstellungen einfach zu erfragen. Die Gefahr, die dabei besteht, liege auf der Hand: »Die Befragten wissen, warum diese konkrete Studie durchgeführt wird, sie kennen die aktuelle politische Diskussion, und sie werden alles daransetzen, ›sozial erwünscht‹ zu antworten«. Wichtiger sei ihm zufolge die »Beobachtung polizeilichen Alltagshandelns in Echtzeit«.[194]

Untersuchungen und Erkenntnisse über die Polizei bedeuten zudem nicht, dass die Probleme behoben werden. Die Problemfelder, die Hans-Gerd Jaschke 1996 in seiner Untersuchung als Ursachen für verbreitete rassistische Einstellungen unter Polizisten diagnostizierte, sind mehr als zwei Jahrzehnte später immer noch präsent – allen voran eine Kultur des Schweigens und eine mangelhafte Fehlerkultur.

Dass Untersuchungen folgenlos bleiben, musste auch der Soziologe Wilhelm Heitmeyer erfahren, der 1995 den Hamburger Polizeiskandal untersuchte. Erst habe er mit erheblichen Widerständen aus der Gewerkschaft der Polizei und den Führungsetagen der Polizeidirektionen zu kämpfen gehabt. Am Ende der aufwändigen Untersuchung sei der Abschlussbericht mit zahlreichen Problembeschreibungen vom Polizeipräsidenten und von Führungskräften »wortlos und diskussionslos mit unfassbarer Arroganz hingenommen worden und blieb folgenlos«, resümiert Heitmeyer 25 Jahre später.[195]

Tatsächlich scheint es, dass ungeachtet der fehlenden und fortwährend verhinderten Erkenntnisse über die Innensicht der Polizei eine Studie nicht das Maß der Dinge für notwendige Veränderung ist. Wichtiger wäre die Bereitschaft, überhaupt etwas zu verändern. Doch daran mangelt es in großen Teilen der Polizei noch immer. »Der Handlungsbedarf und empfohlene Maßnahmen sind seit Jahrzehnten bekannt – sie wurden und werden schlicht nicht ausreichend umgesetzt«, betont Kriminologe und Polizeiausbilder Martin Thüne.[196]

DER GENERALVERDACHTS-VORWURF: RÜCKENDECKUNG DURCH DIE POLITIK

Das Lächeln scheint dem Bundesinnenminister an diesem Dienstagvormittag nicht für eine Sekunde aus dem Gesicht zu weichen. Am 6. Oktober 2020 tritt Horst Seehofer vor die versammelte Presse der Hauptstadt und stellt sichtlich zufrieden den Lagebericht »Rechtsextremismus in Sicherheitsbehörden« vor. Bereits nach wenigen Minuten zieht der Innenminister ein eindeutiges Fazit: »Die ganz überwiegende Mehrheit der Mitarbeiter der Sicherheitsbehörden steht fest auf dem Boden des Grundgesetzes«, lautet seine klare Botschaft. Dies bedeute zugleich, dass es »kein strukturelles Problem mit Rechtsextremismus in den Sicherheitsbehörden« gebe, betont Seehofer. Dass der von ihm vorgestellte Lagebericht keinerlei neuen Erkenntnisse enthält, sondern lediglich alte Zahlen aus den Verfassungsschutzämtern zusammengezählt hat, stört die Einschätzung des Ministers offensichtlich nicht – obwohl sogar der Bericht selbst ausdrücklich darauf hinweist, die Dimension rechter Umtriebe nur unvollständig abzubilden. »Auch wenn die absoluten Zahlen dieser Verfehlungen in Relation zur Gesamtzahl der Beschäftigten bei den Sicherheitsbehörden von Bund und Ländern gering sind, ist grundsätzlich von einem Dunkelfeld auszugehen«, heißt es bereits in der Einleitung des Lageberichts.[197]

Zugleich kündigt der Bundesinnenminister an diesem Vormittag ein entschlossenes Vorgehen gegen rechtsextreme Umtriebe in Sicherheitsbehörden an. »Jeder Einzelfall wird konsequent aufgeklärt und rigoros verfolgt«, verspricht er. Denn einzelne Rechtsextreme in den Behörden seien »eine Schande« – doch nicht allein, weil Rechtsextreme, die jeden Tag Zugang zu Waffen haben und im Dienst in Grundrechte eingreifen dürfen, eine Gefahr für die Demokratie sind, sondern, so betont Seehofer, »weil jeder erwiesene Fall alle Beschäftigten bei den Sicherheitsbehörden in Mitleidenschaft zieht«. Für die Zukunft sei es daher wichtig, sich auf bewiesene Fälle zu konzentrieren und die übrigen Beamten nicht mit »Verdachtszuweisungen« zu überziehen, erklärt der Minister.

Es ist ein Auftritt, der ein seit Jahrzehnten etabliertes Dilemma im öffentlichen Umgang der Innenpolitik mit der Polizei zeigt; mit einem fest etablierten Kommunikationsmuster:

1. Bekannt gewordene Probleme sind »Einzelfälle«.
2. Es gibt keine strukturelle Dimension dieser Probleme.
3. Die Frage nach diesen Problemen stellt die gesamte Polizei unter einen »Generalverdacht«.

Immunisierungsstrategien und Nebelkerzen

Für den Soziologen Wilhelm Heitmeyer sind dies klare Ablenkungsmanöver. Denn nicht nur dadurch, dass wissenschaftliche Studien über den Zustand der Polizei von allzu kritischen Fragen befreit oder Untersuchungen zu Racial Profiling ganz abgesagt werden, verhindern Innenpolitiker, dass wir herausfinden, wie rechts und rassistisch unsere Polizei tatsächlich ist. Die Aufklärungsverhinderung durch die Politik beginnt bereits in der Kommunikation über mögliche Probleme in der Polizei.

Vor allem der regelmäßig heraufbeschworene Vorwurf eines Generalverdachts sei ein »Immunisierungsversuch gegen jede

Kritik«, führt Heitmeyer in einem Interview mit dem *Tagesspiegel* aus.[198] »Ich kenne keine einzige ernstzunehmende Stimme, die einen Generalverdacht ausspricht. Der Minister verwahrt sich also gegen ein Argument, das überhaupt niemand anführt – und möchte so eine echte Diskussion verhindern«, erklärt er. Tatsächlich fällt es leicht, jegliche inhaltliche Auseinandersetzung mit Rassismus und Rechtsextremismus in der Polizei zu vermeiden, wenn Politiker jede kritische Nachfrage mit dem Hinweis auf bekannt gewordene Fälle oder mögliche strukturelle Probleme als gezielte Anschuldigung gegen jeden einzelnen Menschen im Polizeidienst darstellen.

Im November 2020 legt der Verfassungsschutz Mecklenburg-Vorpommerns seinen Jahresbericht vor und erwähnt dort erstmals die seit 2017 bekannte rechtsextreme Preppergruppe »Nordkreuz«, der auch Polizeibeamte angehörten. »Die in diesem Zusammenhang von Innenminister Caffier eingesetzte unabhängige Expertenkommission zur Untersuchung der Spezialeinheiten der Landespolizei hat festgestellt, dass ein Generalverdacht gegen die Polizei des Landes im Hinblick auf rechtsextremistische Umtriebe unbegründet ist«, heißt es in dem Bericht.[199] Ein Kommissionsmitglied widerspricht deutlich: »Wir haben weder einen Generalverdacht behauptet noch hätten wir ihn ausgeräumt. Das war schlicht und einfach nicht unser Untersuchungsgegenstand.«[200] | Bei der Innenministerkonferenz im Juni 2020 bekommt Berlins Innensenator Andreas Geisel für seinen Entwurf des neuen Berliner Antidiskriminierungsgesetzes laut Stimmen aus der Sitzung »eine Stunde lang auf die Fresse«.[201] Das Gesetz sieht eine sogenannte Beweiserleichterung bei Diskriminierungsvorwürfen gegen Beamte vor, wie sie etwa auch im Arzthaftungsrecht zu finden ist. Andere Innenminister sehen in dem Entwurf einen zum Gesetz gewordenen Generalverdacht. Nordrhein-

Westfalens Innenminister Reul betont: »Ich habe keine Lust, dass meine Polizisten sich rechtfertigen müssen. Das geht nicht.«[202] Das Berliner Landesantidiskriminierungsgesetz betrifft alle Vertreter der Berliner Landesbehörden, also auch Lehrer, Richterinnen oder Beschäftigte der Berliner Verkehrs- und Wohnungsgesellschaften. Ein hörbarer Aufschrei kommt jedoch ausschließlich mit Blick auf die Polizei. Bundesinnenminister Seehofer erklärt, das Gesetz sei »im Grunde ein Wahnsinn«.[203]

Innenpolitiker und Polizeigewerkschaften haben es erfolgreich geschafft, einen Vorwurf, den noch nie jemand ernsthaft formuliert hat, in der öffentlichen Diskussion zu verankern Das lässt sich überdeutlich daran ablesen, dass kaum ein Beitrag, der sich kritisch mit Problemen in der Polizei auseinandersetzt, ohne den Hinweis daherkommt, dass der Kritiker selbstverständlich nicht rund 300 000 Menschen in Uniform niedere Absichten unterstellt und natürlich etliche Polizisten ihren Job gut machen. Probleme löst man damit jedoch keinesfalls.

Wer kritisiert, wird kritisiert

Hinweise und Absicherungen, dass man nicht jeden einzelnen Polizisten kritisiert, wenn man potenzielle Probleme in der Polizei anspricht, scheinen durchaus notwendig und zugleich überflüssig. Wer es wagt, die Polizei öffentlich zu hinterfragen, muss stets mit heftigem Gegenwind rechnen und sich schnell unlautere Motive vorwerfen lassen. Dabei ist offenkundig egal, wie sachlich im Ton und wie objektiv in der Sache eine kritische Betrachtung der Polizei daherkommt.

»Polizisten sind in Deutschland die Guten«, betont CSU-Chef Markus Söder im ZDF-Sommerinterview 2020. Wer das anders

diskutiere, wolle »da eher Misstrauen setzen«, sagt er. | Am Vormittag des 11. November 2020 veröffentlichen Forscher der Ruhr-Universität Bochum den Zwischenbericht eines mehrjährigen Forschungsprojekts zu Polizeigewalt. Noch am selben Tag meldet sich Nordrhein-Westfalens Innenminister Herbert Reul zu Wort: Ob die Ergebnisse der Untersuchung repräsentativ seien, müsse man bezweifeln, für sein Bundesland entfalte die Studie keine Aussagekraft. Zudem unterstellt er den Wissenschaftlern, »dass Zitate von Betroffenen und Experten gewählt wurden, um die Polizei besonders negativ darzustellen.«[204]

Diese Erfahrung machte im Sommer 2020 vor allem SPD-Chefin Saskia Esken. »Auch in Deutschland gibt es latenten Rassismus in den Reihen der Sicherheitskräfte, die durch Maßnahmen der Inneren Führung erkannt und bekämpft werden müssen«, sagte sie mit Blick auf die weltweiten Black-Lives-Matter-Demonstrationen.[205] Auch Esken wies in beinahe ritualisierter Weise darauf hin, dass die große Mehrheit der Polizeibediensteten solchen Tendenzen sehr kritisch gegenüberstehe, doch ob dieser Teil ihrer Aussage überhaupt von irgendjemandem registriert wurde, scheint fraglich.

Die umgehenden Reaktionen fielen ebenso empört wie vorhersehbar aus. Der Polizei zu unterstellen, sie habe ein größeres Problem mit Rassismus als andere Lebensbereiche, sei falsch und setze sie einem ungerechtfertigten Generalverdacht aus, entgegnete Niedersachsens Innenminister Boris Pistorius.[206] »Der Vorwurf eines latenten Rassismus in der deutschen Polizei stößt bei mir auf absolutes Unverständnis«, erklärte Bundesinnenminister Horst Seehofer.[207] Und Thüringens Innenminister Georg Maier kritisierte seine eigene Parteichefin scharf, verwies auf »Einzelfälle«, denen nachgegangen werde, und sagte, es gebe keine Rechtfertigung dafür, »die Integrität unserer Polizei strukturell infrage zu stellen«.[208]

Hinzu kamen harsche Statements der Polizeigewerkschaften und Tausende empörte Kommentare in sozialen Medien.

Vermutlich hätte Esken in ihrem inkriminierten Statement genauso gut sagen können, dass alle Polizisten Rassisten seien, die ritualisierten Empörungsreaktionen der Innenpolitik wären wohl ähnlich ausgefallen. Denn in dem Getöse ihrer Kritiker, die sich im Chor gegen einen Generalverdacht gegenüber deutschen Polizisten aussprachen, geriet die eigentliche Aussage Eskens schnell in den Hintergrund: Es gebe einen »latenten« – also einen kaum wahrnehmbaren, aber vorhandenen – Rassismus in der Polizei, auf den die politische Führung reagieren müsse, sagte sie. Wie groß dieses latente Problem ihrer Meinung nach sei, sagte Esken nicht. Und wie groß dieses Problem tatsächlich ist, werden wir so schnell nicht erfahren. Dass Esken lediglich zaghaft formulierte, was Schwarze Menschen, Migranten, eine Kommission des Europarats und selbst aktive Polizisten seit Jahren berichten, geriet in der Debatte zur Nebensache. Die Abwehr gegen einen nie geäußerten Vorwurf verhinderte abermals die politische Auseinandersetzung mit der eigentlichen Kritik.

Das bewusste Missverständnis

»Wir haben kein strukturelles Problem in der Polizei« – keine Aussage haben deutsche Innenminister wohl so häufig wiederholt wie diese; meist flankiert von dem Hinweis, dass der allergrößte Teil der Polizisten einen sehr guten Job mache. Auch dies ist eine ritualisierte politische Abwehrreaktion gegenüber Kritik an der Polizei. Und auch hier immunisieren politisch Verantwortliche die Polizei gegen Kritik, indem sie mit harschen Worten einen Vorwurf widerlegen, den niemand erhoben hat.

Nach einem Bericht des *ARD*-Magazins *Monitor* im Oktober 2020 über eine rassistische Chatgruppe in der Berliner Polizei meldete sich auch das Bundesinnenministerium schnell öffentlich zu Wort. Es gebe keine Hinweise auf »strukturellen Rechtsextremismus« in der Polizei, sagte ein Ministeriumssprecher.[209] Aus dem Auftauchen von Fällen in verschiedenen Bundesländern könne nicht direkt geschlossen werden, dass es sich um ein strukturelles Problem handele. Auch Nordrhein-Westfalens Innenminister Herbert Reul sah sich angesichts von Dutzenden rechten Verdachtsfällen in seiner Polizei zu einem ähnlichen Statement veranlasst und erklärte, ein strukturelles Problem hieße, »jeder oder fast jeder in der Polizei« sei davon betroffen. »Das will ich nicht feststellen, weil die allermeisten Polizisten sich ordentlich benehmen und eine richtige Haltung haben«, sagte Reul.[210] Dass es in vielen Fällen gar nicht um rechtsextreme Verdachtsfälle ging, sondern um Rassismus, ignorierten beide Politiker offenkundig.

Entscheidend ist aber vor allem eines: Ein strukturelles Rassismusproblem bedeutet keineswegs, dass alle bekannten Fälle miteinander vernetzt sein müssen oder dass es um die schiere Menge der Verdachtsfälle geht. Es heißt schlichtweg, dass Probleme auf die herrschenden Strukturen der Institution Polizei zurückzuführen sind: Racial Profiling als Folge von diskriminierungsfördernden Polizeigesetzen und Lagebildern, strukturelles Schweigen in den Reihen der Polizei bei Fehlverhalten von Kollegen und eine mangelnde Fehlerkultur, die selbst Innenminister beklagen. »Wenn man nicht davon ausgehen kann, dass es Systeme gibt, die greifen, wenn man Rassismus innerhalb der Polizei bei den Kollegen entdeckt, dass die dann auch verfolgt, konsequent bestraft oder aufgeklärt werden, dann haben wir ein strukturelles Problem«, erklärt die Rassismusexpertin und Autorin Alice Hasters in genau dem *Monitor*-Bericht, auf den das Bundesinnenministerium mit seinem Dementi reagierte.

Die Abwehr gegen den Vorwurf struktureller Probleme in der Polizei ist also in erster Linie ein bewusstes Missverstehen durch die Politik. Was tatsächlich gemeint ist, ignorieren zahlreiche Innenpolitiker schlichtweg, um die Debatte in eine andere Richtung zu drehen. Ihren Polizisten erweisen die Innenminister mit dieser Nebelkerze einen Bärendienst. Schließlich würden strukturelle Probleme bedeuten, dass eben nicht jeder einzelne Polizist aus tiefer Überzeugung rassistisch handelt. Die Verantwortung für Fehlverhalten und Diskriminierung läge nicht allein bei den Beamten. Sie läge – und das ist wohl ein entscheidender Punkt – bei den Politikern.

Tradition statt Einzelfall

In der Debatte um Rassismus in der Polizei im Sommer 2020 trat vor allem Bundesinnenminister Horst Seehofer als kompromissloser Beschützer seiner eigenen Schutzmacht hervor. Er sagte eigenmächtig eine geplante Studie über Racial Profiling in der Bundespolizei ab, weil Racial Profiling verboten ist und deswegen nicht existieren könne. Er verwendete erhebliche Ressourcen seines Ministeriums auf eine erst per *Bild*-Schlagzeile angekündigte und dann nie realisierte Strafanzeige gegen eine Autor:in der *taz*, die sich in einer Kolumne abfällig über die Polizei geäußert hatte. Er ignorierte dabei die Einschätzungen der Staatsanwaltschaft und seiner eigenen Experten im Innenministerium. Er, der einst »bis zur letzten Patrone« eine Zuwanderung in das deutsche Sozialsystem verhindern wollte und Migration als »Mutter aller Probleme« benannte, beklagte angesichts abschätziger Texte über die Polizei eine »Enthemmung der Worte«, die zu Gewaltexzessen führe.[211] Holzschnittartig führte Seehofer vor, dass jeder, der die Polizei kritisiert, selbst in die Kritik gerät; dass jede Frage nach möglichen Problemen gezielt als Generalverdacht gegen jeden Polizisten ausgelegt und damit die eigentlich angesprochene Problematik in den Hintergrund geschoben wird.

Zugleich knüpfte Seehofer lediglich an eine seit Jahrzehnten etablierte Haltung an. Als Innenminister scheint es obligatorisch, ausschließlich zwei identische Standpunkte einzunehmen. Je nach favorisierter Formulierung stellt man sich schützend vor seine Polizisten oder stärkt ihnen dankbar den Rücken – manchmal auch beides gleichzeitig. Die passenden Statements tönen seit Jahren unverändert. »Bei Übergriffen der Polizei gegenüber Ausländern, denen ein fremdenfeindlicher Hintergrund zugeordnet wird, handelt es sich um nicht zu verallgemeinernde Einzelfälle«, hielten die Beteiligten der Innenministerkonferenz schon 1994 in ihrer Beschlussschrift fest[212] – nachdem zahlreiche Berichte über rassistische Polizeigewalt in Hamburg, Frankfurt und Berlin öffentlich geworden waren.

Auch Seehofers bizarre Aussage, man müsse Racial Profiling nicht untersuchen, da diese Praxis verboten sei, ist keineswegs neu. »In der Bundesrepublik Deutschland verbietet sich eine solche Vorgehensweise schon aufgrund des Grundgesetzes und des rechtsstaatlichen Systems. Daher bedienen sich weder das Bundeskriminalamt (BKA) noch die Bundespolizei eines solchen Instrumentes«, erklärte die Bundesregierung bereits 2008 zu Racial Profiling und schloss daraus, dass deshalb weder Bedarf an einer entsprechenden Studie noch einer gesonderten statistischen Erfassung solcher Fälle bestehe.[213] Nahezu gleichlautend wiederholte die Bundesregierung sechs Jahre später, dass Racial Profiling »mit dem geltenden deutschen Recht unvereinbar« sei und »daher innerhalb der Bundespolizei nicht angewandt« werde.[214]

Es ist offensichtlich ein ewig wiederkehrendes Muster: Was verboten ist, das gibt es demnach nicht. Damit erübrige es sich zugleich, die Frage nach strukturellen Missständen zu stellen. Bundesinnenminister Horst Seehofer ist also, um es mit seinen eigenen Worten zu sagen, kein Einzelfall.

DIE ROLLE DER POLIZEIGEWERKSCHAFTEN

Wer in Deutschland über die Polizei spricht, kommt an ihnen nicht vorbei. Keine andere Gruppe hat das öffentliche Bild der deutschen Polizei in den letzten Jahrzehnten so sehr geprägt wie die berufseigenen Lobbyverbände – im Wesentlichen die beiden mitgliederstärksten Vertretungen, die Gewerkschaft der Polizei (GdP) und die deutlich kleinere, dafür jedoch umso lautere Deutsche Polizeigewerkschaft (DPolG). Dabei haben die Polizeigewerkschaften das Idealbild einer Polizei samt ihrer Aufgabe in der Gesellschaft in Richtung einer autoritären Organisation verschoben, zugleich rechte Positionen im Diskurs verankert und die Aufklärung der Dimension rechter Umtriebe in der Polizei konsequent verhindert.

»Wir brauchen kein Misstrauensvotum gegen die Polizei«

Die deutsche Polizei brauche keine zusätzliche Kontrolle, sondern zusätzliche Befugnisse. So lautet der einhellige Tenor der großen Polizeigewerkschaften seit Jahrzehnten. Kaum eine Meldung über rechtsextreme oder rassistische Verdachtsfälle in der Polizei, die nicht binnen kürzester Zeit von den Gewerkschaften aufgegriffen wurde, um deutlich zu machen, es gebe kein Problem, mit dem man sich auseinandersetzen müsse. »Es gibt in der deutschen Polizei keine strukturellen Bedingungen, die rechtsextremes Gedankengut oder die Bildung rechtsextremer Gruppierungen in irgendeiner Weise fördern würden«, sagte GdP-Vorsitzender Oliver Malchow nach den ersten Enthüllungen über den Polizeiskandal in Hessen.[215] Als im September 2020 mehrere rechtsextreme Chatgruppen in der Polizei Nordrhein-Westfalen entdeckt wurden, veröffentlichte die GdP eine Pressemitteilung unter dem Titel »Die Bekämpfung des Rechtsextremismus gehört zur DNA der Polizei«.[216] Angesichts der Black-Lives-Matter Proteste und einer öffentlichen Debatte um rassistische Polizeigewalt erklärte der Berliner DPolG-Vorsitzende Bodo Pfalzgraf gar: »Die Polizei Berlin ist die größte Menschenrechtsorganisation dieser Stadt«.[217] Und DPolG-Chef Rainer Wendt ging sogar so weit, zu behaupten, in der Polizei gebe es »erheblich weniger Rassismus als in der Gesamtbevölkerung«.[218]

Das Kommunikationsschema der Polizeigewerkschaften ist offensichtlich und gleicht dem vertrauten Tonfall der Innenministerien, denen die Gewerkschaften seit Jahrzehnten als feste Mitstreiter zur Seite stehen, fast aufs Wort: Kritik an der Polizei dementieren sie umgehend – anschließend holen sie zum Gegenangriff aus. Polizeiforscher und Ausbilder Rafael Behr sieht hier eine regelrechte Arbeitsteilung, die sich über Jahrzehnte etabliert hat. »Die Gewerkschaften springen in die Bresche, treten öffentlich als die eigentlichen Experten des wirklichen Polizeialltags auf und delegitimieren Kritiker«, sagt er. Als SPD-Chefin Saskia Esken 2020 über latenten Rassismus in der Polizei sprach, warf GdP-Vize Dietmar Schilff der Politikerin vor, sie erhoffe sich möglicherweise Wählerstimmen.[219] Einem Forschungsbericht der Ruhr-Universität Bochum, der rassistische Polizeigewalt thematisierte, warf DPolG-Chef Rainer Wendt vor, es handele sich nicht um Wissenschaft, sondern um »üble Stimmungsmache«, um die Polizei zu diskreditieren. Den Forschern gehe es um lukrative Forschungsaufträge und nicht um seriöse Untersuchungen, mutmaßte er.[220] Und angesichts der Black-Lives-Matter-Proteste und bundesweiten Diskussion über Videos mutmaßlicher Polizeigewalt hielt der stellvertretende Bundesvorsitzende der DPolG Joachim Lenders entgegen, plötzlich würden Polizisten zum Fußabtreter der Nation abgestempelt. Beinahe drohend kündigte er an, er erwarte, »von der schweigenden Mehrheit den ›Aufstand für ihre Polizei‹ und von Politikern und der Polizeiführung Rückendeckung – sonst stehen wir eines Tages auch nicht mehr an der Front …«[221]

Der Vulnerabilitätsdiskurs greift

Der klare Tenor zwischen Kriegsrhetorik und verbalem Gegenangriff: Die Polizei ist niemals Täter, sondern immer Opfer; und Opfer benötigen Unterstützung. Dieses Schema zeigte sich 2020 anschaulich, als aus einer viel diskutierten »Rassismusstudie« in der Polizei gemäß des Vorschlags der GdP eine Studie zu Alltagsbelastungen von Polizisten gemacht wurde. Und es zeigte sich bereits in den Zeiten der letzten umfassenden Studien zu Rassismus in der Polizei in den Neunzigerjahren. Damals kommentierte die DPolG entsprechende Studienergebnisse mit dem Hinweis: »Ausländische Tatverdächtige treten der Polizei oft mit Gewalt, mit Beleidigungen und anderen Provokationen entgegen.«[222] Nicht die mögliche Gewalt von Polizisten darf im Fokus stehen, sondern die Gewalt gegen Polizisten. Als stünden Polizisten nicht grundsätzlich rechtlich privilegiert da und als würden auf Angriffe gegen Polizisten nicht ganz andere juristische Maßstäbe angelegt und andere Strafen ausgesprochen. Doch dieser Vulnerabilitätsdiskurs der Gewerkschaften greift, und das mit spürbaren

Folgen. Wirksame Kontrollmechanismen werden so immer wieder verhindert.

Bei wissenschaftlichen Untersuchungen nehmen Gewerkschaften über ihre Rolle in den Personalräten Einfluss und verhindern unangenehme Fragen. Oder sie drehen die öffentliche Diskussion über Bedarf und Fokus von Untersuchungen bereits vorab in eine andere Richtung. »Es gibt daher keine unabhängige Forschung in der Polizei. Spätestens die Mitarbeitervertretungen nehmen Einfluss auf Fragestellungen, wenn sie die Interessen des Personals tangiert sehen«, kommentiert Polizeiforscher Behr die Rolle der Polizeivertretungen.

Seit Jahrzehnten sperren sich die Gewerkschaften zudem gegen eine Kennzeichnungspflicht von Polizisten, die eine Identifizierung und damit die Strafverfolgung bei Fehlverhalten einzelner Beamter erleichtern würde.[223] Einen bizarren Höhepunkt dieses Protests bot 2011 eine Pressekonferenz der DPolG Berlin, während der die Gewerkschafter nicht nur das Recht auf informationelle Selbstbestimmung der Beamten in Gefahr sahen, sondern die kurz zuvor in Berlin eingeführten Kennzeichnungen selbst als Bedrohung für die Gesundheit von Polizisten brandmarkten: Die Plaketten mit Namen oder Kennziffern der Beamten seien so scharfkantig, dass Kriminelle sie den Beamten von der Uniform reißen und als Waffe verwenden könnten, lautete die zentrale Kritik der Gewerkschaft. Zum Beweis schnitt Berlins DPolG-Vorsitzender Bodo Pfalzgraf mit einem Namensschild in ein eigens dafür mitgebrachtes Eisbein. Beide großen Polizeigewerkschaften boten zudem mehrmals rechtliche Unterstützung für Polizeibeamte, die gegen Kennzeichnungspflichten vor Gericht zogen.

Auch beim Kampf gegen unabhängige Kontrollstellen für die Polizei stehen die Gewerkschaften in langer Tradition in der ersten Reihe. Dass die wenigen existierenden Beschwerdestellen, denen es an Mitteln, Personal und Befugnissen fehlt, so aufgestellt sind, wie sie es sind, ist auch der Verdienst der Lobbyverbände. Als der rheinland-pfälzische Landtag 2014 die Rolle eines Polizeibeauftragten schlicht als zusätzliche Aufgabe an den bisherigen Bürgerbeauftragten übertrug, ohne eine eigene und ausreichend ausgestattete Stelle zu schaffen, zeigte sich die GdP sichtlich zufrieden. Eine ursprünglich im Koalitionsvertrag von SPD und Grünen vorgesehene »Beschwerdestelle gegen die Polizei« sei verhindert worden – durch die politische Arbeit der Polizeigewerkschaft.[224] Diese Blockadehaltung gilt noch immer: Ein Polizeibeauftragter als Ansprechpartner für Bürger und Beamte, wie ihn die Hamburger Grünen 2020 in ihrem Wahlprogramm forderten, sei ein »Misstrauensvotum gegen die Polizei«, erklärte die DPolG.[225] Und selbst der Vorsitzende des Deutschen Gewerkschaftsbunds (DGB), in den die GdP eingegliedert ist, verkündete 2020: »Polizeibeauftragte stigmatisieren eure Berufsgruppe. Das stellt unseren Rechtsstaat infrage und führt ins Nichts.«[226]

Achtung, Achtung, hier spricht ein Lobbyverband der Polizei

Die problematische Rolle der Berufsverbände beginnt bereits mit ihrer seit Jahren gewachsenen medialen Dauerpräsenz, sobald das Thema Polizei auf dem Plan steht. Gewerkschafter sind bevorzugte Stichwortgeber in nahezu allen Medienbereichen, weil sie vor Fernsehkameras und gegenüber Zeitungsreportern jene prägnanten Statements und eindrücklichen Aussagen liefern, die offizielle Behördensprecher, die Professionalität und Neutralität wahren sollen, nur in den seltensten Fällen äußern. Dass dort Interessenvertreter für ihre Mitglieder Lobbyarbeit leisten und es sich nicht um die offizielle Position »der Polizei« handelt, wird dabei schnell vergessen. Doch damit verschiebt sich das öffentliche Bild der Polizei und ihrer Aufgaben. Selbst etablierte Politikformate, wie das *ZDF*-Magazin *Frontal 21* kündigen die Aussage des Berliner GdP-Sprechers Benjamin Jendro als Positionierung der Polizei Berlin an, die sich gegen den Vorwurf von Gewalt und Rassismus in ihren Reihen wehre.[227] »Germanist, kein Polizist« lautet die Selbstbeschreibung auf Jendros Twitter-Profil.

> *»Die DPolG vertritt die beruflichen, sozialen, wirtschaftlichen und finanziellen Interessen der Polizeibeschäftigten in Deutschland, einschließlich der Pensionäre und Rentner. Ihre wichtigste Aufgabe ist das Erreichen besserer Arbeits- und Einkommensbedingungen ebenso wie eine Verbesserung der dienstlichen und beruflichen Rechte.« (Selbstbeschreibung der Deutschen Polizeigewerkschaft)*

Kein Mensch hat in den letzten Jahren so deutlich den öffentlichen Diskurs über Zustand und Idealvorstellung der deutschen Polizei mitbestimmt wie der DPolG-Chef Rainer Wendt. Seit mehr als einem Jahrzehnt warnt er omnipräsent in Talkshows, Fernsehberichten und Zeitungsartikeln vor einem schwachen Staat und fordert mehr Befugnisse für die Polizei. Mit Thesen über ein »Deutschland in Gefahr« oder den Rechtsstaat am Limit hat Wendt Tausende Bücher verkauft. Doch als Lobbyisten registriert die Öffentlichkeit den Mann, der seit Jahren nicht mehr als Polizist gearbeitet hat, meist nur am Rande. »Herr Wendt wird, und dessen ist er sich sicherlich durchaus bewusst, als ›der Polizist‹ in Deutschland wahrgenommen. Sein Bekanntheitsgrad dürfte weit über dem einiger Polizeipräsidenten der deutschen Länderpolizeien liegen. Was er sagt, hat Gewicht. Auf welcher Seite der Waage es liegt, ist fragwürdig«, schreibt auch der hessische Polizeihauptkommissar Dennis Seeger, als er am 16. September 2020 öffentlich seinen Austritt aus der DPolG erklärt.[228] Denn vieles von dem, was der Bundesvorsitzende der DPolG verbreitet, spiegle »nicht im Geringsten die Werte und die Einstellung wider, für die ich als Mensch und als Polizeibeamter eintrete«, begründet der Polizist und CDU-Politiker seine Entscheidung.

Drift nach rechts

Tatsächlich hat die Deutsche Polizeigewerkschaft unter Rainer Wendt den öffentlichen Diskurs über die Polizei Stück für Stück nach rechts verschoben. Unter ihm verteilte die DPolG Kalender mit rassistischen Karikaturen an ihre Mitglieder, er gab dem mittlerweile als rechtsextremen Verdachtsfall eingestuften *Compact-Magazin* ein Interview und er schrieb als Autor für das rechte Portal *Junge Freiheit* Gastbeiträge, in denen er einen Rechtsstaat forderte, der nicht lasch sein dürfe. Schon kurz nach seiner Wahl zum Bundesvorsitzenden 2007 ereiferte Wendt sich über die Kläger gegen die umstrittene und später als teilweise verfassungswidrig eingestufte Neufassung des Bundeskriminalamtsgesetzes, insbesondere die renommierten FDP-Politiker und Innenpolitikexperten Gerhart Baum und Wolfgang Hirsch. Er bezeichnete sie als »Karlsruhe-Touristen«. Wendts Wortschöpfung schaffte es 2008 auf den dritten Platz bei der Wahl zum Unwort des Jahres. Die Jury wertete es als »bedenkliches Verständnis der Grundrechte«.[229] Unter Rainer Wendt übernahm die Deutsche Polizeigewerkschaft zusehends die Funktion eines Scharniers zwischen konservativen und extrem rechten Positionen und Milieus.[230] So griff die DPolG 2017 einen Artikel des extrem rechten Blogs *Journalistenwatch* auf, der sich darüber ereiferte, dass zum wiederholten Male ein Kongress über antifaschistische Jugendarbeit in einem Gebäude des Deutschen Gewerkschaftsbunds in München stattfinden sollte. Und als im Juni 2020 Tausende Menschen in Berlin an der Black-Lives-Matter-Demonstration gegen Polizeigewalt und Rassismus teilnahmen, warnte die DPolG Berlin in sozialen Medien ihre Kollegen, »die Aggressivität der Berufsempörer & gewaltbereiten Krawallmacher der Polizei gegenüber hat einen neuen Höhepunkt erreicht« und versah die Meldung mit einem in rechten Kreisen üblichen Hashtag.[231] Schon 2009 erschien in der thüringischen Mitgliederzeitschrift der DPolG ein Artikel, in dem der Autor härtere Strafen forderte, dafür aus einer Wahlkampfzeitung der rechtsextremen NPD zitierte und erklärte, der NPD schade das Image, das ihr »von allen Seiten angedichtet werde«.[232]

Durch die mediale Dauerpräsenz von Wendt und seiner Gewerkschaft hat sich das öffentliche Bild der Polizei verschoben in Richtung einer starken Ordnungsmacht, die rigide durchgreifen müsse und dafür entsprechende Befugnisse brauche – keine Kritik von außen. Im Januar 2021 wählte die Deutsche Polizeigewerkschaft Rainer Wendt für weitere vier Jahre erneut zum Bundesvorsitzenden. Der stramm konservative Rechtsdrall des Lautsprechers Wendt scheint also weiterhin Zuspruch innerhalb der Polizei zu finden.

Und mit gestiegener Aufmerksamkeit für derart lautstarke öffentliche Auftritte hat sich auch die weitaus größere Gewerkschaft der Polizei in den letzten Jahren deutlich nach rechts bewegt. In den ersten beiden Jahrzehnten nach ihrer Gründung 1950 trat die Gewerkschaft der Polizei unter dem negativen Eindruck der deutschen Polizei im Faschismus offensiv für eine zivile und bürgernahe Polizei ein. Sie stritt wie keine andere gesellschaftliche Kraft in der Bundesrepublik gegen paramilitärische Polizeikonzepte der Innenminister, reichte Verfassungsbeschwerde gegen den Plan ein, Polizisten mit Handgranaten auszustatten, und erklärte, der moderne Schutzpolizeibeamte sei zugleich Sozialarbeiter. Davon ist heute nur noch wenig zu spüren. »Als ich vor 40 Jahren in die Polizei gekommen bin, war die GdP noch sehr SPD-nah, sehr links und stand dafür, die Polizei zu modernisieren. Das hat sich in den vier Jahrzehnten total gewandelt«, sagt der pensionierte

Polizeihauptkommissar Thomas Müller. Bei dem internen Kampf um Plätze in den Personalvertretungen treibe die DPolG ihre große Schwestergewerkschaft vor sich her. »Die wollen in die Personalräte und dann machen die Klientelpolitik«, sagt Müller. Schließlich seien es vor allem besonders drastische Aussagen, die mediale Öffentlichkeit garantieren. Auch der drittgrößte Berufsverband von Menschen in der Polizei, der Bund Deutscher Kriminalbeamter (BDK), der seit einigen Jahrzehnten als sehr liberal gilt, ist nicht frei von diesen Entwicklungen. Vor allem unter seinem Bundesvorsitzenden Sebastian Fiedler, der 2021 für die SPD in den Bundestag einziehen möchte, tritt der BDK oft selbstkritisch auf, steht für eine liberale Drogenpolitik und spricht offen über rassistische Vorfälle in der Polizei. Zugleich streiten auch Fiedler und der BDK jegliche strukturellen Probleme und Hintergründe in puncto Rassismus in der Polizei ab. Im Januar 2021 griff der BDK Niedersachsen gar die unter Rechtspopulisten verbreitete Forderung auf, die unter dem abstrakten Sammelbegriff »Antifa« subsumierten Gruppen nach dem Vereinsgesetz zu verbieten.[233] Die Gewerkschaft stieß mit diesem Anliegen bei Niedersachsens Innenminister Boris Pistorius auf erstaunlichen Zuspruch. Erst sieben Monate zuvor war ein entsprechender Antrag der AfD im Bundestag von allen demokratischen Parteien abgelehnt worden.[234]

In Form der Gewerkschaften tritt die Polizei also zunehmend selbst als politischer Akteur auf. Sie will nicht nur darüber bestimmen, wie sie Kriminalität bekämpft, sondern prägt maßgeblich das Bild dessen, was überhaupt als Bedrohung für die Gesellschaft zu werten sei. Die Botschaft der Gewerkschaften dabei ist klar: Wer die Polizei hinterfragt, der schwächt den Rechtsstaat. Doch das Gegenteil ist der Fall.

6.

AUF DEM RECHTEN WEG?

STRUKTURWANDEL? GEWACHSENES PROBLEMBEWUSSTSEIN UND VIELFALT IN UNIFORM

Neonazis in Uniform, Racial Profiling und interne Strukturen, die Rassismus in der Polizei begünstigen, all das gibt es – und das ist mittlerweile auch zumindest in Teilen der Polizei selbst bewusst geworden. »Da verändert sich derzeit etwas«, sagt Thomas Müller. Er ist jemand, der es wissen muss. Mehr als vier Jahrzehnte lang war Müller selbst Polizist. Als er seinen Dienst bei der Polizei Bremen antrat, traf er noch auf Kollegen, die ihre Wurzeln im Dritten Reich hatten. Achtzehn Jahre war er im Streifendienst unterwegs, studierte dann Kriminologie und hinterfragte seine Rolle als Polizeibeamter. Zum Schluss seiner Dienstzeit war er rund ein Jahrzehnt lang Integrationsbeauftragter der Polizei Bremen. Seit dem Sommer 2019 ist er im Ruhestand, zumindest offiziell, denn mit der Polizei hat der 65-jährige noch immer regelmäßig zu tun. Als Dozent und Integrationscoach gibt er Seminare für Polizeibeamte, diskutiert mit ihnen über Racial Profiling und arbeitet mit Polizistinnen und Polizisten ihre eigenen Vorurteile heraus. Vor allem seit dem Sommer 2020 ist Müller ein viel gefragter Mann, denn an dem Thema Rassismus kommt die deutsche Polizei offenkundig nicht mehr vorbei. Dies merkt der Ex-Polizist bereits bei den Anfragen, die er erhält. »Ich hätte nie damit gerechnet, dass Bundesländer wie Sachsen oder Thüringen bei mir wegen Seminaren zum Thema Racial Profiling anfragen. Oder dass die Bundespolizei ein Seminar mit mir organisiert, obwohl sie genau weiß, wen sie sich einlädt«, berichtet er. Noch 2019 galt Thomas Müller als »Nestbeschmutzer«, weil er in einem Fernsehbeitrag Racial Profiling thematisiert hatte. Die Gewerkschaft der Polizei wehrte sich in ihrem Bremer Landesjournal auf vier Seiten gegen »pauschale Rassismusvorwürfe«, warf ihm Verleumdung und persönliche Motive für seine offene Kritik vor.[235] Mittlerweile schmerze es selbst Vorgesetzte nicht mehr ganz so sehr, das Problem beim Namen zu nennen. »Die sagen jetzt offen ›Wir wollen etwas gegen Rassismus tun‹. Das allein ist schon ein riesiger Schritt«, berichtet Müller lächelnd.

Politische Maßnahmen gegen Rassisten in Uniform

Die Polizei ist ohne Zweifel im Wandel, wenn auch nicht überall in gleichem Maße. Wie unterschiedlich der Kampf gegen Rassisten in Uniform von politischer Seite vorangetrieben wird, zeigt noch einmal exemplarisch, dass »die deutsche Polizei« nicht mehr als ein Sammelbegriff ist. Eine einheitliche Richtung der 19 verschiedenen Behörden gibt es nicht. Nordrhein-Westfalens CDU-Innenminister Herbert Reul hatte noch im September 2020 auf vielfältige Ansätze im Kampf gegen Rechtsextreme in seiner Polizei verwiesen und angekündigt, persönlich mit den rund 3500 Führungskräften zu sprechen. Mehrere Stimmen aus der Führungsebene der Polizei Nordrhein-Westfalen äußerten sich später resigniert. Noch immer würde erst bei manifest rechtsextremen Einstellungen interveniert. Von einem tatsächlich neuen Ansatz sei nicht viel zu spüren, auch wenn das Problem mittlerweile zumindest nicht mehr geleugnet werde.

Die rot-rot-grün-regierten Bundesländer Bremen und Berlin legten hingegen im selben Jahr neue Polizeigesetze vor, die aktiv dafür sorgen sollen, dass auch rassistische Polizeikontrollen eingedämmt werden. So müssen Polizeibeamte in Bremen zukünftig einen Beleg ausstellen, wenn sie eine Person kontrollieren. »Kontrollquittungen führen dazu, dass viele diskriminierende und rassistische Polizeikontrollen entfallen, weil Polizisten genauer hinschauen und nur nach konkretem Verdacht kontrollieren«, erklärt Ex-Polizist Thomas Müller.

Bundesweit zeigen sich verschiedenste politische Maßnahmen, mit denen gegen Rassisten und Rechtsextreme in Uniform vorgegangen werden soll. Um sicherzustellen, dass aktenkundige Rechtsextreme gar nicht erst in die Polizei kommen, setzen einige Länder wie Bayern und Hamburg zukünftig auf Regelabfragen beim Verfassungsschutz. Wenn dort Daten über einen Bewerber gespeichert sind, soll dieser frühzeitig aussortiert werden. Dass es überhaupt jahrelang möglich war, beim Verfassungsschutz registriert zu sein und zugleich eine Ausbildung bei der Polizei zu beginnen, ohne dass jemand bemerkt, wer da mit Waffe und Sonderrechten ausgestattet wird, mag für viele unvorstellbar sein. Über Jahrzehnte hinweg schien der Aufwand in vielen Bundesländern jedoch schlichtweg zu groß. Dies soll nun anders werden. Doch wenn sich Beamte im Dienst radikalisieren, nützt eine Überprüfung vor Beginn der Ausbildung wenig. Und rassistische Einstellungen jenseits des organisierten Rechtsextremismus wird man mit diesem Instrument kaum erkennen können. Hamburg will daher ab Mitte 2021 zudem mit einem Persönlichkeitstest herausfinden, ob Bewerber anfällig sind für radikale Strömungen. Länder wie Berlin und Nordrhein-Westfalen setzen zudem auf Extremismusbeauftragte, die gefährlichen Entwicklungen vorbeugen sollen. Und auch Beschwerdestellen, die mal mehr, mal weniger unabhängig von den Strukturen der Polizei sind, sollen zukünftig in einigen Bundesländern gestärkt werden. Am weitesten gehen diese Pläne in Thüringen, wo der Landtag den Aufbau einer »unabhängigen Polizeibeschwerdebehörde mit eigenständigen Ermittlungskompetenzen und Zuständigkeiten bei Ermittlungen gegen Polizeibeamte« beschlossen hat.[236] Noch ist die »Polizeivertrauensstelle« in Thüringen dem Innenministerium zugeordnet, also nicht unabhängig.

Das Problembewusstsein ist offenkundig gestiegen, doch ob diese Maßnahmen einen Effekt haben, müsse sich erst noch zeigen, erklärt Polizeiwissenschaftler Rafael Behr. »Die müssen sich jetzt erst einmal etablieren. Aber wenn die neuen Rassismusbeauftragten ihren Job ernst nehmen, ist das ein Schritt in die richtige Richtung«, sagt er. Zugleich zeigt sich der Polizeiwissenschaftler und Ausbilder skeptisch: »Sofern es auch selbst Polizisten sind, die den Posten übernehmen, denken sie in derselben Logik wie die Polizei. Und wer 20 oder 30 Jahre lang Polizei internalisiert hat, ist nicht plötzlich Sozialpädagoge oder Psychologe.« Hinzu kommt, dass die Umsetzung dieser Maßnahme nicht in allen Fällen besonders glücklich lief. In Essen übernahm die Ehefrau des Polizeipräsidenten den Posten als Extremismusbeauftragte. Die Hochschule für Polizei und Verwaltung in Nordrhein-Westfalen besetzte die Stelle mit der Professorin Dorothee Dienstbühl, die Extremismus vorrangig als Bedrohung von linker und islamistischer Seite zu verstehen scheint und deren Blick nach rechtsaußen zuweilen äußert milde ausfällt (siehe auch Seite 126). »Ich sehe hier noch keinen Wandlungsprozess, sondern es ist eine erste Stufe beschritten, die Veränderung erst ermöglicht oder zumindest nicht aktiv verhindert«, fasst Polizeiforscher Rafael Behr die politische Entwicklung zusammen.

Risse in der blauen Mauer

Dass sich auch die Polizei selbst für Diskussionen über Rassismus in den eigenen Reihen öffnet, sieht Ex-Polizist Thomas Müller in seinen Seminaren. »Vor einigen Jahren hatte ich fast nur Teilnehmer, die eh schon überzeugt waren, dass in der Polizei Handlungsbedarf besteht. Heute kommen auch die Menschen, die das anders sehen, und es gibt eine bessere inhaltliche Auseinandersetzung«, schildert er. Auch in seinen Seminaren höre er immer wieder rassistische Äußerungen von Beamten, doch denen werde mittlerweile hörbar widersprochen. »Das Problem mit Rassismus in der Polizei ist noch lange nicht erledigt. Aber ich glaube, dass die Kräfte, die dort etwas verändern wollen, mehr gehört werden«, kommentiert Müller die aktuelle Entwicklung. Wie wichtig diese Kräfte innerhalb der Polizei sind, zeigt sich darin, dass viele der rechtsextremen Vorfällen jüngster Zeit durch interne Meldungen von Polizisten bekannt wurden. Die blaue Mauer des Schweigens scheint zunehmend zu bröckeln. »Da gibt es ein, zwei Leute, die Mut haben und sagen, wir machen das jetzt«, erklärt Thomas Müller sichtlich zufrieden.

Eine Veränderung im Umgang mit Rassismus muss vor allem aus einem zentralen Grund innerhalb der Polizei selbst passieren: Rassistische Polizisten werden nämlich trotz aller politischen Bemühungen weiter in den Reihen der Beamten zu finden sein. Nicht jeder Polizist, der rechtes Gedankengut verbreitet, kann einfach aus dem Dienst entfernt werden. Wer ein Hakenkreuz verschickt oder rassistische Kommentare teilt, muss möglicherweise disziplinarische Konsequenzen fürchten, seinen Beamtenstatus wird er jedoch wohl kaum verlieren. Selbst prügelnde Polizisten durften in der Vergangenheit trotz Verurteilung oft im Dienst bleiben. Umso wichtiger wäre es also, dass Kollegen im Dienst aktiv widersprechen und intervenieren, wenn sie Rassismus, Gewalt und rechtsextremen Einstellungen in den eigenen Reihen begegnen. »Es ist nicht damit getan, nicht rassistisch zu sein. Man müsste dezidiert antirassistische Positionen annehmen«, betont Polizeiforscher Rafael Behr. Dafür sei das Feld in der Polizei jedoch in weiten Teilen noch nicht bereitet, sagt er.

Dieses Problem haben einige Polizeien durchaus erkannt. Wenige Wochen vor dem Gespräch für dieses Buch war Thomas Müller unterwegs, um junge Führungskräfte einer Landespolizei für genau solche Situationen zu stärken. »Was macht ein Gruppenführer, der seit zwei Wochen in dieser Position ist, mit seiner Mannschaft gut klarkommen will und dort jemanden hat, der ständig rechtsradikale Sprüche reißt? Wie stärke ich so jemanden? Das sind Fragen, die jetzt plötzlich gestellt werden«, erzählt er.

Nicht-Weiße in der deutschen Polizei

Wenn der Ex-Polizist Thomas Müller als Gastdozent in Berlin mit angehenden Kommissaren über Racial Profiling spricht, kann er einen Aspekt des Kulturwandels in der Polizei mit eigenen Augen verfolgen. »Da melden sich junge Menschen, die sagen ›Klar, das erlebe ich selbst ständig‹«, berichtet er. Denn der Anteil an nichtweißen Menschen in der Polizei steigt. Polizisten, die nicht nur anerkennen, dass es Racial Profiling überhaupt gibt, sondern die auch aus eigener Erfahrung wissen, wie es sich anfühlt, aufgrund von Hautfarbe, vermuteter Herkunft oder sozialen Zuschreibungen in den Fokus zu geraten, seien ein wichtiges Puzzlestück einer Polizei im Wandel, sagt Müller.

Tatsächlich hat sich die Polizei innerhalb von knapp drei Jahrzehnten zumindest auf den ersten Blick verändert. Sie ist kulturell vielfältiger geworden, diverser, weniger weiß. Schwarze Menschen wie der Berliner Polizeisprecher Thilo Cablitz gehören ebenso fest zum Gesamtbild der modernen deutschen Polizei wie zahlreiche Polizistinnen und Polizisten, deren Familien vor Jahrzehnten als Gastarbeiter nach Deutschland eingewandert sind. Mehrere Landespolizeien richten ihre Nachwuchswerbung seit einigen Jahren gezielt auf Diversität aus, teilweise mit sichtbarem Erfolg.

In Berlin, wo der Migrationsanteil in der Bevölkerung bei 35 Prozent liegt, spiegelt sich dieser Wert auch in den aktuellen Neueinstellungen der Polizei wider. Fast jeder dritte angehende Berliner Polizist hat einen Migrationshintergrund.[237]

In anderen Bundesländern liegt dieser Wert jedoch deutlich niedriger, in Sachsen-Anhalt etwa bei unter sieben Prozent. Fünf Länder und die Bundesbehörden erheben zu diesem Punkt gar keine Zahlen, Schleswig-Holstein wiederum behält detaillierte Werte unter Verschluss. Und wie es um Interkulturalität in der Gesamtbelegschaft steht, erhebt nur ein einziges Bundesland: In Niedersachsen hatten 2020 insgesamt 4,5 Prozent der Polizisten einen Migrationshintergrund.[238] Von tatsächlicher Diversität oder dem viel zitierten Spiegelbild der Gesellschaft ist die deutsche Polizei demnach noch immer weit entfernt, auch wenn hier etwas in Bewegung geraten ist.

Doch reicht es aus, mehr Polizisten mit Migrationsgeschichte einzustellen, um Rassismus in der Polizei zu verhindern? Der Gedanke dahinter ist keineswegs neu. »Wir brauchen in Justiz und Polizei nicht nur Kollegen, die Heiko oder Thomas heißen, wir brauchen auch Mehmet und Ayşe«, erklärte der damalige Justizminister Heiko Maas 2014 nach dem ersten Untersuchungsausschuss zum NSU.[239] Nachdem Rechtsterroristen jahrelang unbehelligt von den Sicherheitsbehörden in Deutschland morden konnten, während ihre Opfer aufgrund rassistischer Grundannahmen in den Fokus der Ermittler gerieten, sollte fortan alles anders werden. Schon 1993 hatte die Innenministerkonferenz beschlossen, den Zugang zur Polizei nicht mehr länger an die deutsche Staatsangehörigkeit zu knüpfen. Und schon damals war es eine unmittelbare Reaktion auf wiederkehrende Rassismusvorwürfe gegenüber der Polizei.

Zwischen Sonderrolle und Assimilationsdruck

Dabei landen viele Polizisten mit Migrationsbiografie in einer unerwünschten Doppelrolle: Einerseits sollen sie sich in eine Organisation einfügen, die so homogen ist wie kaum eine zweite. Andererseits sollen sie Zeichen eines Wandels sein und im besten Fall als »Kultur-Scout« und Milieukenner den polizeilichen Umgang mit verschiedenen kulturellen Gruppen erleichtern. »Den Erfolg versprechenden Vorteil sieht man hier insbesondere darin, dass gerade diese Beamtinnen/Beamten in entsprechenden Konflikt-Situationen mit der Mentalität ihrer Landsleute vertraut sind und zusätzlich beruhigend und deeskalierend einschreiten können«, erklärte beispielsweise die Polizei Nordrhein-Westfalen die Einstellung von türkischen Staatsangehörigen in den Polizeidienst.[240] Dass bei diesem Grundverständnis vom Umgang mit scheinbaren »Fremden« und »Ausländern, die sich um Ausländerkriminalität kümmern«, rassistische Denkmuster reproduziert werden, geht jedoch meist ebenso unter wie die tatsächlichen Wünsche der Bewerber. »Die wollen nicht darauf beschränkt sein, als Türke oder Syrer in der Polizei zu sein. Die wollen als deutsche Polizisten wahrgenommen werden«, fasst Thomas Müller dieses Problem zusammen. Entsprechend nüchtern fällt daher sein Fazit zum Erfolgsstand dieser Strategie aus. »Durch Diversität eine andere Polizei zu bekommen bleibt Wunschdenken«, sagt der Ex-Polizist. Am Ende habe man lediglich eine Polizei, die von außen anders aussieht. Doch an den Organisationsstrukturen ändere dies so schnell nichts.

Auch Rassismus unter Kollegen verschwindet nicht einfach über Nacht. So berichtet ein Berliner Polizist über türkeistämmige Kollegen, die zu rassistischen Sprüchen der älteren Beamten lieber schweigen, als einen Eklat zu riskieren. »Solange du noch nicht auf Lebenszeit verbeamtet bist und dir deine Sporen verdient hast, hältst du die Schnauze. Du möchtest dir ja nicht von vornherein deine Karriere versauen«, berichtet der Polizist, der zu seinem Schutz anonym bleiben soll. Ähnliche Schilderungen gibt es vielfach. Chatprotokolle einer Berliner Dienstgruppe zeigen, wie Beamte mit kotzenden und wütenden Emojis auf Meldungen über »Farbe und Vielfalt in der Polizei« oder einen Artikel über eine Berliner Kommissarin mit Migrationsbiografie reagieren. Ein Polizist aus Baden-Württemberg schilderte, wie ein Kollege in der Polizei stets nur als »der Türke« wahrgenommen und angesprochen wurde.[241] Im September 2014 wurde bekannt, dass eine türkeistämmige Kommissarsanwärterin in Köln über Wochen hinweg rassistisch beleidigt und gemobbt wurde. Kollegen nannten sie »Ausländerschlampe« und ritzten ein Hakenkreuz in ihren Textmarker. Sie selbst schwieg, ein anderer angehender Polizist meldete die Vorfälle.

Bis sich Mulitikulturalität in der auf Assimilierung ausgerichteten Cop Culture durchsetzt, steht also noch ein langer Weg bevor. Das werde noch einige Generationen dauern, ist sich Thomas Müller sicher. »Man sieht ja, wie lange die gesellschaftliche Debatte darüber schon andauert, wer in Deutschland heimisch ist. In der Polizei dauert jede Veränderung noch länger«, resümiert er.

WARUM SCHLAGZEILEN ÜBER RECHTE POLIZISTEN AUCH GUTE NACHRICHTEN SIND

Nach Hunderten von rechtsextremen Verdachtsfällen innerhalb weniger Monate, Dutzenden rassistischen Chatgruppen von Polizeibeamten, die an die Öffentlichkeit gekommen sind, und der Tatsache, dass ein Innenminister aus gutem Grund ein rechtsextremes Netzwerk in seiner Polizei nicht mehr ausschließt, bleibt eine zentrale Frage: Ist die deutsche Polizei in den letzten Jahren nach rechts gerückt? Oder werden schlicht mehr Fälle von rechtsextremen und rassistischen Beamten öffentlich?

Klar ist: Das Phänomen ist keineswegs neu. Rechtsextreme und Rassisten in Uniform gibt es seit Jahrzehnten. Und es hat Gründe, warum sie sich über Jahrzehnte hinweg in der deutschen Polizei relativ sicher fühlen konnten. Auch struktureller Rassismus in der Polizei ist keine aktuelle Entwicklung, sondern fest mit den Sicherheitsbehörden verknüpft. All dies sollte auf den bisherigen Seiten dieses Buchs klar geworden sein. Zugleich ist nicht zu übersehen, dass unsere Gesellschaft spätestens seit 2015 in Teilen einen gewaltigen Ruck nach rechts gemacht hat. Deutschland steht mit dieser Entwicklung nicht allein da. Mit dem internationalen Aufstieg von Rechtspopulisten bis hin in einige der mächtigsten Positionen der Welt geht einher, dass seit einigen Jahren vieles offen geäußert wird, was vorher undenkbar schien. Die

Rechte ist aus der Deckung gekommen – sofern sie sich überhaupt je zurückgezogen hatte.

Diese Entwicklung könne man in der Polizei wie unter einem Brennglas beobachten, erklärt der Kriminologe Tobias Singelnstein.[242] Schon immer gab es einen Anteil an Personen in der Polizei, die rechte oder gar rechtsextreme Einstellungen pflegen. Ob es mehr geworden sind, ist unklar. In den letzten Jahren äußerten sich rechte Beamte allerdings zunehmend offener, ohne mit Widerspruch zu rechnen. Hunderte von rechtsextremen und rassistischen Chatnachrichten, die Polizisten an ihre Kollegen verschickten, ohne sich vor Konsequenzen zu fürchten, bezeugen dies ebenso eindrücklich wie die Schilderungen von Polizeibeamten, die weit verbreiteten Rassismus in ihren Reihen beklagen. Die Polizei ist demnach nicht zwangsläufig rechter oder rassistischer geworden, sie war es in Teilen schon immer.

Was sich geändert hat: Am Thema Rassismus kommt die Polizei nicht mehr vorbei

Und doch hat sich seit dem Sommer 2020 etwas in der deutschen Polizei verschoben: An dem Thema Rassismus und Rechtsextremismus in den eigenen Reihen kommt die Polizei nicht mehr so leicht vorbei wie früher. In diesem Punkt sind sich nahezu alle Polizeiexperten einig. Zu groß ist der öffentliche Druck auf die Sicherheitsbehörden geworden. Die Abwehrreaktionen darauf, aus erschreckenden Fällen von rassistischer Polizeigewalt in den USA auch Handlungsbedarf für die deutsche Polizei abzuleiten, waren heftig. Doch die weltweiten »Black Lives Matter«-Proteste haben auch in Deutschland einen Stein ins Rollen gebracht und die Polizei in den Fokus der Öffentlichkeit gerückt. »Ein ganz schreckliches Ereignis hat alles verändert. Der Tod von George Floyd hat flächendeckend ein Problem deutlich gemacht, das wir auch in Deutschland haben«, fasst der Bremer Ex-Polizist Thomas Müller dieses neue öffentliche Bewusstsein zusammen.

Der neue Fokus auf Rechtsextreme und Rassisten in Uniform hat die Sicherheitsbehörden in die Offensive gedrängt. Auch dies ist ein Grund dafür, dass sich Berichte über rechte Polizisten kontinuierlich häufen. »Man weiß in der Polizei jetzt, dass man es nicht mehr verstecken und als absolute Ausnahme deklarieren kann, wenn so etwas auftaucht«, erklärt Polizeiforscher Rafael Behr. Auch er bezweifelt, dass der Anteil an rechtsextremen und rassistischen Polizisten gestiegen ist. Das Problem wurde jedoch jahrelang ignoriert und immer wieder kleingeredet. Weil die Politik des Abblockens nicht mehr funktioniert, verschiebt sich nun allmählich die Grenze zwischen dem bekannt gewordenen Hellfeld und dem unbekannten Dunkelfeld. Und auch das Bewusstsein für das Problem wächst. Selbst in Ministerien ist vorgedrungen, dass es sich nicht um das Problem einiger weniger schwarzer Schafe handelt. Politiker und Führungskräfte bringen den Begriff »Einzelfälle« mittlerweile schwerer über die Lippen, Suspendierungen und Ermittlungsverfahren folgen weitaus schneller als noch vor einigen Jahren.

Gleichermaßen Symptom wie Ursache dieses Wandels: Auch innerhalb der Polizei werden kritische Stimmen hörbar. »Ich glaube, dass die Polizei von außen auf diesen Weg getrieben wird. Ich merke aber auch, dass es Kräfte in der Polizei gibt, die diesen Weg schon immer gehen wollten und sich nicht getraut haben, damit aus der Deckung zu kommen«, sagt Ex-Polizist Thomas Müller. In seiner jahrzehntelangen Dienstzeit bei der Bremer Polizei sei dies noch anders gewesen, berichtet er: »Ich hatte Kollegen, die sich bei mir ausgeheult haben über Rassismus in der Polizei. Und wie das dann verheimlicht und verschleiert wurde. Da wurde ein Riesenaufwand betrieben, so etwas nicht nach außen zu tragen.«

Dieses Muster zu durchbrechen ist zweifelsohne ein riesiger Schritt in die richtige Richtung.

Jeder Fall, der öffentlich gemacht wird, stärkt demnach nicht nur die Debatte über die Polizei, sondern zugleich jene Beamte, die nicht nur selbst keine Rassisten sind, sondern sich klar antirassistisch positionieren. Der offene Umgang mit Problemen stärkt somit die demokratische Polizei. Dass viele Polizisten sich mit kritischen Schilderungen über ihre Kollegen jedoch noch immer lieber an Journalistinnen und Journalisten wenden als an ihre Vorgesetzten, macht zugleich deutlich, dass weiterhin Handlungsbedarf besteht.

WAS TUN? NICHT ALLEIN DIE POLIZEI STEHT IN DER VERANTWORTUNG

Führungskräfte, die bei rechten Umtrieben unter ihren Polizisten lieber weggucken, Fehlverhalten hinter der blauen Mauer halten und auf Konsequenzen verzichten, sind Folgen langer Normalisierungsprozesse. Viel zu lange war es möglich, jede Debatte über rechte Polizisten bereits im Keim zu ersticken. Doch um herauszustellen, dass rassistische und rechtsextreme Positionen keine Normalität sein dürfen, müssen wir öffentlich darüber reden und sie stets auf Neue problematisieren. Daher ist das wichtigste Instrument im Kampf gegen rechte Umtriebe in der Polizei die Debatte darüber; eine Debatte, die gerade erst begonnen hat und die nur öffentlich geführt werden kann.

Welche Folgen es hat, wenn sich eine Institution auf interne Kontrolle und Selbstreinigungskräfte verlässt, zeigen die letzten Jahrzehnte. Und die ritualisierten Abwehrreflexe in Teilen der Polizei sind noch immer vorhanden. Zwei von zahlreichen aktuellen Beispielen: Ein externer Experte, der Vorwürfen über weit verbreiteten Antisemitismus in der Polizei Sachsen-Anhalt nachgehen sollte, wurde im Dezember 2020 kurzerhand und ersatzlos wieder abbestellt. Im gleichen Monat reagierte die Deutsche Polizeigewerkschaft auf die schriftliche Bitte des Sächsischen Innenministers, rechtsextreme Kollegen zu melden, umgehend mit öffentlicher Empörung: Die Beamten hätten bereits eine Belehrung zum Thema Extremismus unterschrieben. Das müsse reichen.

Aufklärung braucht Öffentlichkeit, Öffentlichkeit braucht Aufmerksamkeit

Um diese Strukturen aufzubrechen, die noch immer Aufklärung verhindern, helfen in erster Linie Öffentlichkeit und öffentlicher Druck. Denn nicht allein die Polizei ist dafür verantwortlich, wie mit Rassisten in ihren Reihen umgegangen wird. Es ist eine Aufgabe ihres Dienstherrn, sich in dieser Frage eindeutig zu positionieren. Auch dies ist viel zu lange nicht passiert. Gemeint sind nicht Innenminister oder Polizeipräsidenten, gemeint sind wir alle. Denn dass die Polizei so lange sich selbst überlassen wurde, liegt auch daran, dass jenen, die über Diskriminierung und rassistische Polizeipraxen berichteten, kaum zugehört wurde.

Wer rechtsextremen Polizisten oder Rassismus in der Polizei begegnet, tut gut daran, den Fall öffentlich zu machen. Doch es braucht zugleich eine Öffentlichkeit, die bereit ist, sich mit dem Thema auseinanderzusetzen. Mehr als fünf Jahre bevor sich der rechtsterroristische NSU selbst enttarnte, organisierten die Angehörigen der Opfer Schweigemärsche unter dem Motto »Kein 10. Opfer!«. Sie protestierten dagegen, selbst in den Fokus der Ermittler gerückt zu sein, und wiesen darauf hin, dass rassistische Motive hinter den Morden stehen können. An den Protesten nahmen größtenteils Menschen aus migrantischen Communities teil. Gehört wurden sie damals kaum. Der NSU und die rassistische Ermittlungsarbeit der Polizei blieb noch ein halbes Jahrzehnt unentdeckt. Und erst als mit dem CDU-Politiker Walter Lübcke 2019 ein Repräsentant des Staates durch einen Rechtsextremen ermordet wurde, rückte die rechtsextreme Gefahr bundesweit in das allgemeine politische Bewusstsein. »Rechte Gewalt wird oft dann nicht erkannt, wenn sie sich gegen Minderheiten richtet, wenn sie rassistisch ist, sondern immer erst, wenn der Staat direkt offensiv angegriffen wird«, kommentiert der Soziologe Matthias Quent diesen blinden Fleck.[243] Die Bedrohung für unsere Gesellschaft durch rechtsextreme und rassistische Einstellungen beginnt jedoch bereits viel früher.

Der Appell für einen kritischen Umgang mit Rassismus und Rechtsextremismus auch in der deutschen Polizei kann also nicht allein ein Aufruf an jene sein, die rassistische Vorfälle erleben und öffentlich machen. Es muss vor allem ein Aufruf sein, jenen zuzuhören, die darüber berichten. Anstatt darüber zu reden, wie Erfahrungen im Polizeidienst bei einigen Beamten dafür sorgen, ein grundsätzliches Misstrauen gegenüber manchen Nationalitäten, Hautfarben oder Ethnien zu entwickeln, wäre es an der Zeit, den Blick in die andere Richtung zu drehen: Wie kann es sein, dass aufgrund ihrer Erfahrung mit Polizisten einige Teile der Bevölkerung in Deutschland ein grundsätzliches Misstrauen gegenüber der Polizei entwickelt haben? Und was können wir dagegen tun?

Keine der Schilderungen auf den vergangenen Seiten steht stellvertretend für den Zustand der gesamten deutschen Polizei oder die Haltung jedes einzelnen Menschen in Polizeiuniform. Das muss und sollte offensichtlich sein. Doch jeder einzelne Bericht steht stellvertretend für ein Unbehagen, das Teile der vielfältigen Gesellschaft in Deutschland angesichts der Polizei haben. In einigen Fällen reicht dieses Gefühl bis hin zu tief verwurzelter Angst und offener Staatsskepsis.

Ein erster Schritt ist es, überhaupt anzuerkennen, dass es in der Polizei ein Problem gibt, über das wir dringend reden müssen. Der nächste und entscheidende Schritt ist es, Licht in das Dunkelfeld einer Institution zu bringen, die viel zu lange selbst darüber bestimmt hat, ob sie ein ernsthaftes Problem mit Rechtsextremen und Rassisten in den eigenen Reihen hat. Nicht allein die Polizei ist dabei in der Verantwortung.

Was für eine Polizei möchten wir haben?

Am Ende führt diese Betrachtung zurück zu einem Zusammenhang, der bereits am Anfang dieses Buchs angedeutet wurde: Der Umgang mit der Frage nach Rechtsextremen und Rassisten in der deutschen Polizei ist zugleich eine Frage nach dem Umgang mit der Polizei an sich. Es ist eine Frage danach, was für eine Polizei wir als Gesellschaft haben wollen und was Polizei an sich heißt.

Wollen wir eine Polizei, die gegen Kritik immun ist, sich mit neuen Waffen und Befugnissen als »Law and Order-Behörde« gegen Bürger aufrüstet und immer weiter abschottet? Rechtspopulisten wie Polizeigewerkschafter Rainer Wendt oder die AfD werben offen für eine solche »robuste« Polizei. Polizeireformen in unionsgeführten Ländern haben mit fortschreitender Militarisierung der Einsatzkräfte den Boden für einen Sicherheitsapparat bereitet, der mehr auf Stärke als auf Dialog ausgelegt ist.[244] Wenn wir die Polizei selbst darüber entscheiden lassen, ob sie ein Problem mit Rechtsextremen und Rassisten in ihren Reihen hat, und sie sich keiner Debatte um strukturellen Rassismus stellen muss, wäre dies eine ebenso klare Entscheidung dafür, diesen Weg fortzusetzen.

Dass eine solche Entwicklung im Sinne der Polizei selbst wäre, scheint hingegen keineswegs eindeutig. Dies bezeugen zahlreiche selbstkritische Stimmen aus den Reihen der deutschen Polizei, die mehr öffentliche Diskussion darüber fordern, in welche Richtung sich ihre Institution bewegt. Und sie sind damit nicht allein. Auch viele seiner Studierenden seien angesichts der Debatte über Rassismus in der Polizei sehr aufgeschreckt, berichtet Polizeiausbilder Rafael Behr. Gerade durch jüngere Menschen würden derzeit viele Routinen hinterfragt, die sich in der Praxis eingeschlichen haben. »Nach welchen ethischen Kategorien arbeiten wir? Was ist gute Polizeiarbeit? Welche Verantwortung haben Führungskräfte? Diese Fragen werden drängender gestellt als früher«, schildert er. Diese Debatte darf die Polizei nicht allein führen.

Am Ende geht es um eine zentrale Frage, die sich jede demokratische Gesellschaft stellen muss: Was für eine Polizei möchten wir haben? Die Antwort darauf muss jemand anderes geben dürfen als die Polizei selbst.

ANMERKUNGEN UND QUELLEN

Alle Links wurden zuletzt im Februar 2021 aufgerufen.

1 Leipziger Autoritarismus-Studie, 2020.
2 Ebd.
3 https://www.faz.net/aktuell/politik/inland/fall-friedman-zentralrat-der-juden-kritisiert-hessens-innenministerium-1410456.html
4 https://www.sueddeutsche.de/politik/rechtsextremismus-nsu-2-0-seda-basay-yildiz-1.5122351
5 https://www.bmi.bund.de/SharedDocs/pressemitteilungen/DE/2020/10/keine-studie-rechtsextremismus-polizei.html
6 Landeskriminalamt Niedersachsen: Befragung zu Sicherheit und Kriminalität in Niedersachsen 2017.
7 Tupoka Ogette: Exit Racism, 2018; Alice Hasters: Was weiße Menschen nicht über Rassismus hören wollen aber wissen sollten, 2019.
8 Der Spiegel 38/1994.
9 Focus 38/1994.
10 NDR Panorama, 2. März 1995.
11 Ebd.
12 Der Spiegel 13/1995.
13 NDR Panorama, 2. März 1995.
14 Bürgerschaft der Freien und Hansestadt Hamburg: Drucksache 15/6200.
15 Berliner Abgeordnetenhaus: 12. WP, 44. Sitzung.
16 ZDF Kennzeichen D, 9. März 1993.
17 Karlhans Liebl: Polizei und Fremde – Fremde in der Polizei, Vorwort, 2009.
18 Bürgerschaft der Freien und Hansestadt Hamburg: Drucksache 15/6200.
19 https://www.zeit.de/gesellschaft/zeitgeschehen/2020-09/polizei-nrw-rechtsextremismus-chat-herbert-reul
20 https://www.tagesschau.de/inland/nrw-polizei-rechtsextremismus-107.html

21 https://web.de/magazine/panorama/lange-wehrt-seehofer-rassismus-studie-polizei-35111578
22 https://www1.wdr.de/daserste/monitor/sendungen/polizei-chatgruppe-100.html
23 Margot Overath: Oury Jalloh und die Toten des Polizeireviers Dessau, 2020.
24 Pro Asyl: Presseerklärung vom 18. Oktober 2004.
25 https://taz.de/24-Todesfaelle-in-Gewahrsam/!5700481
26 2020 veröffentlicht die Kampagne »Death in Custody« eine Recherche zu »Todesfällen von Schwarzen Menschen, People of Color und anderen von Rassismus betroffenen Menschen in Gewahrsam und aufgrund tödlicher Polizeigewalt in Deutschland seit 1990«. Die Liste über 180 Todesfälle ist stark umstritten, weil auch Fälle aufgeführt sind wie der Suizid des Terroristen Jabr Al-Bakr in einer Leipziger Gefängniszelle oder polizeiliche Todesschüsse gegen Menschen, die mit einem Messer bewaffnet waren.
27 https://www.presseportal.de/blaulicht/pm/50667/4830315
28 https://stefan-engstfeld.de/politisch/meine-arbeit-im-landtag/pua-kleve
29 Landtag Nordrhein-Westfalen: Plenarprotokoll 17/102.
30 https://taz.de/Rechtsextreme-bei-der-Polizei-in-Hessen/!5565164
30A https://taz.de/taz-Recherche-zu-Drohmails/!5709468/
31 Deutscher Bundestag: Drucksache 19/6828.
32 Vgl.: Dirk Laabs: Staatsfeinde in Uniform. Wie militante Rechte unsere Institutionen unterwandern, 2021 und Matthias Meisner & Heike Kleffner (Hrsg.): Extreme Sicherheit. Rechtsradikale in Polizei, Verfassungsschutz, Bundeswehr und Justiz, 2019.
33 Sebastian Werhahn & Martina Renner: Tag X als Bürgerkrieg. Stand der Ermittlungen zum rechten Nordkreuz-Netzwerk, 2020.
34 Dirk Laabs: Staatsfeinde in Uniform.
35 https://fragdenstaat.de/dokumente/3207-zusammenfassung-sek-kommission
36 Deutscher Bundestag: Drucksache 19/25180.
37 Ebd.
38 https://verband-brg.de/folge-5-vor-ort-gegen-rassismus-antisemitismus-und-rechte-gewalt-die-podcastserie-von-nsu-watch-und-vbrg
39 Ebd.
40 Auf eigenen Wunsch wird der Betroffene in diesem Buch nicht mit vollem Namen genannt. Über den Fall berichtete als erste die taz ausführlich im Februar 2017. https://taz.de/Racial-Profiling-durch-Bundespolizei/!5377879
41 NDR 180 Grad: Geschichten gegen den Hass, Folge 5 vom 17. Oktober 2019.
42 Der Begriff »Rasse« im Grundgesetz ist umstritten und vielfach kritisiert, da er suggeriert, es gebe verschiedene Menschenrassen. Eine entsprechen-

de Änderung des Art. 3 Abs. 3 GG ist geplant. Siehe: Deutscher Bundestag: Drucksache 19/24434.
43 U.a. Deutscher Bundestag: Drucksache 17/14569.
44 ECRI Bericht über Deutschland (Sechste Prüfungsrunde) 2019, veröffentlicht 2020.
45 Bürgerschaft der Freien und Hansestadt Hamburg: Drucksache 21/10822.
46 Oberverwaltungsgericht Rheinland-Pfalz, 21.04.2016 - 7 A 11108/14.OVG.
47 Bundespolizeigesetz §22 Abs. 1a.
48 Bundespolizeigesetz §23 Abs. 1.
49 Deutscher Bundestag: Drucksache 19/19458.
50 https://taz.de/Racial-Profiling-bei-der-Polizei/!5056271
51 https://www.zeit.de/campus/2020-09/polizei-frankfurt-hass-randale
52 WDR Westpol, 22. Juni 2014.
53 https://www.spiegel.de/panorama/polizeigewalt-schwarze-maenner-sprechen-ueber-ihre-erfahrungen-danach-habe-ich-viel-geweint-a-b199b9de-9998-4b56-9fe7-d9df436146d6
54 Thomas Schweer, Hermann Strasser: Die Polizei – dein Freund und Helfer?! Duisburger Polizisten im Konflikt mit ethnischen Minderheiten und sozialen Randgruppen, 2003.
55 Hessischer Rundfunk: HR-Stadtgespräch »Ist die Polizei fremdenfeindlich«, 09. Mai 1996.
56 Rainer Geißler: Das gefährliche Gerücht von der hohen Ausländerkriminalität, 1995.
57 Der Polizeibeamte möchte aus Sorge vor negativen Konsequenzen auf öffentliche Äußerungen anonym bleiben. Seine Identität ist dem Autor bekannt.
58 Einen historischen Überblick über rassistische Polizeiarbeit gegenüber Sinti und Roma bietet: Markus End: Antiziganismus und Polizei, 2019.
59 https://www.sueddeutsche.de/panorama/sinti-und-roma-polizei-racial-profiling-berlin-1.5176954
60 Annette Ramelsberger, Wiebke Ramm, Tanjev Schultz, Rainer Stadler: Der NSU-Prozess. Das Protokoll, Verhandlungstag 81 (30. Januar 2014), 2018.
61 Polizei Essen – BAO Aktionsplan CLAN: Arabische Familienclans. Historie. Analyse. Ansätze zur Bekämpfung, 2019.
62 https://www.neues-deutschland.de/artikel/1142230.clankriminalitaet-feindbild-arabische-familienclans.html
63 https://www.zeit.de/gesellschaft/2020-05/diskriminierung-clan-kriminalitaet-razzien-polizei-rassismus
64 Rafael Behr: Verdacht und Vorurteil. Die polizeiliche Konstruktion der »gefährlichen Fremden«, 2019.
65 https://www.welt.de/regionales/nrw/article216192884/NRW-Polizisten-haben-rechtsextreme-Inhalte-in-Chats-geteilt.html

66 https://www.zeit.de/gesellschaft/zeitgeschehen/2018-12/rechtsextremismus-frankfurter-polizei-verdacht-ermittlungen
67 https://www.jetzt.de/politik/rassismus-in-der-polizei-ein-junger-polizist-berichtet
68 Geoffrey P. Alpert, Roger G. Dunham: Understanding Police Use of Force, 2004.
69 Christiane Bosold: Polizeiliche Übergriffe. Aspekte der Identität als Erklärungsfaktoren polizeilicher Übergriffsintentionen, 2006.
70 https://kviapol.rub.de/index.php/inhalte/zweiter-zwischenbericht
71 https://www.tagesspiegel.de/politik/spd-chefin-saskia-esken-auch-in-deutschland-gibt-es-latenten-rassismus-bei-sicherheitskraeften/25895820.html
72 https://www.zeit.de/gesellschaft/2020-06/rassismusdebatte-deutschland-polizei-vorwurf-paul-ziemiak-rainer-wendt-antidiskriminierungsgesetz
73 https://twitter.com/PolizeiSachsen/status/909460337694593024
74 Ausschnitte des Gesprächs wurden veröffentlicht in der WDR-Dokumentation »Wer kontrolliert die Polizei?«.
75 https://www.zeit.de/campus/2019/04/racial-profiling-polizei-diskriminierung-rassismus
76 https://www.vice.com/de/article/3beky8/news-kalender-polizei-rassismus-bayern-rainer-wendt
77 Siehe dazu die Bewertung des Arbeitsgerichts Hannover (2011): Der Begriff stehe nicht im Duden, sei den weiteren Richtern des Gerichts unbekannt und damit nicht beleidigend. https://www.haz.de/Hannover/Aus-der-Stadt/Uebersicht/Beschimpfung-Oelauge-ist-kein-Grund-fuer-Kuendigung.
78 https://www.swr.de/swraktuell/baden-wuerttemberg/kritik-polizeimeldung-maskenverweigerer-braeunlingen-100.html
79 https://kreuzer-leipzig.de/2017/09/27/leipziger-polizeirassismus
80 https://www.flurfunk-dresden.de/2017/07/13/in-der-pressemitteilung-leipziger-polizeisprecher-kritisiert-frauenbild-bei-fluechtlingen
81 https://www.chronikle.org/ereignis/polizeidirektion-leipzig-ver%C3%B6ffentlicht-rassistische-pressemitteilung-1
82 https://www.swr.de/swraktuell/baden-wuerttemberg/hinz-zu-rassismus-in-polizisten-chatgruppe-in-nrw-100.html
83 https://www.spiegel.de/panorama/justiz/polizei-in-deutschland-wie-gross-ist-das-problem-mit-rechten-umtrieben-a-1244319.html
84 https://www.zeit.de/gesellschaft/zeitgeschehen/2019-09/extreme-sicherheit-sammelband-rechtsextreme-polizei
85 https://www.tagesschau.de/faktenfinder/inland/polizei-einstellungen-101.html

86 https://www.mdr.de/sachsen-anhalt/landespolitik/experte-interview-polizei-rassismus-vorwuerfe-sonderkommission-100.html
87 https://www.zeit.de/gesellschaft/zeitgeschehen/2012-12/rechtsextremismus-fremdenfeindlichkeit-polizei
88 https://www.schwaebische.de/sueden/baden-wuerttemberg_artikel,-lka-praesident-polizei-kein-spiegelbild-der-gesellschaft-_arid,11107472.html
89 https://www.sueddeutsche.de/karriere/polizei-und-rechte-viele-polizisten-der-unteren-dienstraenge-erleben-sich-als-kleine-raedchen-im-getriebe-1.4111545
90 https://polizei-gruen.blogspot.com/p/wer-wir-sind.html
91 Ebd.
91A Gegen die am 2. März 2021 öffentlich bekannt gewordene Einstufung wehrt sich die AfD juristisch. Am 5. März 2021 erklärte das Verwaltungsgericht Köln, dass das Bundesamt für Verfassungsschutz die AfD bis zum Abschluss eines laufenden Eilverfahrens nicht als rechtsextremistischen Verdachtsfall einstufen und beobachten darf. Eine Entscheidung, ob die AfD erneut als rechtsextremer Verdachtsfall eingestuft und beobachtet werden darf, stand zum Redaktionsschluss dieses Buchs noch aus. Deshalb wurde im Fließtext die Vergangenheitsform verwendet.
92 Lars Patrick Berg, Martin Hess, Sebastian Wippel: Warum Polizisten AfD wählen, 2020.
93 Hans Gerd Jaschke: Fremdenfeindliche Tendenzen in der Polizei. Anmerkungen zu einem umstrittenen Phänomen, 1998.
94 »Republikaner« – Partei der Polizisten? In: Bürgerrechte & Polizei/Cilip 33, 1989.
95 https://rp-online.de/politik/deutschland/gewerkschaft-der-polizei-raeumt-sympathien-fuer-die-afd-in-bundespolizei-ein_aid-39611259
96 https://wien.orf.at/v2/news/stories/2736935
97 https://www.zeit.de/politik/ausland/2017-03/front-national-frankreich-polizei-beamte-wahl
98 https://www.zeit.de/politik/ausland/2013-09/Goldene-Morgenrote-Griechenland-Rechtsextremismus
99 Eberhard Krott, Nora Krott, Ines Zeitner: Einstellungen und Haltungen junger Polizistinnen und Polizisten zu Fremden – Veränderung durch Studium und Praxis?, 2013.
100 Andreas Beier: Akademisierung und mental enfeeblement, 2020.
101 https://www.stern.de/panorama/polizei---sippenforschung----ns-sprech-im-kriminologie-lehrbuch-8882528.html
102 Ebd.
103 WDR Unterwegs im Westen: Rassismus? Was hat das mit mir zu tun?, 2020.
104 https://www.polizeiwissenschaft.de/schriftenreihen/reihe-polizeipsychologische-praxis

105 https://www.welt.de/politik/deutschland/article216365208/Polizei-NRW-Kurz-nach-Berufseinstieg-nimmt-Fremdenfeindlichkeit-wieder-zu.html
106 Stefanie Kemme, Iniobong Essien, Marleen Stelter: Antimuslimische Einstellungen in der Polizei? Der Zusammenhang von Kontakthäufigkeit und -qualität mit Vorurteilen und Stereotypen gegenüber Muslimen, 2020.
107 https://www.pressenza.com/de/2019/07/subkultur-polizei-nachgefragt-beim-kriminologen-thomas-feltes
108 Rafael Behr: Polizei und Diskriminierung. Ein Klärungsversuch, 1997.
109 https://www.zeit.de/gesellschaft/2020-08/rafael-behr-racial-profiling-polizeigewalt-ausbildung-polizisten
110 https://amp.theguardian.com/us-news/2021/jan/13/us-police-use-of-force-protests-black-lives-matter-far-right
111 https://twitter.com/DanielaHunold/status/1325350403467304960
112 https://twitter.com/MartinThuene/status/1325366774989197318
113 Deutsche Polizei 7/2020.
114 Dorothee Dienstbühl: Extremismus und Radikalisierung, 2019.
115 Deutscher Bundestag: Drucksache 17/14600.
116 Semiya Şimşek: Schmerzliche Heimat. Deutschland und der Mord an meinem Vater, 2013.
117 Der NSU-Prozess. Das Protokoll, Verhandlungstag 402 (9. Januar 2018).
118 Der NSU-Prozess. Das Protokoll, Verhandlungstag 22 (11. Juli 2013).
119 Der NSU-Prozess. Das Protokoll, Verhandlungstag 402 (9. Januar 2018).
120 Deutscher Bundestag: Drucksache 17/14600.
121 Detailliert ausgeführt in: Ulrich Chaussy: Das Oktoberfest-Attentat und der Doppelmord von Erlangen. Wie Rechtsterrorismus und Antisemitismus seit 1980 verdrängt werden, 2020.
122 https://www.cilip.de/2020/12/17/blaming-the-victims-der-antisemitische-doppelmord-in-erlangen-1980-und-die-ermittler
123 Landtag von Sachsen-Anhalt: Drucksache 5/3088.
124 Hans Gerd Jaschke: Öffentliche Sicherheit im Kulturkonflikt: Zur Entwicklung der städtischen Schutzpolizei in der multikulturellen Gesellschaft, 1997.
125 https://www.waz.de/politik/landespolitik/extremismusforscher-warnen-vor-weiteren-gewalttaten-id226245813.html
126 Deutscher Bundestag: Drucksache 17/14600.
127 Kemal Bozay, Bahar Aslan, Orhan Mangitay, Funda Özfirat (Hrsg.): Die haben gedacht, wir waren das. MigrantInnen über rechten Terror und Rassismus, 2016.
128 https://www.zeit.de/gesellschaft/zeitgeschehen/2019-09/extreme-sicherheit-sammelband-rechtsextreme-polizei

129 Rafael Behr: Warum Polizisten schweigen, wenn sie reden sollten. Ein Essay zur Frage des Korpsgeistes in der deutschen Polizei, 2009.
130 Rafael Behr: Cop Culture – Der Alltag des Gewaltmonopols. Männlichkeit, Handlungsmuster und Kultur in der Polizei, 2008.
131 https://www.focus.de/perspektiven/gesellschaft-gestalten/ermittlungen-in-nrw-schuetzte-code-of-silence-rechte-polizei-gruppe-wie-beamte-das-muster-durchbrechen_id_12441584.html
132 https://www.republik.ch/2020/10/19/vielen-reicht-es-nicht-ein-paar-hakenkreuze-per-whatsapp-rumzuschicken
133 Rafael Behr: Warum Polizisten schweigen, wenn sie reden sollten. Ein Essay zur Frage des Korpsgeistes in der deutschen Polizei, 2009.
134 Ebd.
135 Berliner Zeitung, 9. Februar 1996.
136 Stern 17/1995.
137 https://www.zeit.de/gesellschaft/zeitgeschehen/2019-03/polizei-diskriminierung-rechtsextremismus-beamte-hochschultag-hfpv
138 https://www.spiegel.de/politik/deutschland/herbert-reul-cdu-ueber-rechtsextreme-polizisten-chats-ich-habe-sorge-dass-es-noch-mehr-gibt-a-00000000-0002-0001-0000-000173100115
139 https://www.welt.de/politik/deutschland/article216333896/Herbert-Reul-Wir-brauchen-endlich-eine-Fehlerkultur-bei-der-Polizei.html
140 https://www.presseportal.de/pm/66749/4729079
141 https://www.zeit.de/2020/31/rassismus-polizei-debatte-pauschalisierungen-kritik
142 https://docplayer.org/175248948-Fehlerkultur-der-polizei-die-wirkung-von-organisationsstruktur-und-maennlichkeitskonstruktionen.html
143 Phoenix, 24. September 2020.
144 Wolfgang Schulte: Politische Bildung in der Polizei. Funktionsbestimmung von 1945 bis zum Jahr 2000, 2003.
145 Rafael Behr: Verdacht und Vorurteil. Die polizeiliche Konstruktion der »gefährlichen Fremden«, 2018.
146 Laura Wisser: Blockieren, Aufschieben, Ignorieren. Disziplinarmaßnahmen gegen rechtsextreme Polizist*innen, 2020.
147 https://www.tagesspiegel.de/politik/klage-gegen-entlassung-ein-nazi-hat-bei-der-polizei-nichts-verloren/20595750.html
148 https://www.sueddeutsche.de/politik/polizei-nrw-rechtsextremismus-1.5033637
149 https://taz.de/Fehlverhalten-Thueringer-Beamter/!5721148
150 https://bnn.de/nachrichten/politik/buendnisgruener-polizist-ueber-schwarze-schafe-in-der-blauen-truppe.
151 https://www.dpolg.de/fileadmin/user_upload/www_dpolg_de/pdf/polizeispiegel/polizeispiegel_02_2020.pdf

152 https://www1.wdr.de/nachrichten/landespolitik/polizeipraesident-essen-ruecktrittsforderung100.html
153 https://www.republik.ch/2020/10/19/vielen-reicht-es-nicht-ein-paar-hakenkreuze-per-whatsapp-rumzuschicken
154 Deutscher Bundestag: Drucksache 19/23066.
155 Deutscher Bundestag: Drucksache 16/5006.
156 https://www.tagesspiegel.de/politik/hitlergruss-antisemitische-videos-reichsbuergersymbole-mindestens-170-verdachtsfaelle-von-rechtsextremismus-bei-der-polizei/26162960.html
157 Bundesamt für Verfassungsschutz: Rechtsextremisten in Sicherheitsbehörden. Lagebericht, 2020.
158 ARD Monitor: Black Lives Matter. Rassistische Polizeigewalt in Deutschland, 18. Juni 2020.
159 Statistisches Bundesamt: Staatsanwaltsstatistik 2019.
160 Tobias Singelnstein: Institutionalisierte Handlungsnormen bei den Staatsanwaltschaften im Umgang mit Ermittlungsverfahren wegen Körperverletzung im Amt gegen Polizeibeamte, 2003.
161 Weitere Ausschnitte des Gesprächs wurden veröffentlicht in: ARD Monitor: Black Lives Matter. Rassistische Polizeigewalt in Deutschland, 18. Juni 2020.
162 Deutscher Bundestag: Drucksache 18/7616.
163 Deutscher Bundestag: Drucksache 19/7119.
164 Deutscher Bundestag: Drucksache 17/14600.
165 https://www.polizei.hamburg/neue-beschwerdestelle-der-polizei-hamburg
166 Deutscher Bundestag: Drucksache 17/14600.
167 Seit Juni 2019 ist die Beschwerdestelle der Sächsischen Polizei nicht mehr dem Innenministerium, sondern der Staatskanzlei zugeordnet. Sie als unabhängig zu bezeichnen, ist weiterhin strittig.
168 Gesetz über die Bürgerbeauftragte oder den Bürgerbeauftragten für soziale Angelegenheiten des Landes Schleswig-Holstein und die Beauftragte oder den Beauftragten für die Landespolizei Schleswig-Holstein: §12 Absatz 2.
169 https://www.institut-fuer-menschenrechte.de/fileadmin/user_upload/Publikationen/ANALYSE/Analyse_Unabhaengige_Polizeibeschwerdestellen.pdf
170 https://www.baden-wuerttemberg.de/de/service/alle-meldungen/meldung/pid/buergerbeauftragter-hilft-beim-kontakt-mit-behoerden
171 http://www.ipcc.gov.uk/who-we-are/our-people
172 https://www.tagesschau.de/investigativ/wdr/polizei-rassismus-umfrage-101.html
173 https://www.gdp.de/gdp/gdp.nsf/id/de_was-ist-los-bei-der-polizei
174 ZDF heute-journal, 16. September 2020.

175 https://www.spiegel.de/politik/deutschland/deutschland-mehrheit-haelt-studie-zu-rassismus-bei-der-polizei-fuer-notwendig-a-d27f6117-a9db-4fd7-bdc5-25b9dd4e3640
176 Deutscher Bundestag: Drucksache 19/23122.
177 https://www.faz.net/aktuell/politik/inland/keine-studie-seehofer-sieht-kein-rassismus-problem-bei-polizei-16849443.html
178 https://twitter.com/sawsanchebli/status/1318530010756558848
179 https://www.fr.de/politik/horst-seehofer-polizei-studie-rechtsextremismus-strukturen-rassismus-chats-90074709.html
180 https://www.bmi.bund.de/SharedDocs/pressemitteilungen/DE/2020/10/keine-studie-rechtsextremismus-polizei.html
181 https://twitter.com/tsingelnstein/status/1336258112374910985
182 https://www.br.de/nachrichten/deutschland-welt/rassismus-bei-polizei-bund-plant-studie-zu-racial-profiling,S1bpX0K
183 Deutscher Bundestag: Drucksache 18/453.
184 https://www.zeit.de/gesellschaft/zeitgeschehen/2020-07/racial-profiling-studie-polizei-abgesagt-justizministerium-horst-seehofer
185 Karlhans Liebl: Die Polizeiforschung in Deutschland. Ein Forschungsüberblick, 2008.
186 https://innen.hessen.de/presse/pressemitteilung/ergebnisse-der-umfrage-zur-hessischen-polizeistudie-praesentiert
187 https://www.spiegel.de/panorama/gesellschaft/hessen-kritik-an-polizei-studie-wegen-gestrichener-fragen-a-4d762fa7-ce38-4240-a945-cda25b96a13d
188 Weitere Ausschnitte des Gesprächs wurden veröffentlicht in: ARD Monitor: Black Lives Matter. Rassistische Polizeigewalt in Deutschland, 18. Juni 2020.
189 https://taz.de/Gewalt-gegen-Beamte/!5151403
190 https://www.gdp.de/gdp/gdp.nsf/id/DE_Studie-Seehofer?open&ccm=300040
191 https://community.beck.de/2020/10/21/kriminologische-polizeistudie-zu-politischen-zwecken
192 Manfred Bornewasser: Feindselig oder überfordert? Soziale und strukturelle Belastungen von Polizeibeamtinnen und -beamten im Umgang mit Fremden, 1996.
193 Hans-Gerd Jaschke: Rechtsextremismus und Fremdenfeindlichkeit bei der Polizei – Expertise im Auftrag der Polizei-Führungsakademie, 1996.
194 Thomas Feltes, Holger Plank: Rassismus und Rechtsextremismus in der Polizei?, Ein Beitrag für und über eine »rechtschaffen(d)e«, demokratische (Bürger-)Polizei, 2020.
195 https://www.spiegel.de/panorama/seehofer-misstraut-der-polizei-a-6178f9ba-6e0c-40fa-94d9-02e1678e0269
196 https://twitter.com/MartinThuene/status/1308375678648225797

197 Bundesamt für Verfassungsschutz: Rechtsextremisten in Sicherheitsbehörden. Lagebericht, 2020.
198 https://www.tagesspiegel.de/politik/wilhelm-heitmeyer-ueber-kampf-gegen-rechtsextremismus-ich-sehe-partielle-blindheit-bis-hin-zu-staatsversagen/26303298.html
199 Verfassungsschutzbericht Mecklenburg-Vorpommern 2019.
200 https://taz.de/Waffenaffaere-in-Mecklenburg-Vorpommern/!5725111
201 https://www.zeit.de/2020/31/bundesinnenministerium-horst-seehofer-rassismus-polizeigewalt
202 https://www.zeit.de/politik/deutschland/2020-06/innenministerkonferenz-antidiskriminierungsgesetz-berliner-polizei-andreas-geisel-auswaertige-polizeikraefte
203 https://www.tagesspiegel.de/berlin/im-grunde-ein-wahnsinn-seehofer-kritisiert-berliner-antidiskriminierungsgesetz/25865826.html
204 https://twitter.com/IM_NRW/status/1326561924155314179
205 https://www.zeit.de/politik/deutschland/2020-06/saskia-esken-spd-polizei-rassismus
206 https://www.facebook.com/borispistorius/posts/3598945626799917
207 https://www.sueddeutsche.de/politik/rassismus-polizei-seehofer-1.4932721
208 https://www.zeit.de/politik/deutschland/2020-06/innenministerkonferenz-chef-georg-maier-rassismus-polizei-spd-saskia-esken
209 https://nuernberger-blatt.de/2020/10/keine-hinweise-auf-strukturellen-rechtsextremismus-in-der-polizei
210 https://www1.wdr.de/daserste/monitor/sendungen/polizei-chatgruppe-100.html
211 https://www.tagesschau.de/inland/seehofer-taz-anzeige-101.html
212 Deutscher Bundestag: Drucksache 13/482.
213 Deutscher Bundestag: Drucksache 16/9061.
214 Deutscher Bundestag: Drucksache 17/14569.
215 https://www.gdp.de/gdp/gdp.nsf/id/DE_Malchow-Dann-ist-der-Begriff-Skandal-noch-ein-mildes-Wort
216 https://www.gdp.de/gdp/gdpnrw.nsf/id/DE_Bekaempfung-des-Rechtsextremismus-gehoert-zur-DNA-der-Polizei
217 https://www.dpolg.berlin/aktuelles/news/dpolg-berlin-warnt-vor-eskalation-und-unterwanderung-der-friedlichen-anti-rassismus-bekundungen
218 https://www.faz.net/aktuell/politik/inland/wendt-bei-polizei-weniger-rassismus-als-in-bevoelkerung-16805488.html
219 Deutsche Polizei 07/2020.
220 https://www.dpolg.de/aktuelles/news/angebliche-studie-zu-rassismus-bei-der-polizei-ist-stimmungsmache
221 https://www.dpolg-hh.de/leitartikel-rassismusvorwuerfe
222 https://www.dpolg-lsa.de/ueber-uns/positionen/polizei-und-fremde

223 Zur Symbolpolitik der Polizeigewerkschaften in dieser Debatte, siehe: Jan Fährmann, Hartmut Aden, Alexander Bosch: Polizeigewerkschaften und innenpolitische Gesetzgebung – politische Einflussnahme zwischen Symbolpolitik und Interessenvertretung, 2020.

224 https://www.gdp.de/gdp/gdp.nsf/id/de_gdp-rheinland-pfalz-beschwerdestelle-verhindert-polizeibeauftragter-geschaffen

225 https://www.ndr.de/nachrichten/hamburg/Polizeigewerkschaften-befuerchten-Kurswechsel,polizeigewerkschaft134.html

226 Deutsche Polizei 8/2020.

227 ZDF Frontal 21: Prügelknabe Polizei. Generalverdacht Rassismus, 30.10.2020.

228 https://www.facebook.com/photo/?fbid=3987671751249362&set=a.103841062965803

229 https://www.sueddeutsche.de/kultur/unwort-des-jahres-2008-notleidende-banken-ist-neues-unwort-1.492370

230 Vgl.: Maximilian Pichl: Die blaue Gewerkschaft?, 2018.

231 https://twitter.com/DPolGBerlin/status/1269227625559572480

232 Polizeispiegel Thüringen 10/2009.

233 https://www.bdk.de/der-bdk/was-wir-tun/aktuelles/linksterrorismus

234 https://www.neues-deutschland.de/artikel/1138100.bundestag-alle-demokratischen-parteien-lehnen-antifa-verbot-ab.html

235 https://www.gdp.de/gdp/gdp.nsf/8457464C341433DCC1258493002D-F644/$file/BN_2019_11.pdf

236 Thüringer Landtag: Drucksache 7/2482.

237 Mediendienst Integration: Wie entwickelt sich Vielfalt bei der Polizei?, 2019.

238 https://www.zeit.de/gesellschaft/zeitgeschehen/2020-09/deutsche-polizei-daten-zahlen

239 https://www.bundesregierung.de/breg-de/service/bulletin/rede-des-bundesministers-der-justiz-und-fuer-verbraucherschutz-heiko-maas--803758

240 Deutsche Polizei 11/2007.

241 https://www.jetzt.de/politik/rassismus-in-der-polizei-ein-junger-polizist-berichtet

242 Heike Kleffner, Matthias Meisner: »Wie unter einem Brennglas«. Ein Interview mit Christoph Kopke und Tobias Singelnstein, 2019.

243 ARD Tagesthemen, 28. Januar 2021.

244 Zur internationalen Entwicklung und Intensivierung des »Polizierens« in den letzten Jahrzehnten, siehe: Alex S. Vitale: The End of Policing, 2017.

DANKSAGUNG

Dieses Buch ist eine Gemeinschaftsarbeit. Es wäre nicht möglich gewesen, ohne die Arbeit von Journalist:innen, Wissenschaftler:innen, Anwält:innen und Initiativen, die in den letzten Jahrzehnten zur Polizei recherchiert, geforscht und Vorfälle dokumentiert haben. Danke!

Mein Dank gilt ebenso allen Gesprächspartner:innen, die mir ihre Expertise, Erfahrungen und Einblicke in die Polizei weitergegeben haben – allen voran jene, die selbst Polizeiuniform tragen oder trugen. Nicht jede:r von ihnen kann hier namentlich genannt werden; aus nachvollziehbaren Gründen. Wer gemeint ist, wird sich hoffentlich trotzdem angesprochen fühlen. Vielen Dank!

Ein riesiger Dank gebührt Marcus Engert, Katharina Meyer zu Eppendorf, Heike Kleffner, Jan Petersen und Christina Schmidt für zahlreiche Korrekturen und Hinweise, Julia Regis für gemeinsame Recherche und Lara Straatmann, die mir geholfen hat, lose Gedanken in eine Struktur zu bringen.

Zudem danke ich meiner Agentin Christine Proske, die überhaupt erst den Anstoß zu diesem Buch gegeben hat, meinem Verleger

Christian Strasser, der sofort an dieses Projekt geglaubt hat, und meinem Lektor Franz Leipold.

Danke außerdem an Albert Meier, Andreas Raabe, Felix Dachsel und Georg Restle, die mich als Journalist und Autor vorangebracht haben, weil sie meiner Arbeit stets mehr vertraut haben als ich selbst. Und zum Schluss Danke an N. und J. für Rückhalt und Geduld in anstrengenden Zeiten.